Crashkurs Liturgie

Liborius Olaf Lumma

CRASHKURS LITURGIE

Eine kurze Einführung in den katholischen Gottesdienst

5., grundlegend neu bearbeitete Auflage

Verlag Friedrich Pustet
Regensburg

Bibliografische Information der Deutschen Nationalbibliothek
Die Deutsche Nationalbibliothek verzeichnet diese Publikation in der Deutschen Nationalbibliografie; detaillierte bibliografische Daten sind im Internet über http://dnb.dnb.de abrufbar.

Gutenbergstraße 8 | 93051 Regensburg
Tel. 0941/920220 | verlag@pustet.de

5., grundlegend neu bearbeitete Auflage

ISBN 978-3-7917-3530-6
Reihen-/Umschlaggestaltung: www.martinveicht.de
Umschlagbild: Stock.adobe (wideonet)
Satz: Vollnhals Fotosatz, Neustadt a. d. Donau
Druck und Bindung: Friedrich Pustet, Regensburg
Printed in Germany 2024

eISBN 978-3-7917-7517-3 (pdf)

Unser gesamtes Programm finden Sie unter
www.verlag-pustet.de

Inhalt

Kapitel 10: Kirchenjahr

Kapitel 11: Sakramente

Kapitel 12: Sakramentalien und *pia exercitia*

Übersichten

Anhang

Vorwort zur 5. Auflage

Im Jahr 2010 gab mir der Verlag Friedrich Pustet zum ersten Mal die Gelegenheit, den „Crashkurs Liturgie" zu veröffentlichen, der aus einer Einführungsvorlesung an der Universität Innsbruck entstanden war. Das Buch fand schnell seine Leserschaft, sodass 2012 eine zweite und 2015 eine dritte Auflage erscheinen konnte; die dritte Auflage wurde 2018 unverändert nachgedruckt. Jedes Mal konnte ich Aktualisierungen und Korrekturen vornehmen und einige neu gewonnene Erkenntnisse ins Manuskript eintragen.
Ich halte den „Crashkurs" weiterhin regelmäßig als Vorlesung an der Katholisch-Theologischen Fakultät der Universität Innsbruck, seit einigen Jahren auch an der Philosophisch-Theologischen Hochschule in Brixen (Südtirol), 2021 kam noch ein Intermezzo an der Universität Augsburg hinzu. Darüber hinaus habe ich viel Resonanz von Leserinnen und Lesern des Buches bekommen: von Studentinnen und Studenten, von Mitgliedern katholischer Pfarrgemeinden, von kulturgeschichtlich und religionskundlich Interessierten sowie von Kirchenmusikerinnen und Kirchenmusikern.
Mit der 5. Auflage war es an der Zeit, das Buch umfassend zu überarbeiten und dabei die Rückmeldungen von Leserinnen und Lesern, von Studentinnen und Studenten einfließen zu lassen. Ich habe mich entschieden, begriffliche und systematische Vorbemerkungen an den Anfang zu stellen. Das alte Kapitel 13 wurde daher in Kapitel 1 integriert und um weitere Überlegungen ergänzt. Zwar muss eine sachgerechte Darstellung immer bei den Einzeldingen ansetzen und darf erst im Nachhinein zusammenfassende Theorien bilden. Es scheint mir aber sinnvoll, den Leserinnen und Lesern von vornherein eine „Lesebrille" anzubieten, damit sie sich leichter im Thema zurechtfinden. Ich hoffe, dass auf diese Weise das selbstständige Denken nicht erschwert, sondern erleichtert wird. Kapitel 2 über Liturgiegeschichte, Ökumene und Riten benötigte einige nähere Erläuterungen. Das Buch hat somit nur noch 12 statt 13 Kapitel, dafür sind Kapitel 1 und 2 nun deutlich länger als die folgenden.
Kapitel 3 bis 5 über die Eucharistiefeier habe ich völlig neu gegliedert. Die Kapitel behandeln das Thema nun von außen nach innen: Zuerst

geht es um einen historischen Überblick und grundsätzliche theologische Hinweise (Kapitel 3), dann um eine Beschreibung des heutigen Ablaufs inklusive eines näheren Blicks auf die Liturgie des Wortes (Kapitel 4), schließlich um Detailbeobachtungen an Orationen und Hochgebeten (Kapitel 5).
Kapitel 6 bis 12 habe ich weitgehend beibehalten, aber sprachlich überarbeitet und inhaltlich aktualisiert, vor allem unter Berücksichtigung laufender innerkirchlicher und fachwissenschaftlicher Diskussionen. Neu eingefügte Abschnitte behandeln die Bedeutung der Versammlung (Kapitel 6) sowie Gesten und Körperhaltungen (Kapitel 7). Die Bilder in Kapitel 7 sind ausgetauscht.
Erstmals hat das Buch ein Glossar erhalten (Anhang 1), das als kleines Liturgielexikon verwendet werden kann: Es enthält zahlreiche Fachbegriffe mit Verweisen auf die betreffenden Buchkapitel, fügt manchmal nähere Erläuterungen hinzu und bietet darüber hinaus zahlreiche weitere Begriffe rund um die Liturgie, die im Buch anderswo keinen Platz gefunden haben. Es war aber weder möglich noch sinnvoll, im Buch vollständig auf Fachbegriffe zu verzichten, denn diese sind oft notwendig für das präzise Verständnis der Sache, um die es geht, sowie für die selbstständige Beschäftigung mit Fachliteratur, zu der dieses Buch einladen will. Darüber hinaus ist die Kenntnis der Wortherkunft oft für das Verständnis hilfreich. Ich hoffe aber, dass das Buch auch für all diejenigen gut nachvollziehbar bleibt, die es nicht so sehr aus wissenschaftlichem, sondern eher aus praktischem Interesse lesen, beispielsweise um die eigene Mitwirkung an katholischen Gottesdiensten besser zu verstehen.
Ich hoffe, dass diese Neuauflage für die nächsten Jahre ihren Zweck erfüllt, Grundverständnis für Inhalte und Ausdrucksformen katholischer Liturgie zu vermitteln und zur Lektüre fachwissenschaftlicher Literatur zu befähigen. Mein Dank gilt auch den studentischen „Versuchskaninchen", die die neu gestaltete Crashkurs-Vorlesung in Innsbruck, Brixen und Augsburg als erste gehört und durch ihre Anfragen und Rückmeldungen das Manuskript mitgestaltet haben.
Ich widme diese 5. Auflage allen meinen Freundinnen und Freunden in den orthodoxen Kirchen und den katholischen Ostkirchen. Ihre eindrucksvolle Kultur und Theologie steht in diesem Buch zwar nicht im Zentrum, bildet für mich aber die wichtigste Vergleichsgröße zum Verständnis römisch-katholischer Liturgie.

Kapitel 1
Liturgie: Begriff und Bedeutung

Was versteht man unter dem Begriff *Liturgie*? Die Antwort auf diese Frage kann in unterschiedlicher Weise gegeben werden, denn das aus dem Griechischen stammende Wort Liturgie wurde und wird in der wissenschaftlichen Fachsprache und in der religiösen Praxis nicht einheitlich verwendet.

Dieses einleitende Kapitel soll die schillernde Begriffsgeschichte kurz bündeln und einige Charakteristika und theologische Deutungsmodelle der Liturgie vorstellen.

Dieses Buch widmet sich der Einführung in die *katholische* Liturgie, genauer gesagt in die *römisch-katholische* Liturgie (siehe dazu Kapitel 2). Oft ist es dabei hilfreich – manchmal sogar notwendig –, den Blick auch auf andere Ausdrucksformen des Christentums sowie auf das Judentum als seine Ursprungsreligion zu richten. Dies geschieht vor allem durch vergleichende Gegenüberstellungen sowie durch Informationen zur geschichtlichen Entwicklung.

Andere Religionen werden in diesem Buch nicht vorkommen. Insofern spielt es hier auch keine Rolle, in welcher Form der Fachbegriff Liturgie in der Religionswissenschaft, der Soziologie, der Kunstgeschichte oder anderen Kulturwissenschaften verwendet wird.

Der Begriff der Liturgie in der Antike

Das griechische Wort *leitourgia* (geschrieben λειτουργία – es wird das einzige Mal bleiben, dass in diesem Buch griechische Buchstaben vorkommen!) leitet sich von den Wortbestandteilen *laos* (Volk) und *ergon* (Werk) ab, man könnte es als *Dienst an der Allgemeinheit* wiedergeben. In der Antike bezeichnet *leitourgia* zum Beispiel die Steuern, die die Bürger für die öffentliche Verwaltung zu entrichten haben, oder auch die Verwaltungsaufgaben als solche. Dazu können auch religiöse Tätigkeiten gehören, etwa die Organisation und Durchführung von Opferfesten oder Theaterspielen zu Ehren einer örtlichen Gottheit.

Der Begriff der Liturgie in der Bibel

Etwa ab dem 3. Jahrhundert v. Chr. übertragen jüdische Gelehrte ihre Heilige Schrift aus dem Hebräischen ins Griechische als vorherrschende Kultursprache. Sie übernehmen den Begriff *leitourgia*, um den kultischen Dienst der Priester am Jerusalemer Tempel zu bezeichnen, besonders das Darbringen aller Arten von Opfer gemäß der Lebensweisung Gottes für das Volk Israel, der *Tora* (Fachbegriffe wie hier Tora werden im Anhang ab Seite 170 näher erläutert).

Auf der Grundlage der Botschaft Jesu und der Erzählungen rund um seinen Tod entsteht etwa ab dem Jahr 30 eine neue jüdische Gruppierung, die sich auch für Nichtjuden öffnet, sich von anderen jüdischen Richtungen abgrenzt und schließlich eigenständig weiterentwickelt: das Christentum. Der bestehenden Sammlung heiliger Schriften werden im Christentum weitere Texte hinzugefügt. So kommt es zur begrifflichen Unterscheidung zwischen Altem (nicht im Sinne von *veraltet*, sondern *bereits früher überliefert*) und Neuem Testament, die gemeinsam die christliche Bibel bilden.

Das Neue Testament wird ausschließlich auf Griechisch verbreitet. Der Begriff *leitourgia* findet sich nun zur Deutung der Lebenshingabe Jesu Christi am Kreuz. Besonders der für heutige Leserschaft nur schwer zugängliche Hebräerbrief (besonders Hebr 5–10), der genaue Kenntnisse des Jerusalemer Tempelkults voraussetzt, versteht den Kreuzestod Jesu als einzig wahre *leitourgia*, durch die jede weitere *leitourgia* überflüssig geworden ist (im Anhang Seite 195 f. findet sich eine Liste der Abkürzungen aller biblischen Bücher).

Daneben kennt Phil 2,7 auch die „*leitourgia* des Glaubens“: Die Annahme der Botschaft Jesu ist demnach die angemessene Art, sich Gott so hinzugeben wie dies eine Opfergabe auf dem Altar des Tempels tut.

Hinter dem Liturgiebegriff des Neuen Testaments steht durchaus dieselbe Grundidee wie hinter dem des Alten Testaments. Demnach geschieht Kommunikation zwischen Mensch und Gottheit durch rituelle Handlungen, vor allem durch Opferkulte. Insbesondere lassen sich durch Opferhandlungen Beziehungen zwischen Mensch und Gott wiederherstellen, die durch menschliches Fehlverhalten immer wieder beschädigt werden. Wenn der Hebräerbrief den Begriff *leitourgia* auf den Kreuzestod Jesu anstatt wie zuvor üblich auf die Tempelopfer bezieht, drückt er damit aus, dass Jesus Christus in seiner Lebenshingabe den eigentlichen Sinn aller Opfer erfüllt. Dieser Sinn besteht nämlich nicht darin, unabhängig von der eigenen Lebensgestaltung rituelle Ersatzleistungen zu erbringen und dadurch Gott zufriedenzustellen. Vielmehr sollen alle Opfer dazu dienen, dass Menschen sich selber Gott hingeben und sich ihm als dem Schöpfer und Bewahrer anvertrauen, mit allen Konsequenzen, die das für die eigene Lebensführung haben kann. Diese Thematik taucht übrigens schon im Alten Testament auf, wenn Propheten einen von der Lebensführung losgelösten Opferkult mit scharfen Worten kritisieren (zum Beispiel Jes 1,11–17 oder Am 5,21–24).

Das alles wird dadurch deutlich, dass Jesus seine ganze Existenz nach dem Willen seines göttlichen Vaters ausrichtet (Mt 26,39; Lk 2,49) und diesem Weg sogar dann noch treu bleibt, als es ihn das Leben kostet: Er vertraut Gott mehr als allem Irdischen. Diese Form der Lebensführung erweist sich als die einzige gegenüber Gott wirklich angemessene „Liturgie".

Judentum wie Christentum werden in ihrer Entwicklung erheblich durch die Zerstörung des Jerusalemer Tempels durch die Römer im Jahr 70 n. Chr. beeinflusst. Nach dem Verlust des zentralen Kultortes Israels kann das Christentum seine Deutung des Kreuzestodes Jesu als eigentlicher Liturgie nachhaltig etablieren. Im Judentum setzt sich ein anderes Denkmodell durch: Den Platz des Tempelkultes übernimmt nun das Studium der Tora. So bildet sich das *rabbinische Judentum* heraus: Maßgebliche Autorität sind spätestens ab dem 3. Jahrhundert die Rabbiner *(Lehrer)* – in jüngster Zeit auch Rabbinerinnen –, die über anerkannte Autorität in der Auslegung der Tora verfügen. Übrigens: Der weltweit verbreitete Name *Cohen* (auch *Kohn, Kahn, Kogon u. Ä.)* kommt aus dem Hebräischen und bedeutet *Priester*. Da das Priesteramt im Judentum vererbt wird, stammen heutige Trägerinnen und Träger dieses Namens in aller Regel von einer alttestamentlichen Priesterfamilie ab. Seit dem Verlust des Tempels haben Priester im Judentum aber nur noch eine geringe zeremonielle Funktion ohne jede geistliche Autorität.

Nur an einer einzigen Stelle des Neuen Testaments findet sich der Begriff *leitourgia* in einem Zusammenhang, der an ein gemeinschaftliches Ritual denken lässt. In Apg 13,2 heißt es: „als sie für den Herrn Liturgie hielten *(leitourgounton)* und fasteten …" Leider gibt diese Textstelle keine Auskunft darüber, worum es sich dabei konkret handelte.

Der Begriff der Liturgie in der christlichen Theologie

In der späteren christlichen Theologie bilden sich unterschiedliche Verwendungsweisen des Begriffs Liturgie heraus.

Eine dieser Verwendungsweisen reserviert den Begriff Liturgie für ein einziges Ritual, nämlich die Eucharistiefeier (Kapitel 3–5), die dann meist *Göttliche Liturgie* oder *Heilige Liturgie* heißt. Diese Begrifflichkeit wurde überall dort gebräuchlich, wo sich das Christentum in den ersten Jahrhunderten in griechischer Sprache entwickelte, das heißt im östlichen Mittelmeerraum und vielen Gebieten, die von dort das Christentum übernahmen, zum Beispiel Osteuropa, der arabische Raum und weite Teile (Ost-)Afrikas (Kapitel 2).
Anders verhält es sich in jenen Gebieten, in denen sich das Christentum in lateinischer Sprache ausbildet: der westliche Mittelmeerraum und alle Regionen, die von dort her mit dem Christentum vertraut gemacht werden, darunter auch Nord- und Westeuropa inklusive des deutschen Sprachraums. Lateinischsprachige Gelehrte verwenden das griechische Wort *leitourgia* lange Zeit überhaupt nicht. Für die christlichen Rituale etablieren sich andere Wörter, etwa *officium* oder *ministerium* (beide bedeuten *Dienst/Pflicht*) oder opus Dei *(Gottesdienst)*. Erst ab dem 16. Jahrhundert begegnet häufiger die lateinische Schreibweise *liturgia*, die genaue Verwendung bleibt aber lange Zeit uneindeutig.

Liturgia und pia *exercitia* im Konzilsdokument *Sacrosanctum Concilium*

Im 20. Jahrhundert wird in der katholischen Theologie um eine sinnvolle und einheitliche Verwendung des Begriffs *liturgia* gerungen, bis sich schließlich das II. Vatikanische Konzil (1962–1965) in seiner Konstitution über die heilige Liturgie, die nach ihren lateinischen Anfangsworten *Sacrosanctum Concilium* heißt und als **SC** abgekürzt wird, einer der vorgeschlagenen Begriffsverwendungen anschließt.
Das Konzil unterscheidet zwischen *sacra liturgia* (*heilige Liturgie*, man könnte hier von „Liturgie im engeren Sinn" sprechen) und *pia exercitia* (*fromme Übungen*, man könnte auch „religiöse Bräuche" übersetzen).
Die eigentliche Liturgie, also die *sacra liturgia*, ist daran erkennbar, dass sie für die gesamte katholische Kirche verbindlich geordnet ist. Dies geschieht in der Regel dadurch, dass der Papst (Kapitel 2) ein Buch herausgibt, in dem der Ablauf, die einzelnen Elemente, Texte, Handlungen usw. festgelegt sind. Die *pia exercitia* hingegen unterliegen keiner solchen Normierung. Sie sind im wahrsten Sinne des Wortes „Brauch": Sie werden privat, in kleinen Gruppen oder möglicherweise auch weltweit in der katholischen Kirche eingeführt, erprobt, verändert, abgeschafft oder

geraten wie von selbst außer Mode. – Als Zwischenkategorie nennt das Konzil noch *sacra exercitia (heilige Übungen)*. Das sind Rituale, die zwar nicht für die gesamte Weltkirche, aber für einzelne Regionen durch die dort zuständigen Bischöfe (Kapitel 6) festgelegt sind.

Die Unterscheidung zwischen Liturgie und Brauchtum ist also zunächst eine rein juristische. Man kann einem Ritual nicht von außen ansehen, ob es sich um eine Liturgie oder um Brauchtum handelt. Mehr noch: Durch einen päpstlichen Federstrich kann ein Ritual von heute auf morgen von einem *exercitium* zur *liturgia* werden, ohne dass sich am Ritual selber etwas ändert.

Dennoch ist die Unterscheidung wichtig, denn laut SC 13 bildet die Liturgie den weltkirchlichen Orientierungspunkt, an dem das Brauchtum zu messen ist. Kurzum: Die Liturgie ist theologisch wichtiger als die *exercitia*. An der Liturgie soll die Identität der katholischen Kirche erkennbar sein, in der Liturgie ist die Kirche ganz bei sich selbst und schöpft aus ihren zentralen Quellen, und das sogar über Generationen hinweg. Liturgie will die Grenzen von Zeit und Raum sprengen, so wie ja auch die Kirche immer größer ist als eine zu einer konkreten Feier versammelte Gruppe von Personen. Auch wenn die Liturgie – wie wir noch sehen werden – immer wieder Änderungen, Anpassungen und Weiterentwicklung erfährt, soll sie doch nicht der Willkür einzelner Personen oder kleiner Gruppen unterliegen. Sie steht unter dem Anspruch, raum- und zeitübergreifender Ausdruck des christlichen Glaubens zu sein. Daher ist sie verbindlich normiert. Die *exercitia* dienen dagegen eher der Pflege individueller Spiritualität, dem Ausdruck des Lebensgefühls, der Hoffnungen und Nöte einer Gruppe von Personen, einer Region oder einer ganzen Epoche.

Es lässt sich leicht erahnen, dass manchmal die *exercitia* populärer sind als die Liturgie. Manche Formen von Liturgie sind selbst unter engagierten Katholiken kaum bekannt.

Dazu ein Beispiel: Katholische Priester (Kapitel 6) sind verpflichtet, die Tagzeitenliturgie (Kapitel 8–9) zu feiern: möglichst gemeinschaftlich mit anderen Menschen, notfalls aber für sich allein. Für die Tagzeitenliturgie gibt es ein kirchlich verantwortetes Buch – mittlerweile auch in digitaler Form! –, in dem Ablauf und Inhalt festgelegt sind. Wie alle liturgischen Bücher hat auch das Buch für die Tagzeitenliturgie eine vom Papst herausgegebene lateinischsprachige Fassung, denn Latein ist auch heute noch die offizielle Liturgiesprache der katholischen Kirche. Aus der lateinischen Fassung entstehen dann Fassungen in vielen weiteren Sprachen, wobei nicht immer Wort-für-Wort-Übersetzungen erstellt, sondern auch manche größeren Anpassungen an die regionalen Gegebenheiten vorgenommen werden. Selbstverständlich fallen auch diese Varianten unter den Begriff der Liturgie, auch wenn sie auf die jeweiligen Sprachgemeinschaften beschränkt sind, während die lateinische Fassung immer für die gesamte Weltkirche gültig ist.

Anders die Fronleichnamsprozession (Kapitel 12). Sie entstand im 13. Jahrhundert und ist vielerorts auch heute noch von hoher Bedeutung für das soziale Zusammenleben, das Selbstverständnis und die religiöse Prägung katholischer Gemeinden. Trotzdem ist die Fronleichnamsprozession keine weltkirchlich normierte Liturgie. Sie ist ein *exercitium*, das gemäß örtlichen Gewohnheiten gestaltet und immer wieder verändert wird.

Eine Katholikin, die auf ihrem Wohnzimmersessel die Tagzeitenliturgie hält, feiert also Liturgie im Sinne des Konzils – auch wenn der Rest der Welt davon nichts mitbekommt. Tausende von Katholiken, die zu Fronleichnam mit ihrem Bischof und mit Musikkapellen über aufwändig geschmückte Straßen ziehen, vollziehen hingegen nichts anderes als „frommes Brauchtum"!

Liturgie und Brauchtum in diesem Buch

Beschäftigt man sich wissenschaftlich mit Liturgie, wird man auch das Brauchtum in den Blick nehmen; der Begriff *Liturgiewissenschaft* ist also weit gefasst. Dennoch ist sich die Liturgiewissenschaft der theologischen Gewichtung bewusst, die das Konzil vorgenommen hat. So ergibt sich auch der Aufbau dieses Buches, der an *Sacrosanctum Concilium* angelehnt ist:

Am ausführlichsten wird die Eucharistiefeier behandelt (Kapitel 3–5), sie ist die theologisch und historisch wichtigste Liturgie.

Ebenfalls breiten Raum erhält die Feier der Tagzeiten (Kapitel 8–9). Sie bildet zusammen mit der Eucharistiefeier das Grundgerüst der Liturgie. Sie ist aber besonders erklärungsbedürftig, da sie trotz ihres hohen theologischen Stellenwertes vielen Katholiken unbekannt ist.

Im Überblick kommen die *Sakramente* (Kapitel 11) zur Sprache – wobei auch zu klären sein wird, was eigentlich ein Sakrament ist –, daran schließen sich kursorisch alle anderen Rituale der katholischen Kirche an (Kapitel 12), von denen einige noch zur Liturgie gezählt werden, andere in die Kategorie der *pia exercitia* fallen.

Eingeschoben sind Exkurse zu den handelnden Personen (Kapitel 6), zum Ort der Liturgie und zu den liturgischen Gewändern (Kapitel 7) sowie zu Festtagen und Festzeiten (Kapitel 10).
Vorangestellt ist ein kurzer geschichtlicher Überblick (Kapitel 2).

Allgemeine Theorien über Liturgie?

Zur Liturgie – ganz gleich ob man den Begriff eng oder weit fasst – gehört also eine Fülle einzelner Rituale. Jedes davon hat seine eigene Identität und seinen eigenen Wert. Daher ist die Analyse und das Verständnis jedes Rituals *als einzelnem* wichtiger als die Bildung von Theorien und Meinungen über die Liturgie *als ganze*.
Für die Lektüre dieses Buches dürfte es trotzdem hilfreich sein, bestimmte Grundüberlegungen von vornherein mitzunehmen. Damit soll nicht den vielen einzelnen Ritualen eine übergreifende Theorie übergestülpt werden, sondern es soll eine „Lesebrille" angeboten werden, die sich in der Liturgiewissenschaft bewährt hat. In diesem Sinne daher jetzt noch einige allgemeine Vorbemerkungen.

Theologische Aspekte der Liturgie: Welt, Geschichte, Kirche

Liturgie geht davon aus, dass für die menschliche Existenz vieles von entscheidender Bedeutung ist, das man nicht sehen, messen oder berechnen kann. Liturgie hat Bezug zur *Transzendenz* („über die Welt hinaus"), wobei diese Transzendenz im Christentum *Gott* heißt. Mit Gott sind bestimmte Vorstellungen und Überzeugungen verbunden, und Gott wird in der Liturgie namentlich angesprochen.
Liturgie deutet die Existenz des Menschen, indem sie Erfahrungen, Hoffnungen, Überzeugungen, Werte usw. offenlegt, die nicht an der Welt ablesbar sind. Liturgie ist in dieser Hinsicht durchaus vergleichbar mit Musik, Literatur, Film oder Malerei.
Liturgie verweist immer über das hier und jetzt hinaus. Sie verweist *rückwärts in die Geschichte* auf Erfahrungen, Erzählungen und Existenzdeutungen, nimmt diese Überlieferungen auf, bringt sie in die Gegenwart ein und trägt sie weiter (nichts anderes bedeutet das Wort *Tradition*). Liturgie verweist auch *vorwärts in die Geschichte*, indem sie Zukunftshoffnungen zum Ausdruck bringt und den Beteiligten die Möglichkeit eröffnet, schon hier und jetzt von dieser Zukunftshoffnung geprägt zu werden. In der Liturgie fallen somit Vergangenheit, Gegenwart und Zukunft in eins.

Dabei geht es nicht um irgendwelche beliebigen Erfahrungen und Hoffnungen, sondern konkret um *christliche* Erfahrungen und Hoffnungen, die nicht ohne die jüdische Herkunft des Christentums verständlich sind. Es stehen also nicht *individuelle* Erfahrungen und Hoffnungen im Mittelpunkt, sondern *gemeinschaftliche*. Die Gemeinschaft, die sich über diese Erfahrungen und Hoffnungen definiert, ist die *Kirche*. Liturgie ist demnach der Ort, an dem die Kirche ihre eigene Identität erhält und vertieft, und zwar als eine Gemeinschaft, die immer über die konkret versammelte Personengruppe hinausweist: in die ganze Welt, aber auch in die Vergangenheit und in die Zukunft.

In der Liturgie steht das *Wir* der Kirche im Vordergrund: Daher sollen nicht einzelne Personen der Liturgie ihren Stempel aufdrücken, sondern es sollen umgekehrt die einzelnen Menschen in eine große Gemeinschaft hineingenommen werden.

Liturgie ist *Versammlung der Kirche*. Es gibt zwar Liturgien, die von Einzelpersonen abseits jeder Öffentlichkeit gefeiert werden. Das ist aber immer nur eine abgeleitete Form, die dem, worum es eigentlich geht, nur begrenzt gerecht werden kann, nämlich dem gemeinschaftlichen, kirchlichen Glauben.

Theologische Aspekte der Liturgie: Ritual, Rollenspiel, Kultur

In der Liturgie geht es darum, etwas, das man nicht sehen, messen oder berechnen kann, dennoch zugänglich und erfahrbar zu machen. Daher bedient sich die Liturgie *symbolischer* Handlungen: Sie ist *Ritual* (beziehungsweise eine Verbindung vieler kleiner Rituale).

Die liturgischen Symbole sind der menschlichen Erfahrungswelt entnommen, ansonsten könnte der Mensch das Symbol gar nicht erfassen. Die Symbole werden aber in der Liturgie verdichtet (vereinfacht), verfremdet oder übersteigert. Zum Beispiel wird in der Eucharistiefeier (Kapitel 3–5) Brot gegessen, aber nicht etwa belegtes, getoastetes oder gewürztes Brot, sondern ungesäuertes pures Weizenbrot (Verdichtung des Symbols). Am Aschermittwoch (Kapitel 10) wird den Menschen Asche auf das Haupt gestreut: Eine aus dem Alltag bekannte Materie wird auf eine nicht-alltägliche Weise verwendet (Verfremdung des Symbols). Die Taufe (Kapitel 11) wird mit Wasser vorgenommen, aber nicht mit irgendwelchem Wasser, sondern mit *gesegnetem* Wasser, das speziell für die Taufe hergerichtet wurde (Übersteigerung des Symbols).

Der Umgang mit liturgischen Symbolen wird in der katholischen Kirche immer wieder heiß diskutiert. Auf der einen Seite wird gefordert, Symbole sollten möglichst eng an die alltägliche Erfahrungswelt des Menschen anschließen. Demnach müsste die liturgische Symbolik auch kontinuierlich an geänderte Erfahrungswelten der Menschen angepasst werden. Auf der anderen Seite wird gefordert, Symbole sollten bewusst aus dem Alltag herausführen. Demnach müsste der Mensch bereit sein, sich auf das Symbol einzulassen, anstatt dass sich das Symbol dem Menschen anpasst.

Auch die Menschen werden in der Liturgie selber zu Symbolen: Nicht alle tun das gleiche, sondern einzelne Personen übernehmen bestimmte Rollen und treten so in eine besondere Beziehung zu den anderen Anwesenden (Kapitel 6). Man kann Liturgie daher als *Rollenspiel* bezeichnen. Problematisch wurde die Rollenaufteilung in der Liturgiegeschichte vor allem dann, wenn daraus die Unterscheidung zwischen *Bühne* und *Zuschauerraum* wurde, so als würden nur einige wenige die Liturgie durchführen, während andere sie dabei beobachten. Demgegenüber ist festzuhalten, dass schon das *Sich-Versammeln* eine liturgische Rolle ist, die im Ritual auch erlebt werden kann (Kapitel 4).

Liturgie ist *geschichtlich* entstanden, entwickelt und verändert worden. Die Liturgie von heute ist das Ergebnis eines tausende Jahre währenden Prozesses, der auch in Zukunft weitergeht. Dazu gehören langsame, sogar manchmal unbewusste Entwicklungsschritte genauso wie kurzfristig beschlossene und dann konkret umgesetzte Reformen.

Liturgie ist *geordnet*. An Liturgie teilzunehmen bedeutet, sich in eine Ordnung hineinzubegeben und diese mitzutragen. Das muss keineswegs heißen, dass jede kleinste rituelle Handlung exakt vorgeschrieben ist: Ordnung kann manchmal auch durch eine Führungspersönlichkeit entstehen, die Entscheidungen trifft, an die sich alle anderen spontan und freiwillig halten. – Wie bereits gesagt, sind die Liturgien in der katholischen Kirche in *liturgischen Büchern* geordnet, die der Papst herausgibt bzw. deren Herausgabe er zustimmen muss. Es wird innerkirchlich durchaus kritisiert, dass die letzte Entscheidung allein beim Papst liegt; möglicherweise werden sich diese Verfahrensregeln in Zukunft ändern. Vor allem aber gibt es sehr unterschiedliche Ansichten darüber, wie detailgenau man sich überhaupt an liturgische Bücher halten muss. Die Bücher selbst bieten ohnehin an vielen Stellen Anpassungsoptionen, Elemente zur freien Auswahl und Ähnliches. Für diesen Crashkurs werden die Liturgien anhand der offiziellen liturgischen Bücher erläutert. Hin und wieder sollen aber auch verbreitete Abweichungen oder theologische Kritikpunkte zur Sprache kommen.

Zu guter Letzt: Liturgie ist die zentrale kulturelle Ressource der Kirche. Christentum existiert nicht nur als ein Überzeugungssystem, sondern auch als eine Lebensweise, die sich in der Liturgie kulturell verdichtet. Wesentliche Elemente vor allem der westeuropäischen Kulturgeschichte sind auf die christliche Liturgie bezogen: Musik, Architektur, Schrift, Sprache, sogar Mathematik und Physik stehen in ihrer Entwicklungsgeschichte in enger Beziehung zur Liturgie.

Theozentrische Liturgie

Hinter all dem steht das Grundverständnis der Liturgie als *theozentrisch*: Im Mittelpunkt steht die Begegnung des Menschen mit Gott (griechisch *theos*), die im Ritual ermöglicht wird, die aber nie erzwungen werden kann, so wie auch Gott selbst dem menschlichen Willen entzogen ist. Da die Liturgie Ort der Gottesbegegnung ist, geht sie der Kirche als Glaubensgemeinschaft letztlich voraus: Sie ist die Grundlage dessen, was Kirchesein bedeutet. Das II. Vatikanische Konzil ist zu der Überzeugung gelangt, dass die Liturgie der Reform bedarf, um ihr Potenzial auch in der Gegenwart entfalten zu können, und hat daher eine Liturgiereform entworfen. Es wäre aber ein Missverständnis, die Liturgie nun *anthropozentrisch* zu verstehen (griechisch *anthropos, Mensch*), dass also nicht mehr Gott, sondern der Mensch im Mittelpunkt steht.

Auch wenn dieses Buch nicht umhinkommt, die Liturgie immer wieder recht kleinschrittig zu beschreiben, will es dennoch dem weit verbreiteten anthropozentrischen Missverständnis keinen Vorschub leisten. Wo der christliche Glaube auf ein System von Überzeugungen reduziert wird, das dann im nächsten Schritt die Liturgie hervorbringt, wird die Liturgie bereits verfehlt, denn sie ist dann bestenfalls ein schönes, aber letztlich zufälliges und überflüssiges Anhängsel des Glaubens. Der Sinn der Liturgie lässt sich nur erfassen, wenn sie als Ort der Gottesbegegnung, als je neu in die Gegenwart einbrechende Offenbarung verstanden wird, aus der erst im zweiten Schritt der Versuch einer Formulierung von Glaubensaussagen erfolgen kann.

Kapitel 2
Zur Liturgiegeschichte

Liturgie hat geschichtliche Entwicklungen durchlaufen, mit aller Kontinuität und allen Brüchen, die zu solch einem Prozess gehören. Der nun folgende Überblick soll die römisch-katholische Liturgie im Zusammenhang der gesamten christlichen Entwicklung verorten und einige Besonderheiten aufzeigen.

Die Darstellung muss den historischen Befund natürlich stark vereinfachen. Insbesondere ignoriert sie innerchristliche Konflikte der ersten Jahrhunderte. Die Auseinandersetzungen führten zu kirchlichen Lehrentscheidungen und zum Ausschluss (oder zur freiwilligen Verselbstständigung) einzelner Personen oder größerer Gruppen aus der kirchlichen Gemeinschaft. Der Blick ist im Folgenden nur auf jene Gruppen gerichtet, in deren Traditionslinie die heutige Christenheit steht, nicht aber auf jene, die historisch untergegangen sind oder heute nur noch in sehr geringer Anzahl existieren. Was also im Folgenden als simpler Überblick über die ersten Jahrhunderte erscheint, war in Wirklichkeit eine Phase heftiger theologischer, philosophischer und (kirchen-)politischer Diskussionen.

Christentum im Römischen Reich

Das Christentum entstand vor knapp 2000 Jahren in Israel am östlichen Rand des Römischen Reiches, welches sich rund um das Mittelmeer erstreckte. Römisches Reich und christliche Gläubige standen einander lange Zeit kritisch gegenüber, vor allem weil sich Christen aus Glaubensgründen bestimmten Reichsgesetzen bzw. Anordnungen einzelner Herrscher verweigerten. Dies führte zwar nicht kontinuierlich, aber doch in bedrohlicher Regelmäßigkeit zu gewalttätigen Maßnahmen gegen die Christen.

Aus dieser Zeit stammt auch die älteste Schicht christlicher Heiligenverehrung (Kapitel 10): Christen, die für ihren Glauben den Tod auf sich genommen hatten *(Martyrium)*, wurden für die Kirche zu leuchtenden Vorbildern. Man feierte in verschiedenen Formen ihre Todestage und war davon überzeugt, dass diese Menschen unmittelbar ins ewige Leben bei Gott eingegangen sind und nun mit der „irdischen Kirche" weiter in unsichtbarer Verbindung stehen.

Trotz aller Verfolgungswellen existierte das Christentum schon früh flächendeckend im Römischen Reich, wenn auch nur als Minderheit. Vor allem in den Städten des dicht besiedelten östlichen Reichsteils waren christliche Gemeinden präsent: in der heutigen Türkei, in Syrien und Ägypten. Die kirchliche Struktur entsprach den gesellschaftlichen Gegebenheiten: Wo große Städte waren, waren auch die größten christlichen Gemeinden mit den einflussreichsten Vordenkern.

Im Laufe des 4. Jahrhunderts wurde das Christentum erst staatlich geduldet, dann gefördert, bis schließlich die Kaiser selbst das Christentum annahmen und beanspruchten, ihr Reich nach christlichen Grundsätzen zu regieren. Mit diesem Prozess, der mit Kaiser Konstantin (306–337) begann und mit Kaiser Theodosius (379–394) abschloss, wurde das Christentum zur Staatsreligion des Römischen Reiches mit dem Kaiser als politischem Arm und militärischem Schutzpatron der Kirche.

Das Römische Reich war nie von kultureller Einheitlichkeit geprägt. Besonders bedeutend war der Sprachunterschied zwischen Latein im Westen und Griechisch im Osten. Auch das Christentum prägte sich regional unterschiedlich aus. Es gab zwar umfangreiche Kontakte zwischen den Gemeinden und wechselseitige Beeinflussungen, aber es stand außer Frage, dass Christentum in der Stadt Rom anders gelebt wurde als in Spanien, in Ägypten, in Syrien oder in der von Konstantin zur zweiten Hauptstadt erhobenen und nach ihm benannten Stadt *Konstantinopel* (dem heutigen Istanbul, dessen früherer Name *Byzanz/Byzantion* gelautet hatte).

Die christliche Reichskirche bildete auf diese Weise verschiedene kulturelle Zentren und organisatorisch vernetzte Regionen aus. Zunächst erlangten drei solcher Zentren allgemeine Anerkennung: Rom, Alexandrien und Antiochien. Im Jahr 451 erweiterte das Konzil von Chalkedon – wie damals üblich war das Konzil vom Kaiser zur Klärung reichsweiter Kirchenfragen einberufen worden – die Zahl auf fünf:

1. Rom (die alte Hauptstadt des Reiches),
2. Konstantinopel (das *neue Rom* als zweite Hauptstadt),
3. Alexandrien (das eng mit Rom vernetzte Zentrum in Ägypten),
4. Antiochien (das eng mit Konstantinopel vernetzte Zentrum in Syrien),

5. Jerusalem (politisch wenig bedeutend, aber als der Ort, an dem Jesus Christus gekreuzigt und auferstanden war, von hohem Symbolwert für die Kirche).

Patriarchate, Pentarchie und Ritus

Die Bischöfe (Kapitel 6) dieser fünf Zentralstädte übten eine Art Oberaufsicht über ihre Region und alle dort vertretenen Bischöfe aus. Sie erhielten den Ehrentitel *Patriarch* (griechisch *Erzvater*), die fünf Regionen hießen *Patriarchate*. Für den Patriarchen von Rom – übrigens auch für den von Alexandrien – wurde noch ein weiterer Ehrentitel gebräuchlich: *Papst* (lateinisch *papa*, *lieber Vater*). Jedes Patriarchat sollte seine Angelegenheiten selbstständig regeln, es sei denn, dass unbedingt die Reichsebene hätte konsultiert werden müssen. Mit einem modernen Begriff könnte man von „Einheit in (regionaler) Vielfalt" sprechen, der Fachausdruck ist *Pentarchie* (griechisch *Fünferprinzip*).
Nun darf man sich auch ein Patriarchat nicht als völlig einheitliches Gebilde vorstellen, aber aus heutiger Perspektive können wir die Patriarchate als kulturelle Großräume erfassen. Der Fachausdruck für eine solche kulturelle Prägung lautet *Ritus*. Das Wort Ritus kann also nicht nur eine einzelne rituelle Handlung bezeichnen (der Ritus der Taufe, der Segensritus usw.), sondern auch eine *regional entstandene und kulturell gewachsene Ausdrucksweise des Christentums*. Zu einem Ritus in diesem Sinne gehört natürlich die Art und Weise, wie Liturgie gefeiert wird, aber beispielsweise auch der Festkalender (Kapitel 10), das kirchliche Recht und die Regeln für den Umgang mit internen Konflikten. Es gehören alltägliche Frömmigkeitspraktiken dazu, auch können die theologischen Akzentsetzungen unterschiedlich sein.
Wir können den fünf Patriarchaten somit fünf Riten zuordnen: *römischer Ritus, byzantinischer Ritus* (man verwendet für Konstantinopel immer das Adjektiv *byzantinisch*), *alexandrinischer Ritus, antiochenischer Ritus, Jerusalemer Ritus*. Auffällig ist, dass nur der römische Ritus die lateinische Sprache verwendet, die anderen vier Riten verwenden Griechisch (Antiochien und Jerusalem daneben auch Syrisch). Das Christentum des Patriarchats Rom bezeichnet man daher auch oft als *lateinisch*.

Die Entwicklung des römischen Ritus in Nord- und Westeuropa

Das lateinische Christentum breitet sich Richtung Norden und Nordwesten aus, bis nach Skandinavien und auf die britischen Inseln. Zunächst entwickelt jede dieser Regionen ihr kulturelles und rechtliches Eigenleben. Sie bilden also eigene Riten – zum Beispiel *irisch*, *(alt-)spanisch* oder *gallikanisch* (im heutigen Frankreich) – und organisieren sich weitgehend selbstständig, die lateinische Sprache übernehmen sie als Bildungs- und Liturgiesprache.

Im Laufe der Jahrhunderte entsteht aus diesen westeuropäischen Kulturen dann aber wieder ein zusammenhängender kirchlicher Großraum. So erstreckt sich das Patriarchat Rom um das Jahr 1000 über fast das gesamte Nord- und Westeuropa. Der Papst ist dabei die überragende Gestalt, zumal es seit dem späten 5. Jahrhundert in Rom keinen Kaiser mehr gibt und den Päpsten immer mehr politische Aufgaben zugefallen sind.

Das lateinische Christentum wird im Zuge dieser Entwicklung kulturell, theologisch und liturgisch vor allem durch die Franken beeinflusst, die im heutigen Nordfrankreich, Belgien, der Schweiz sowie West- und Südwestdeutschland angesiedelt sind. Die Franken schwingen sich vom 6. bis zum 8. Jahrhundert zur dominanten politischen Größe auf, werden zur neuen Schutzmacht des Papsttums, und der berühmteste Franke, Karl der Große, erhält im Jahr 800 vom Papst die römische Kaiserwürde zugesprochen. Der römische Ritus stellt sich nun als eine Verbindung aus päpstlich-stadtrömischen und fränkischen Elementen dar und wird daher in der historischen Forschung auch als *fränkisch-römisch* bezeichnet.

Bekanntestes Beispiel für diese Wechselwirkung ist der Gregorianische Choral. Dieses in der frühen Karolingerzeit (benannt nach Karl dem Großen) im 8. Jahrhundert im fränkischen Gebiet entwickelte liturgische Gesangsrepertoire wird in der gesamten lateinischen Welt – inklusive Roms – verbreitet, verdrängt dabei alle anderen regionalen Musiktraditionen und wird so zum Dreh- und Angelpunkt der gesamten westlichen Musikgeschichte und Musiktheorie. Die besondere Wertschätzung für dieses Repertoire kommt schon im Namen zum Ausdruck: Papst Gregor der Große († 604) wird bis heute als „Patron" der Gregorianik angesehen, obwohl er selbst mehr als 150 Jahre früher gelebt hat.

Der römische Ritus wird im 2. Jahrtausend nach Amerika, Asien, Ozeanien und Afrika exportiert. Regionale Eigenheiten, die sich lange Zeit noch bewahren oder neu entstehen, verschwinden im Zuge von Vereinheitlichungswellen vor allem im 16. und im 19. Jahrhundert. Der römische Ritus bewahrt auf seinem Gebiet heute nur noch kleine liturgische „Riteninseln" in Mailand *(ambrosianischer Ritus)* und in Toledo in

Zentralspanien *(mozarabischer Ritus)*, darüber hinaus gibt es in Ordensgemeinschaften bis heute etliche Eigenheiten *(Dominikanerritus, Kartäuserritus usw.)*. – In diesen Fällen bezieht sich der Begriff Ritus ausschließlich auf die Liturgie, nicht auf das Kirchenrecht oder eine vom Papst unabhängige Organisationsform.

Die Entwicklung des byzantinischen Ritus in Osteuropa

Unter den Riten im Osten des Reiches ragt der byzantinische heraus. Er wird vor allem Richtung Norden exportiert, also nach Osteuropa. Die Patriarchate Alexandrien, Antiochien und Jerusalem geraten ab dem 7. Jahrhundert unter islamische Vorherrschaft und werden zu Minderheitskulturen. Die arabische Sprache gewinnt in Alltag, Liturgie und Theologie an Bedeutung; manche griechischen Texte des frühen Christentums sind heute nur noch in arabischen Übersetzungen erhalten. Konstantinopel bildet nun den überragenden Bezugspunkt des christlichen Ostens und beeinflusst die Riten der anderen drei Patriarchate, bis diese sich kaum noch vom byzantinischen unterscheiden. Erst 1453 endet das christliche Kaisertum in Konstantinopel und der Islam wird auch dort vorherrschend.

Strukturell verläuft die Entwicklung in Osteuropa genau umgekehrt wie im Westen: Zunächst unterstehen die neu christianisierten Gebiete dem Patriarchen von Konstantinopel und übernehmen den byzantinischen Ritus. Im Laufe der Zeit werden sie in die kirchliche Selbstständigkeit entlassen: Sie gründen eigene Patriarchate, behalten aber den byzantinischen Ritus und passen ihn nur geringfügig an, etwa durch Übernahme ihrer Landessprachen für Liturgie und Theologie und durch die Verehrung landeseigener Heiliger. So entstehen mehrere Patriarchate mit demselben Ritus (byzantinisch), aber unterschiedlichen Landes- und Liturgiesprachen (siehe Seite 32).

Christentum außerhalb der Reichskirche

Nun gab es das Christentum nicht nur auf römischem Reichsgebiet, sondern auch außerhalb. Diese Kirchen wurden organisatorisch nicht von der Reichskirche erfasst und bildeten eigenständige Strukturen. Es kam auch zu theologischen Auseinandersetzungen zwischen der Reichskirche und den Kirchen außerhalb des Reiches, sodass zur organisatorischen Trennung auch theologische Auseinanderentwicklungen hinzukamen. Solche Kirchen bildeten sich beispielsweise in Armenien (wo das

Christentum noch früher als im Römischen Reich Staatsreligion wurde), in Georgien, in Äthiopien und im persischen (ostsyrischen) Raum bis nach Indien.
Zudem gab es aufgrund theologischer Streitfragen auf dem Gebiet des Römischen Reiches Christen, die nicht der Reichskirche angehörten. Von bleibender Bedeutung war das in Ägypten: Neben der Reichskirche etablierte sich die *koptische Kirche* (der Name bedeutet *ägyptisch*).
Die angedeuteten theologischen Auseinandersetzungen können hier nicht näher ausgeführt werden, sie kreisten vor allem um die Frage, wie sich Gottheit und Menschheit in der Person Jesu Christi verhalten, sowie um die Suche nach einer angemessenen Beschreibung des Heiligen Geistes. Die Konzilien von Ephesus (431) und Chalkedon (451) trafen die entscheidenden Festlegungen für die Reichskirche. Alle Kirchen, die diese Konzlien nicht mittrugen, werden als *orientalisch, altorientalisch* oder *orientalisch-orthodox* bezeichnet. Sie unterhalten zumeist hervorragende Beziehungen zueinander. Ihnen allen können wir nun auch eigene Riten zuschreiben, also den *armenischen Ritus*, *äthiopischen Ritus*, *koptischen Ritus* usw.

Katholische und orthodoxe Kirche

Zurück zur Reichskirche: Auch hier gab es theologische Auseinandersetzungen, und sie verschärften sich im späten 1. Jahrtausend, als die Vordenker Konstantinopels plötzlich mit fränkischen Gesprächspartnern im Westen konfrontiert waren, die eine andere Geschichte und einen anderen philosophischen Hintergrund hatten, keine Römer waren, kein Griechisch sprachen und sogar Latein mühsam als Fremdsprache erlernen mussten. Dies alles führte zu dramatischen Missverständnissen und gegenseitigen Unterstellungen. Der keineswegs einzige, aber doch inhaltlich wichtigste Konflikt wurde um die Stellung des römischen Papstes geführt. Nach westlicher Meinung sollte dem Papst das Recht zustehen, bei Bedarf in die östlichen Patriarchate hineinzuregieren; so sollte das *Prinzip der Einheit* an oberster Stelle stehen, sichtbar durch das römische Papsttum. Die östlichen Patriarchate lehnten das ab: Rom habe zwar auf Grundlage der 451 festgelegten Pentarchie (siehe oben) einen Ehrenvorrang, könne aber nicht gegen den Willen der anderen handeln, sondern nur auf deren Initiative hin als Vermittler angerufen werden. Demnach sollte das *Prinzip der Vielheit* an oberster Stelle stehen; sichtbar durch die Gemeinschaft der Ortskirchen mit ihren Bischöfen.

Es kam zum Bruch zwischen dem Patriarchat Rom und den östlichen Patriarchaten. Dieser Bruch ereignete sich nicht schlagartig, sondern in einem jahrhundertelangen Prozess mit gegenseitigen Verurteilungen, zeitweiligen Trennungen und Wiederversöhnungen, etlichen Verhandlungsangeboten und theologischen Streitgesprächen. Eine unrühmliche und für den Osten traumatisierende Rolle spielte der 4. Kreuzzug, in dessen Rahmen 1204 ein lateinisches Patriarchat in Konstantinopel errichtet wurde, das mehr als 50 Jahre Bestand hatte. Erste West-Ost-Konflikte um das Papstamt lassen sich schon im 5. Jahrhundert erkennen, doch erst im 18. Jahrhundert wurde von beiden Seiten die Trennung explizit festgeschrieben. Im Nachhinein wurde der Bruch auf das Jahr 1054 datiert und als *Großes Abendländisches Schisma* bezeichnet: eine historisch unzutreffende Darstellung, denn 1054 hatte es zwar einen heftigen Konflikt, aber keineswegs eine allgemeine gegenseitige Verurteilung gegeben. Am Ende stand jedenfalls die Kirchentrennung, was vor allem bedeutet, dass den Angehörigen der anderen Seite die Zulassung zu den Sakramenten (Kapitel 11) verweigert wurde.

Für das Patriarchat Rom bürgerte sich der Name *katholische Kirche* ein, für die östlichen Patriarchate der Name *orthodoxe Kirche(n)*.

Im Westen kam es zu weiteren Kirchenbildungen, vor allem durch die Reformation mit ihren verschiedenen Ausprägungen (ab dem 16. Jahrhundert) sowie durch die Entstehung der anglikanischen (16. Jh.) und der altkatholischen Kirche (19. Jh.). Aus östlicher Sicht handelt es sich dabei letztlich um nichts anderes als interne Konflikte des Patriarchats Rom. Die Orthodoxie erlebte ebenfalls Spaltungen, diese sind allerdings von weit geringerer Relevanz als im Westen geblieben.

Katholische Ritenvielfalt

Es war also zur Trennung von Ost- und Westkirche gekommen. Die liturgischen Riten aber waren nicht gegenseitig verurteilt worden. Nun kam es im 2. Jahrtausend mehrfach dazu, dass sich größere Gruppen östlicher Christen dem römischen Papst unterstellen wollten. Die katholische Kirche entschied, dass das durchaus möglich sei, auch ohne den römischen Ritus anzunehmen. Sogar eigene rechtliche Strukturen wurden diesen Gruppen zugestanden, solange sie den Papst als Oberaufsicht anerkannten. Aus dieser Entwicklung gingen die *katholischen Ostkirchen* hervor. Das für Europa bedeutendste Beispiel findet sich in der Westukraine, wo 1596 eine Gruppe von Bischöfen einen Vertrag mit

Die Gemeinschaft der orthodoxen Kirchen

Orthodoxe Kirchen, die sich vollständig selbst verwalten, heißen *autokephal (unter eigener Leitung)*. Nicht alle führen den Titel Patriarchat. Die offiziellen Namen sind zum Teil umfangreicher als die unten angegebenen (z. B. heißt das Patriarchat von Antiochien eigentlich *Griechisch-Orthodoxes Patriarchat von Antiochien und dem ganzen Osten*). Liturgiesprachen sind vor allem die jeweiligen Landessprachen, Griechisch und Kirchenslawisch (eine mittelalterliche Liturgiesprache mit erheblichem Einfluss auf die Sprachgeschichte in Ost- und Südosteuropa).
Die Reihenfolge hat historische Gründe sowie zeremonielle und administrative Bedeutung.

1. Ökumenisches Patriarchat von Konstantinopel, Sitz Istanbul (ca. 5 Millionen Mitglieder)
   Der Begriff ökumenisch *(das ganze Reich umfassend)* bezeichnet den alten Hauptstadtstatus von Konstantinopel. Die Angehörigen leben auf griechischen Mittelmeerinseln und in der weltweiten Diaspora, aber nur in geringer Zahl in Istanbul.
2. Patriarchat von Alexandrien, Sitz Alexandrien/Kairo (ca. 1 Million)
3. Patriarchat von Antiochien, Sitz Damaskus (ca. 2 Millionen)
4. Patriarchat von Jerusalem, Sitz Jerusalem (ca. 500 000)
5. Patriarchat von Moskau und ganz Russland, Sitz Moskau (über 100 Millionen)
6. Patriarchat von Serbien, Sitz Belgrad (ca. 10 Millionen)
7. Patriarchat von Rumänien, Sitz Bukarest (ca. 15 Millionen)
8. Patriarchat von Bulgarien, Sitz Sofia (ca. 8 Millionen)
9. Patriarchat von Georgien, Sitz Tbilisi (ca. 3,5 Millionen)
10. Kirche von Zypern, Sitz Nikosia (ca. 800 000)
11. Kirche von Hellas (Griechenland), Sitz Athen (ca. 10 Millionen)
12. Orthodoxe Kirche von Albanien, Sitz Tirana (ca. 400 000)
13. Polnisch-orthodoxe Kirche, Sitz Warschau (ca. 500 000)
14. Orthodoxe Kirche von Tschechien und der Slowakei, Sitz Prešov (ca. 100 000)
15. Orthodoxe Kirche der Ukraine, Sitz Kyjiw (ca. 20 Millionen)
    Die Autokephalie dieser 2018 errichteten Kirche wurde u. a. von Konstantinopel und Alexandrien, aber nicht von Moskau und Serbien anerkannt.
16. Mazedonisch-Orthodoxe Kirche, Sitz Skopje/Ohrid (ca. 2 Millionen)
    2022 von Konstantinopel und Serbien, danach von weiteren Kirchen anerkannt.

Daneben gibt es zahlenmäßig kleine Kirchen, die zwar selbstständig sind, deren Oberhaupt aber durch eine der autokephalen Kirchen ernannt wird, sie heißen *autonom*. Beispiele sind die orthodoxen Kirchen am Berg Sinai (zum Patriarchat Jerusalem), in Finnland (zu Konstantinopel) und in Japan (zu Moskau). Die aus russischer Migration hervorgegangene *Orthodoxe Kirche in Amerika* (Sitz New York, ca. 500 000 Mitglieder) wird seit 1970 von Moskau als autokephal betrachtet, von den anderen orthodoxen Kirchen aber nur als autonom. Neben der *Orthodoxen Kirche der Ukraine* (oben Nr. 15) gibt es auch die zum Patriarchat Moskau gehörende autonome *Ukrainisch-Orthodoxe Kirche*. Im Zuge des russischen Angriffskrieges auf die Ukraine hat sich diese Kirche für unabhängig erklärt; es gibt Diskussionen über ihren genauen rechtlichen Status. Die Entwicklungen in der Ukraine haben erhebliche innerorthodoxe Konflikte ausgelöst, deren dauerhafte Folgen noch nicht abzusehen sind: Derzeit verweigert das Patriarchat Moskau gemeinsame Liturgien mit dem Patriarchat Konstantinopel.

dem Papst aushandelte, der ihnen gestattete, sich innerhalb der katholischen Kirche selbstständig zu organisieren und dabei den byzantinischen Ritus beizubehalten. Die so entstandene *ukrainisch-katholische Kirche* umfasst heute ca. 5 Millionen Mitglieder.
Das II. Vatikanische Konzil stellte ausdrücklich fest, dass alle in der katholischen Kirche existierenden Riten gleichwertig und gleichberechtigt sind (SC 4). Diese Aussage war keineswegs selbstverständlich, denn es hatte entgegen allen Beteuerungen immer wieder Druck auf die katholischen Ostkirchen gegeben, sich dem römischen Ritus anzupassen. Die katholische Kirche besteht heute aus 24 *Teilkirchen* (oder *Eigenkirchen*). Die größte unter ihnen ist die *Lateinische Kirche* (so der heutige Eigenname des Patriarchats Rom), hinzu kommen die sich unter päpstlichem Dach weitgehend selbstständig verwaltenden katholischen Ostkirchen (siehe Seite 34).
Jetzt wird es begrifflich etwas kompliziert: Für die Lateinische Kirche ist die Bezeichnung *römisch-katholisch* gebräuchlich, die katholischen Ostkirchen nennt man dann *armenisch-katholisch*, *koptisch-katholisch* usw. Die aus dem byzantinischen Ritus hervorgegangen katholischen Ostkirchen führen meist die Eigenbezeichnung *griechisch-katholisch* (*griechisch* im Sinne von *byzantinisch*). Zur leichteren Identifikation werden sie oft nur mit ihrem Herkunftsland bezeichnet, also *ukrainisch-katholisch* (offiziell *Ukrainische Griechisch-Katholische Kirche*), *ungarisch-katholisch* usw. – Daneben gibt es aber auch die Variante, alle katholischen Teilkirchen gemeinsam als *römisch-katholisch* zu bezeichnen: der Wortbestandteil *römisch* ist dann nicht auf den Ritus, sondern auf das Papstamt als Einheitsprinzip aller Teilkirchen bezogen.
Zur katholischen Kirche und Liturgie gehört also ein aus frühester Zeit stammendes Prinzip kultureller Vielfalt. Was der eine Ritus weniger gut erfahrbar macht, kann ein anderer umso deutlicher ausdrücken. Während bestimmte historische oder theologische Entwicklungen einen Ritus besonders beeinflusst haben, haben sie in anderen Riten nur wenige oder gar keine Spuren hinterlassen.

Besonderheiten des römischen Ritus

Mit der historischen Skizze ist noch nichts über die Eigenheiten der einzelnen Riten gesagt. Anstatt nun im Detail auf den byzantinischen, armenischen oder äthiopischen Ritus einzugehen, sollen hier zunächst nur einige typische westliche Phänomene den östlichen gegenübergestellt

Die Teilkirchen der katholischen Kirche und ihre Riten

Römischer Ritus

Lateinische Kirche (Römisch-Katholische Kirche)	98% aller Katholiken gehören zur Lateinischen Kirche. Oberhaupt ist der Papst (Patriarch von Rom), dem zugleich Aufsicht über die anderen Teilkirchen zukommt. Die Liturgie wurde bis zum II. Vatikanischen Konzil fast ausschließlich in lateinischer Sprache gefeiert, seitdem vorrangig in den Landessprachen. Innerhalb der Lateinischen Kirche existieren noch heute zwei nicht-römische liturgische „Riteninseln" (*ambrosianisch* in Mailand, *mozarabisch* in Toledo). Ordensgemeinschaften haben eigene Formen der Tagzeitenliturgie (siehe Kapitel 8–9).

Byzantinischer Ritus

Ukrainische G.-K. Kirche Melkitische G.-K. Kirche (entstanden in Syrien) Ruthenische G-K. Kirche Ungarische G.-K. Kirche Slowakische G.-K. Kirche Rumänische G.-K. Kirche Italo-Albanische Katholische Kirche (in Italien) G.-K. Kirche von Kroatien und Serbien Russische G.-K. Kirche Makedonische G.-K. Kirche Bulgarische G.-K. Kirche Belarusische G.-K. Kirche Griechische byzantinisch-katholische Kirche Albanische G.-K. Kirche	Die meisten dieser Kirchen führen den Eigennamen griechisch-katholisch, hier mit G.-K. abgekürzt. Dabei bezieht sich das Wort *griechisch* auf den byzantinischen Ritus. Für viele von ihnen sind Kurzbezeichnungen üblich (ukrainisch-katholische Kirche, melkitische Kirche usw.). Der Begriff *melkitisch* bezeichnet keine Nationalität, sondern bedeutet *kaisertreu* und bezieht sich auf die Anerkennung der Beschlüsse des vom Kaiser einberufenen Konzils von Chalkedon (451). Die Kirchen sind hier nach Größe sortiert, von ca. 5 Millionen (ganz oben) bis ca. 2 000 Mitglieder (ganz unten). Die meisten dieser Kirchen entstanden durch Übertritt orthodoxer Gruppen zur katholischen Kirche unter Beibehaltung des byzantinischen Ritus. Im Zuge der politischen Entwicklungen in Ost- und Südosteuropa ab dem späten 20. Jahrhundert wurden einige dieser Kirchen neu strukturiert. Die Liturgie wird meist in der jeweiligen Landessprache gefeiert, daneben auch auf Griechisch, Kirchenslawisch oder in anderen alten Liturgiesprachen. Zum Teil geriet der byzantinische Ritus in diesen Kirchen unter erkennbaren Einfluss des römischen.

Alexandrinischer Ritus

Koptisch-Katholische Kirche Äthiopisch-Katholische Kirche Eritreisch-Katholische Kirche	*Alexandrinisch* ist der Oberbegriff für die Traditionen Ägyptens (koptisch) und Äthiopiens (äthiopisch und eritreisch), die sich aber erheblich voneinander unterscheiden. Besonders auffällig ist die Anlehnung der äthiopischen Kirchen an jüdische bzw. alttestamentliche Überlieferungen und Feste. Allen drei Kirchen zusammen gehören ca. 400 000 Menschen an.

Armenischer Ritus	
Armenisch-Katholische Kirche	Ca. 150 000 Mitglieder. Der armenische Ritus geriet im 2. Jahrtausend unter erheblichen Einfluss des römischen.
Westsyrischer (= antiochenischer) Ritus	
Maronitische Kirche Syrisch-Katholische Kirche Syro-Malankarische Katholische Kirche	Diese Kirchen befinden sich hauptsächlich in Syrien, im Libanon und im Westen Indiens. Insgesamt ca. 4 Millionen Mitglieder, hauptsächlich Maroniten.
Ostsyrischer Ritus	
Syro-Malabarische Kirche Chaldäisch-Katholische Kirche	Im Irak und im Westen Indiens. Insgesamt ca. 5 Millionen Mitglieder, hauptsächlich Syro-Malabaren.

werden. Innerhalb der westlichen Welt gilt dabei der besondere Blick der römisch-katholischen Liturgie.

Die westlichen Liturgien haben im Laufe der Geschichte umfassende Wandlungsprozesse durchlaufen. Zum Teil geschah dies „von oben" durch Vorgaben anerkannter Autoritäten (im Fall der römisch-katholischen Kirche etwa Päpste und Konzilien; im Fall der evangelisch-lutherischen Kirche beispielsweise durch Überlegungen Martin Luthers), zum Teil aber auch „von unten" durch regional entstandene Praktiken, die irgendwann wie von selbst Allgemeingut wurden und deren Anfänge sich gar nicht mehr genau datieren lassen. Die letzte große Reform der römisch-katholischen Liturgie wurde durch das II. Vatikanische Konzil in die Wege geleitet und betraf alle in diesem Buch behandelten Liturgien. Demgegenüber haben östliche Riten in viel höherem Maße Ausdrucksformen des 1. Jahrtausends beibehalten und – wenn überhaupt – nur in sehr langsam verlaufenden Prozessen geringfügig transformiert. Nur in der Kirchenmusik und bei Übersetzungen liturgischer Texte in neue Sprachen gibt es im Osten ein größeres Maß an Reformfreudigkeit.

Die vielleicht charakteristischste Eigenheit des westlichen Stils ist seine knappe, nüchterne Gebetssprache und reduzierte Symbolik. Gebetstexte sind kürzer und eher juristisch-präzise formuliert als Texte der östlichen Traditionen, die viel ausladend-hymnischer gestaltet und von vielen

Wiederholungen geprägt sind. Das Konzil hat diese Tendenz noch durch seine Anordnung verstärkt, aus der römisch-katholischen Liturgie etliche Wiederholungen in Texten und Gesten abzuschaffen (SC 34). Das Konzil schreibt dem römischen Ritus *edle Einfachheit* zu (SC 34). Demgegenüber könnte man bei den östlichen Riten von „überbordender Fülle“ sprechen. Daher dauern östliche Liturgien in aller Regel deutlich länger als ihre römischen Pendants.

Die Eigenheiten der römisch-katholischen Eucharistiefeier (Kapitel 3–5) und Tagzeitenliturgie (Kapitel 8–9) werden in diesem Buch an entsprechender Stelle erläutert.

Das westliche Christentum kennt seit Mitte des 1. Jahrtausends die zeitliche Trennung von Taufe und Firmung (Kapitel 11), meist über viele Jahre hinweg. In östlichen Riten sind Taufe und Firmung grundsätzlich miteinander verbunden.

Besondere Formen der Verehrung des aus der Eucharistiefeier aufbewahrten eucharistischen Brotes (siehe Kapitel 3–5 und 12) gibt es nur im römischen Ritus seit dem Hochmittelalter. Damit verbunden ist auch die Einrichtung des Fronleichnamsfestes (Kapitel 10). Die meisten anderen westlichen Traditionen lehnen diese Entwicklung ausdrücklich ab. Die östlichen Riten kennen zwar die Aufbewahrung des eucharistischen Brotes, nicht aber dessen rituelle Verehrung.

Das Rosenkranzgebet (Kapitel 12) ist eine Eigenheit des römischen Ritus, die aus der Mitte des 2. Jahrtausends stammt.

Die Verwendung von Musikinstrumenten in der Liturgie ist vor allem ein westliches Phänomen. In den meisten östlichen Riten ist Instrumentalmusik bis heute unüblich bzw. sogar untersagt; es erklingt nur die menschliche Stimme. Eine auffällige Besonderheit ist aber der Einsatz von Zimbeln im koptischen Kirchengesang.

Nur im römischen Ritus und in einigen wenigen anderen westlichen Traditionen ist das Knien in der Liturgie weit verbreitet und gilt oft als Ausdruck besonders inniger Frömmigkeit. Die östlichen Riten kennen als Grundgestus das Stehen, wie es auch in Westeuropa im 1. Jahrtausend die Normalform war (Kapitel 7). Grundlegend dafür war eine Bestimmung des I. Konzils von Nikaia (auch *Nizäa* oder *Nicäa* geschrieben) im Jahr 325, wonach Christen an Sonntagen sowie in der Zeit von Ostern bis Pfingsten (Kapitel 10) nicht kniend beten dürfen.

In der westlichen Welt wird Liturgie zumeist als bewusster Unterschied zum Alltag gestaltet. Von den Mitfeiernden wird pünktliche Anwesenheit und bewusste Aufmerksamkeit, oft auch ausdrücklich Ruhe erwartet. Das Verhalten erinnert fast an einen staatlichen Festakt, ein klassisches Konzert oder einen wissenschaftlichen Vortrag. In der östlichen Welt sind die rituellen Abläufe in der Liturgie meist hochkomplex und damit ebenfalls nicht alltäglich, die Menschen verhalten sich dabei aber auf eine ganz entspannte und natürliche Art und Weise, fast wie bei einem großen Familienfest. Dazu gehört auch, dass man zu spät kommen oder früher gehen darf und trotzdem willkommen ist; es können kurze Gespräche entstehen und Menschen gehen zwanglos im Raum umher. Was im Westen als respektlose Störung, mindestens aber als Unaufmerksamkeit empfunden wird, ist im Osten Ausdruck der Selbstverständlichkeit, mit der man in der Liturgie und im Gottesdienstraum beheimatet ist.

Die westlichen Kirchen berechnen das Osterdatum (Kapitel 10) nach der 1582 durch Papst Gregor XIII. in Kraft gesetzten Kalenderreform. Diesen *gregorianischen Kalender* verwenden heute die meisten Staaten und internationalen Organisationen, die Westkirchen kennen daher keinen Unterschied zwischen religiösem und staatlichem Kalender. Einige Ostkirchen halten bis heute am älteren *julianischen Kalender* fest (benannt nach dem vorchristlichen römischen Kaiser Julius Caesar). Andere haben zwar den gregorianischen Kalender übernommen, berechnen aber das Osterdatum so, als sei der julianische Kalender noch in Kraft *(meletianischer Kalender)*. Aufgrund dieser Unterschiede kann es zwar vorkommen, dass Ostern in West und Ost zeitgleich gefeiert wird, in den meisten Jahren liegt das gregorianische Ostern aber eine, vier oder fünf Wochen früher als das julianische. Für alle Feste mit fixen Kalenderdaten gilt derzeit ein Unterschied von 13 Tagen, das heißt: Die Kirchen des julianischen Kalenders feiern beispielsweise Weihnachten (Kapitel 10) am 7. Januar (weil das der julianische 25. Dezember ist) oder das Fest der Apostel Petrus und Paulus am 12. Juli (29. Juni nach julianischem Kalender). Im Jahr 2100 wird der Unterschied auf 14 Tage anwachsen.

Westliche Frömmigkeit und Theologie sind seit dem Hochmittelalter stark von der menschlichen Dimension Jesu Christi geprägt, insbesondere seiner Geburt und seinem Leiden am Kreuz. Beispiele dafür sind der hohe Stellenwert des Weihnachtsfestes mit all seinem hochentwickelten Brauchtum (Kapitel 10) sowie die Tradition des Kreuzwegs (Kapitel 12). Die östlichen Riten stellen tendenziell die göttliche Dimension Jesu

Christi stärker in den Vordergrund. Ein Beispiel dafür ist die in allen byzantinischen Kirchenräumen an prominenter Stelle angebrachte *Pantokrator*-Ikone (griechisch *Allherrscher*), die Christus auf goldglänzendem Hintergrund als himmlischen Herrscher und als Zielpunkt der gesamten Schöpfung zum Ausdruck bringt.

Das westliche Denken wurde im frühen 2. Jahrtausend durch die Wiederentdeckung der Philosophie des Aristoteles (384–322 v. Chr.) beeinflusst, mit erheblichen Auswirkungen auf das Liturgieverständnis (Kapitel 5 und 11). Für das aristotelisch geprägte christliche Denken ist es ein zentrales Anliegen, göttliche Gegenwart und göttliches Handeln in der Welt zeitlich und örtlich exakt bestimmen und eindeutige Rangfolgen z. B. zwischen verschiedenen Liturgien und einzelnen Handlungen aufstellen zu können.

Dagegen betont das durch Platon (ca. 428–348 v. Chr.) geprägte Denken stärker die Unverfügbarkeit Gottes: Der Mensch hat Zugang zu Gott durch „Abbilder", die auf ihn verweisen (Menschen, Natur, Rituale, Symbole – letztlich ist alles Irdische in unterschiedlicher Weise Gottes Abbild), er kann Gott aber nicht begrifflich präzise erfassen oder materiell eingrenzen. Das platonische Denken war prägend für das 1. Jahrtausend, ist bis heute zentral für ostkirchliches Liturgieverständnis und war auch im Alten und Neuen Testament vorausgesetzt (Gen 1,27; Gen 9,6; 2 Kor 4,4; Eph 4,24).

Das heißeste Eisen im römischen Ritus ist aber eines, das nicht direkt mit Liturgie zu tun hat: Die römisch-katholische Kirche lässt in aller Regel nur ehelos lebende Männer zum Priesteramt (Kapitel 6) zu, die östlichen Riten dagegen auch verheiratete. Auch in den katholischen Ostkirchen sind verheiratete Familienväter der Regelfall unter den Priestern, ebenso wie sämtliche anderen westlichen Kirchen keine Ehelosigkeitsverpflichtung kennen.

Die folgenden Kapitel sollen die Liturgie des römischen Ritus näher erschließen. Wo es zum Verständnis hilfreich ist, wird gelegentlich ein Fenster zu anderen Traditionen geöffnet werden, vor allem zur byzantinischen.

Kapitel 3
Biblische Grundlagen und Geschichte der Eucharistiefeier

Die Eucharistiefeier ist die wichtigste christliche Liturgie: So sehen es alle großen Traditionen und Konfessionen. Unterschiede gibt es allerdings darin, wie häufig die Eucharistiefeier begangen wird und ob es womöglich andere Liturgieformen gibt, denen derselbe (höchste) Wert zugeschrieben wird.

Eucharistiefeier – Messe

Im deutschsprachigen Katholizismus überwiegt der Begriff *Messe*, oft erweitert zu *Messfeier* oder *heilige Messe*. Lateinisch *missa* bedeutet von der Wortherkunft her *Aussendung*, wurde aber in der Mitte des 1. Jahrtausends eher in der Bedeutung *Segen* verwendet. Wie es zum Namen der Eucharistiefeier wurde, ist unklar. Das griechische *eucharistia* bedeutet *Danksagung*, ist schon im 2. Jahrhundert für die Eucharisticfeier bezeugt und wird seit dem 20. Jahrhundert wieder bevorzugt. Im Neuen Testament finden sich die Bezeichnungen *Herrenmahl* (1 Kor 11,20) und *Brotbrechen* (Apg 2,42 und 20,7), wobei nur wenige Informationen über den Ablauf gegeben werden. Im östlichen Christentum (Kapitel 2) überwiegt der Begriff *Göttliche Liturgie* oder *Heilige Liturgie*. Im Deutschen hat sich auch das Wort *Amt* erhalten, das den (Gott geschuldeten) Dienst bezeichnet. So wird eine rituell besonders ausgestaltete Eucharistiefeier auch heute noch vielerorts als *Hochamt* angekündigt, und Klostergemeinschaften feiern ihr *Konventamt*. Im Christentum der Reformation ist der Begriff *Abendmahl* der meistverwendete.

Biblische Wurzel

Wichtigster biblischer Basistext ist das in drei der vier Evangelien sowie im 1. Korintherbrief geschilderte Mahl Jesu mit dem von ihm ausgewählten Zwölferkreis (traditionell *Apostel* genannt) am Abend vor seinem Tod. Dieses Mahl folgte zeitgenössischer jüdischer Praxis; laut

Matthäus- und Markusevangelium (Mt 26,17; Mk 14,12) handelte es sich ausdrücklich um ein *Pesachmahl*, also um die häusliche Feier eines der höchsten jüdischen Feste (Kapitel 10).

Für die christliche Feierpraxis wurden vor allem fünf Beobachtungen am Abendmahl Jesu entscheidend:

- Brot wird zerteilt und gemeinsam verzehrt; das Brot dient dabei nicht – jedenfalls nicht vorrangig – zur leiblichen Sättigung, sondern hat eine darüber hinausweisende Bedeutung.
- Wein wird gemeinsam getrunken; der Wein steht sowohl für himmlische Freude (Jes 25,6–9) wie auch für die Lebenshingabe Jesu (Mt 26,42).
- Brot- und Weinritual werden mit einem Dankgebet verbunden (1 Kor 11,24–25; Lk 22,17–19).
- Jesus identifiziert das Brot als *seinen Leib* (Mt 26,26) und den Wein als *sein Blut* (Mt 26,28) bzw. als *Neuen Bund in seinem Blut* (Lk 22,20).
- Jesus erteilt den Auftrag *Tut dies zu meinem Gedächtnis* (Lk 22,19).

Die christliche Eucharistiefeier bezieht sich explizit auf das Abendmahl Jesu, sie ist aber kein „Nachspielen", auch wenn manche spätere Deutung das vermuten lassen könnte.

Auffälligkeiten der Entwicklung im 1. Jahrtausend

Ab der Mitte des 2. Jahrhunderts liegen nähere Informationen über den Ablauf der christlichen Eucharistiefeier vor, ab dem späten 4. Jahrhundert wird das Bild immer vollständiger.

Die Eucharistiefeier wird im 2./3. Jahrhundert in der Regel durch einen Bischof geleitet (Kapitel 6). Die folgende Reihe von Handlungen bildet das Grundgerüst:

- Biblische Texte werden gelesen und durch eine Predigt des Bischofs ausgelegt.
- Brot und Wein (und womöglich weitere Gaben) werden zusammengetragen und hergerichtet.
- Der Bischof spricht ein (meist frei formuliertes) Dankgebet über Brot und Wein – in griechischen Texten kann dieses Gebet manchmal selber als *eucharistia* bezeichnet werden.
- Brot wird zerteilt („Brotbrechung").
- Die Versammelten verzehren Brot und Wein.

Die Eucharistiefeier findet regelmäßig am Sonntagmorgen statt, dem wöchentlichen Gedenken der Auferstehung Jesu (Kapitel 10). Weitere Anlässe, zu denen Eucharistie gefeiert wird, sind Taufen (Kapitel 11), Begräbnisse (Kapitel 12) sowie die zunächst noch sehr seltenen Festtage. Auch an Fasttagen (Kapitel 10) kann Eucharistie gefeiert werden. Die Eucharistie ist dann ein Ritual des Fastenbrechens und wird bevorzugt am Nachmittag oder Abend begangen.

Zur Eucharistiefeier sind nur getaufte Christen zugelassen, die zuvor eigens auf ihre Taufe und damit auf die Zugehörigkeit zur Kirche als Glaubensgemeinschaft und als Zeugnis Gottes in der Welt vorbereitet wurden (Kapitel 11). Sofern Ungetaufte überhaupt Einlass zur Eucharistiefeier erhalten, werden sie nach der Lesung und Auslegung der Bibel wieder aus der Versammlung verabschiedet. Die Eucharistiefeier entsteht also als eine Liturgie für „Eingeweihte", die eigens darauf vorbereitet wurden. Zum Christsein gehört wesentlich die sonntägliche eucharistische Versammlung, dies spiegelt sich in der Entstehung des *Sonntagsgebots* wieder, der kirchlichen Verpflichtung zur Mitfeier der Sonntagseucharistie.

Ab dem 4./5. Jahrhundert ändern sich die Rahmenbedingungen erheblich: Zunehmend etablieren sich fertig ausformulierte Dankgebete über Brot und Wein (Kapitel 5) sowie feste Ordnungen für die Auswahl biblischer Texte für einzelne Tage des Jahres (Kapitel 4) und ein immer detailreicherer Ablauf der gesamten Feier. Die meisten Eucharistiefeiern werden nicht mehr durch Bischöfe geleitet, sondern durch Priester (Kapitel 6). Fast die gesamte Bevölkerung wird bereits nach der Geburt getauft und wächst von klein auf in die Liturgie hinein.

Großen Einfluss auf den römischen Ritus nimmt Papst Gregor der Große (590–604), beispielsweise indem er in Anlehnung an Konstantinopel das *Herrengebet* („Vaterunser") in die Eucharistiefeier integriert. Nach Gregor werden solche Beeinflussungen von Ost nach West immer seltener.

Unter fränkischem Einfluss (Kapitel 2) kommt es im lateinischen Westen ab dem 8. Jahrhundert zu einschneidenden Neuerungen: Während zuvor *pro Sonntag/Festtag* und *pro Gemeinde* genau *einmal* Eucharistie gefeiert wurde – unabhängig davon, wie viele *Priester* mitfeierten –, gilt nun, dass *jeder Priester täglich* Eucharistie feiert, unabhängig davon, ob sich dazu eine *Gemeinde* versammelt oder nicht. Es gibt zwar Unterschiede in den konkreten Gestaltungsformen, aber für die Theologie der Eucharistiefeier ist das weniger relevant: Die Eucharistiefeier wird nicht länger als *Versammlung* verstanden, sondern von der Rolle des Priesters

her gedeutet, und sie ist allgegenwärtig: täglich, in großen Kirchen sogar mehrfach täglich durch verschiedene Priester. Den Ostkirchen ist diese Herangehensweise bis heute fremd, auch die meisten westlichen Reformbewegungen haben sich entschieden davon abgewendet. In der römisch-katholischen Kirche ist dieser Zugang auch heute noch präsent, auch wenn sich seit dem 20. Jahrhundert und besonders im Zuge des Konzils die kirchenrechtlichen Rahmenbedingungen, die praktischen Gewohnheiten und die theologischen Sichtweisen erheblich geändert haben.
Ebenfalls im späten 1. Jahrtausend wandelt sich die Praxis, persönliche Gebetsanliegen in die Eucharistiefeier einzubringen und dabei in Form einer Geldspende zum Lebensunterhalt der Priester beizutragen, zu einem fest geregelten System: dem *Messstipendium*. Bis heute lebt in der katholischen Kirche die Vorstellung, man könne (oder müsse) für die eigenen Gebetsanliegen „Messen kaufen", um Gewissheit über die Erhörung des eigenen Gebets zu erlangen.
Für die meisten Handlungen in der Eucharistiefeier ist allein der Priester zuständig. Zum häufigsten Fall wird eine Gestaltungsform, bei der ein einzelner Priester sämtliche Teile der Eucharistiefeier allein, nur mit ritueller Unterstützung durch (oft nur einen einzigen) Ministranten (Kapitel 6) vollzieht. Dies ändert sich erst im 20. Jahrhundert, auch hier spielt das II. Vatikanische Konzil eine entscheidende Rolle (siehe unten).
Immer seltener wird den Mitfeiernden der Wein gereicht, auch das eucharistische Brot wird meist nur vom Priester konsumiert. Zu dieser Entwicklung trägt die Sorge bei, diese heilige Materie unsachgemäß zu behandeln und dadurch Gott zu beleidigen, ebenso wie die strengen Bedingungen für den Empfang, etwa Nüchternheit (keine Nahrung und keine Getränke in einem bestimmten vorausgehenden Zeitraum) oder eine vorausgehende Beichte (Kapitel 10). – Erst unter Papst Pius X. (1903–1914) wird diese Entwicklung radikal rückgängig gemacht, zumindest in Bezug auf das Brot, das seitdem alle möglichst häufig empfangen sollen.

Auffälligkeiten der Entwicklung im 2. Jahrtausend

Neben zahlreichen langsamen Entwicklungsprozessen prägen zwei einschneidende Ereignisse das 2. Jahrtausend: Das Konzil von Trient (1545–63) schreibt zahlreiche Elemente der Liturgie detailliert fest, um zu verhindern, dass sie im Fall einer ungeordneten Entwicklung unter Einfluss der Reformation geraten, die gerade begonnen hat, Europa zu erfassen.

Ferner verpflichtet das Konzil weite Teile der katholischen Weltkirche, regionale Eigenheiten zugunsten der stadtrömischen aufzugeben. Fast überall, wo dieser Schritt noch nicht vollzogen werden muss, folgt er spätestens im 19. Jahrhundert, und zwar oft aus eigenem Antrieb der Ortskirchen, die sich auf diese Weise als besonders papsttreu erweisen möchten.
In einem regelrechten katholisch-evangelischen Wettstreit wächst ein gewaltiges Repertoire volkssprachlicher Lieder heran, die in der Liturgie ihren Platz finden. Zwar gelten sie im strengen Sinn nicht selbst als Teile der Liturgie, sondern nur als Begleitgesänge der priesterlichen Handlungen, aber sie prägen die Wahrnehmung der Mitfeiernden und stellen kulturelle Identität und Bindung an die Liturgie her.
Schließlich folgt die Reform der Eucharistiefeier und aller anderen Liturgien des römischen Ritus durch das II. Vatikanische Konzil. Vorausgegangen waren jahrzehntelange historische Forschungen, liturgietheologische Entwicklungen, einzelne kleinere und größere Reformschritte seit Papst Pius X. sowie regionale „Experimente", deren Erfahrungen in die Entscheidungen des Konzils einfließen.

Reform durch das II. Vatikanische Konzil

In *Sacrosanctum Concilium* (Kapitel 1) legt das Konzil allgemeine theologische Aussagen über die Liturgie vor – so etwas hatte kein Konzil zuvor je getan – und entwickelt daraus eine Liturgiereform. Einige Reformmaßnahmen werden detailliert benannt, andere eher allgemein skizziert und Papst Paul VI. (1963–78) zur weiteren Umsetzung anvertraut. Zu den Konzilsbeschlüssen gehören folgende:
Für das Verhalten der Mitfeiernden in der Liturgie soll das Prinzip der *aktiven Teilnahme* gelten, genauer beschrieben als *volle*, *bewusste* und *gemeinschaftliche* Teilnahme (SC 14 und 21). Der lateinische Begriff, den das Konzil verwendet, lautet **participatio actuosa** oder **actuosa participatio**, er wird manchmal auch als *tätige Teilnahme/Teilhabe* übersetzt. Meistens bleibt man aber beim lateinischen Ausdruck, der das Grundanliegen des Konzils programmatisch zusammenfasst.
Den Versammelten kommt eine eigene liturgische Rolle zu, sie sollen keine *stummen Zuschauer* des Handelns des Priesters sein (SC 48, siehe Kapitel 4 und 6). Die Liturgie soll sich nicht an individuellen spirituellen Bedürfnissen ausrichten, sondern es soll im Gegenteil die individuelle Spiritualität durch die gemeinschaftliche Liturgie geprägt werden (SC 14). Konsequenterweise sollen die liturgischen Bücher Angaben zur

Rolle aller Versammelten enthalten (SC 31), etwa zu gemeinsam einzunehmenden Körperhaltungen (SC 30, siehe Kapitel 7).
Im Dienst der participatio actuosa soll die Liturgie strukturell vereinfacht werden (SC 34 und 50, siehe Kapitel 2).
Die Bibel soll stärkere Wertschätzung erfahren (SC 24), insbesondere soll sie in der Eucharistiefeier nicht länger als „Vorprogramm" gelten (SC 56). Es sollen in der Eucharistiefeier mehr biblische Texte vorgetragen werden als zuvor, über einen mehrjährigen Zeitraum sollen die wichtigsten Abschnitte der Bibel zu hören sein (SC 51, siehe Kapitel 4).
Der participatio actuosa gilt auch ein weiterer gravierender Reformschritt: Die Liturgie muss nicht länger in lateinischer Sprache gefeiert werden, die Landessprachen werden zugelassen. Das Konzil nennt zunächst nur beispielhafte Elemente, für die die Landessprachen angemessen sein können, ermöglicht aber prinzipiell die Umstellung der gesamten Liturgie (SC 54).
Zwei oft zu hörende Aussagen sind allerdings unwahr: Das Konzil hat die lateinische Liturgiesprache keineswegs abgeschafft, sondern den Wert dieser gemeinsamen Kirchensprache sogar ausdrücklich betont (SC 54). Das Konzil hat auch nicht entschieden, dass der Priester bei der Eucharistiefeier den Mitfeiernden das Gesicht statt des Rückens zuwenden solle – aber dazu mehr in Kapitel 7.

Strukturelemente und ihre theologische Bedeutung

In der Eucharistiefeier finden sich Strukturelemente, die für die christliche Liturgie allgemein von Bedeutung sind, wie durch ein Brennglas in besonderer Deutlichkeit. Dazu jetzt einige Aspekte. Im näheren Blick auf den Aufbau der Eucharistiefeier (Kapitel 4 und 5) werden sie sich genauer erschließen lassen.

Anamnese

Wie alle Liturgien zeichnet sich die Eucharistiefeier durch ausgeprägte *anamnetische* Elemente aus. *Anamnese* lässt sich am besten als *Vergegenwärtigung* übersetzen; es handelt sich um das Wort aus dem Auftrag Jesu: *Tut dies zu meinem Gedächtnis (anamnesis).* Im Unterschied zu einer bloßen Erinnerung oder nostalgischen Gefühlen geht es in der Anamnese darum, dass das, dessen man gedenkt, durch die rituelle Erfahrung existenzbestimmend wird und die Grenzen von Raum und Zeit überschreitet: Es wird *gegenwärtig*. Diese Denkweise ist sowohl für

jüdische wie auch für christliche Liturgie von allerhöchster Bedeutung (Kapitel 5).
Anamnese findet sich vor allem in der rituellen Lesung biblischer Texte (Kapitel 4) sowie in liturgischen Gebeten (Kapitel 5).
Anamnese bezieht sich inhaltlich oft auf geschichtlich Vergangenes (etwa biblische Ereignisse und Überlieferungen), manchmal aber auch auf Zukünftiges (etwa das ewige Leben) oder auf Zeitübergreifendes (etwa Eigenschaften Gottes oder Zustände der Welt).

Epiklese und Doxologie

Epiklese, wörtlich *Herabrufen,* bezeichnet Vollzüge, in denen Gott um das Herabsenden des Heiligen Geistes angerufen oder der Heilige Geist direkt angeredet wird. Im weiteren Sinne wird jede Art von Bitte als Epiklese bezeichnet (Kapitel 5).
Doxologie bedeutet *Ehrung*. In einer Doxologie wird Gott um seiner Gottheit willen bejubelt. Mit einer Doxologie anerkennt der Mensch die Göttlichkeit Gottes. Doxologien haben immer huldigende, poetische Züge. Mehr als andere Liturgien enthält die Eucharistiefeier doxologische Elemente (Kapitel 4 und 5).

Katabasis und Anabasis

Eng mit Anamnese, Epiklese und Doxologie sind *Katabasis* und *Anabasis* verwandt, wörtlich *Abstieg* und *Aufstieg*. In katabatischen Vollzügen handelt Gott am Menschen, in anabatischen Vollzügen wendet sich der Mensch an Gott. Im weiteren Sinne kommt durch dieses Begriffspaar der dialogische Charakter der Liturgie zum Ausdruck. Wenn biblische Texte gelesen werden, wenn Menschen im Namen Gottes gegrüßt oder gesegnet werden, geschieht Katabasis; wenn Menschen zu Gott beten oder ihm etwas darbringen, geschieht Anabasis (Kapitel 4 und 5).
Meist lässt sich in der Liturgie zuerst das katabatische, dann das anabatische Element finden. Darin kommt zum Ausdruck, dass nach christlicher Überzeugung alles menschliche Tun letztlich Antwort auf das immer schon vorausgegangene Handeln Gottes ist.

Essen und Trinken

Jede Liturgie ist durch Symbolhandlungen geprägt, aber die Dimension des Essens und Trinkens – noch dazu unter Berufung auf eine Weisung Jesu – gibt es nur in der Eucharistiefeier. Sie nimmt somit in ihrer leiblichen, ganzheitlichen Ausdrucksweise eine Sonderstellung unter den Liturgien ein. Nirgends sonst geht Liturgie so buchstäblich „in Fleisch und Blut“ über.

Priestertum aller Getauften

SC 7 beschreibt die Liturgie als *Vollzug des Priesteramtes Christi*. Damit sind ausdrücklich nicht bestimmte kirchliche Amtsträger gemeint, sondern im Sinne von 1 Petr 2,4–10 alle Christen (Kapitel 6).

In der Eucharistiefeier treten Menschen vor Gott. Sie tun dies unter der Führung Jesu Christi und in Gemeinschaft mit ihm; die sprachliche Formel dafür lautet *durch Christus*. Die Kirche handelt dabei stellvertretend für die ganze Welt, sogar dann, wenn die Welt davon nichts wissen möchte. Insbesondere betet die Kirche um das Wohlergehen der ganzen Welt (Kapitel 4). Priestertum in diesem Sinne bedeutet, dass die christliche Gemeinde sich als Repräsentantin der ganzen Schöpfung Gott in Lob, Dank und Bitte zuwendet.

Opfer – Dank – Mahl – Gedächtnis

Wenn es ausgehend von Jesus Christus keine wirksamen Opfer mehr geben kann (Kapitel 1), leuchtet zunächst nicht ein, warum die Eucharistiefeier schon im frühen Christentum als Opferhandlung bezeichnet wurde und viele liturgische Texte diese Begrifflichkeit verwenden. Auch der Altar (Kapitel 6) und die Darbringung von Gaben (Kapitel 4) erscheinen dann missverständlich. Das Festhalten am Opferbegriff hat vor allem in Auseinandersetzung mit der Reformation dazu geführt, dass die häufige Verwendung dieses Wortes geradezu zum Charakteristikum des Katholizismus wurde: *Opfermesse, Messopfer, Opfermahl, Opferpriester* usw.

Die Eucharistiefeier darf keinesfalls als menschliche Leistung verstanden werden oder als Pflichthandlung, die Gott benötige, um sich dem Menschen zuzuwenden, auch wenn katholische Theologie und Frömmigkeit dieser Vorstellung immer wieder Vorschub geleistet haben.

Ausgehend vom Verständnis der Anamnese (siehe oben) kann die Eucharistiefeier aber durchaus als *Feier eines Opfers* verstanden werden, denn in ihr wird Christus *vergegenwärtigt*, der selbst das Opfer schlechthin ist (Kapitel 1). Um zerstörerisch-destruktive Assoziationen zu vermeiden, die mit dem Opfergedanken verbunden sind, spricht die frühchristliche und ostkirchliche Tradition gerne von der Eucharistie als

unblutigem Opfer und kann dafür sowohl alt- als auch neutestamentliche Anknüpfungspunkte vorweisen (Ps 116,12–17; Röm 12,1; Hebr 13,15; 1 Petr 2,5).
Neben dem Opfergedanken werden heute andere Kategorien zur Deutung der Eucharistiefeier in den Vordergrund gestellt, etwa *Dank (eucharistia), Mahl* (1 Kor 11,20) oder vor allem *Gedächtnis* (Anamnese) als von Jesus selbst benannte Zielrichtung des eucharistischen Rituals.

Heutige Herausforderungen

Aus der historischen Entwicklung haben sich unter anderem folgende Herausforderungen ergeben, die im Mittelpunkt aktueller theologischer und praktischer Diskussionen stehen:
Die Eucharistiefeier ist in vielen römisch-katholischen Gemeinden die einzige Liturgie, ja sogar die einzige Versammlung überhaupt, zu der eine nennenswerte Zahl von Gemeindemitgliedern regelmäßig zusammenkommt. Daher werden der Eucharistiefeier gerne Elemente hinzugefügt, die ihrer Struktur und Bedeutung fremd sind, und es werden Erwartungen an sie herangetragen, die sie nicht erfüllen kann. Dazu gehören etwa der Ausdruck von Klage oder von Wut über Unrecht, die handlungsorientierte Thematisierung aktueller politischer Ereignisse oder praktischer Erfordernisse des Gemeindelebens, dazu gehört auch die persönliche Spiritualität Einzelner und anderes mehr. Für alles das braucht die katholische Kirche durchaus passende Zeiten, Orte und Kommunikationsformen. Werden sie aber in die Eucharistiefeier hineingetragen, verunklaren sie deren Sinn und Bedeutung.
Außerdem werden viele Eucharistiefeiern heutzutage mit Menschen gefeiert, die mit ihrer eigenen liturgischen Rolle nicht vertraut sind und den Ablauf nicht kennen. Dies passiert besonders häufig im Rahmen von Firmungen, Trauungen (Kapitel 11) oder Begräbnissen (Kapitel 12). Manche leiten daraus den Wunsch nach einer radikalen Vereinfachung oder nach situationsabhängigen gravierenden Anpassungen der Eucharistiefeier ab, um den Voraussetzungen der Mitfeiernden gerecht werden zu können. Andere hingegen fürchten dabei den Verlust an Ausdrucksreichtum und Bedeutungsfülle. Ihrer Meinung nach sollten zu solchen Anlässen andere Liturgien gefeiert werden als ausgerechnet die Eucharistiefeier als komplexestes kirchliches Ritual überhaupt.

Kapitel 4
Ablauf der Eucharistiefeier – Liturgie des Wortes

Im Jahr 1570 war auf der Grundlage der Beschlüsse des Konzils von Trient (Kapitel 3) das *Missale Romanum (Römisches Messbuch)* herausgegeben worden, das danach nur noch geringfügige Änderungen durchlief. Die letzte Ausgabe vor dem II. Vatikanischen Konzil stammte von 1962, übergangsweise wurden 1965 erste Konzilsbeschlüsse eingearbeitet. 1969/70 trat dann ein umfangreich überarbeitetes Missale Romanum in Kraft. Kurz danach erschien das *Messbuch* für die Eucharistiefeier in deutscher Sprache. – Seite 49 f. zeigt den gewöhnlichen Ablauf für Sonntage, Seite 51 die Vorgängerversionen von 1962 und 1965, Seite 52 eine Sonderform aus dem Kongo, Seite 53 die Eucharistiefeier im byzantinischen Ritus. Die kongolesische Variante ist die einzige nach dem Konzil neu eingerichtete Form, die der römisch-katholischen Liturgie eine an die Landeskultur angepasste Gestalt (SC 37–40) gibt. In den letzten Jahren sind Überlegungen verstärkt worden, auch für die Amazonasregion in Südamerika eine solche Eigenliturgie einzurichten.
Von 2007 bis 2021 gab es die weitreichende Erlaubnis, die Eucharistiefeier und andere Liturgien wahlweise auch in der Variante von 1962 zu feiern. An einzelnen Orten geschieht dies mit päpstlicher Zustimmung auch weiterhin, dies ist aber nach der Entscheidung von Papst Franziskus weitestgehend als Auslaufmodell zu sehen. Die Form von 1965 wird nicht mehr praktiziert.

Eröffnungsteil

Der Eröffnungsteil hat im Laufe der Geschichte zahlreiche Änderungen durchlaufen, er unterscheidet sich erheblich von Ritus zu Ritus. Dennoch hat er große Bedeutung. Das Konzil hat in SC 7 an die Worte Jesu aus Mt 18,20 erinnert: *Wo zwei oder drei in meinem Namen versammelt sind, da bin ich mitten unter ihnen*. Die Feiernden werden zu einer *Versammlung* zusammengeführt.

Eucharistiefeier an gewöhnlichen Sonntagen

	Gesang	Variationsmöglichkeiten und Anmerkungen
	Eröffnungsriten	
Einzug und Begrüßung des Altares	Introitus	Proprium
Kreuzzeichen und Liturgischer Gruß		Z. B. *Der Herr sei mit euch – Und mit deinem Geiste*; anschließend ggfs. kurze Einführung in die Feier (Statio)
Bußakt oder Taufgedächtnis		Kann entfallen oder mit dem Kyrie verbunden werden
	Kyrie	Ordinarium
	Gloria	Ordinarium
Tagesgebet		Oration
	Liturgie des Wortes (Wortgottesdienst)	
1. Lesung		
Antwortpsalm	Graduale (statt Antwortpsalm)	
2. Lesung		
	Halleluja mit Vers	
Evangelium		
Homilie		
	Credo	Ordinarium
Allgemeines Gebet		Ohne feste Textvorlage
	Eucharistische Liturgie (Eucharistiefeier im engeren Sinne)	
Gabenbereitung	Offertorium	Proprium
Gabengebet		Oration
Eucharistisches Hochgebet		
Gebet des Herrn		„Vaterunser"
Friedensritus		
Brotbrechung	Agnus Dei	Ordinarium

Vorbereitungsgebet		*Herr, ich bin nicht würdig …* (vgl. Mt 8,8)
Kommunion	Communio	Proprium
Dankhymnus		Kann frei gewählt werden, kann auch entfallen
Schlussgebet		Oration
	Abschlussriten	
Segen		Vor dem Segen können Mitteilungen an die Gemeinde eingefügt werden
Entlassung		Lateinisch *Ite missa est*
Auszug		Gesang, Instrumentalspiel, Schweigen; ein solcher Gesang kann auch vor oder nach dem Segen gesungen werden

Übrigens: Das griechische *ekklesia* für *Kirche* bezeichnet ursprünglich keine Personengruppe und kein Gebäude, sondern eine *Versammlung*, etwa eine städtische Bürgervesammlung. Die Christen übernahmen diese Bezeichnung für ihre (eucharistische) Versammlung.

Am Beginn steht der **Einzug**. Meist ziehen nur der Vorsteher und seine Assistenten (Kapitel 6) in den Kirchenraum ein, in dem alle anderen ihre Plätze bereits eingenommen haben. Die Erfahrung, sich zu versammeln, ist damit bereits verkürzt, stattdessen kann leicht der Eindruck eines Gegenübers von Bühne und Zuschauerraum entstehen. In Klöstern ist es hingegen üblich, dass die Klostergemeinschaft gemeinsam in den Kirchenraum einzieht: ein stärkerer Ausdruck des Sich-Versammelns.

Es folgt eine rituelle **Verehrung des Altares** (Kapitel 7) durch Kuss und ggfs. Beweihräucherung, dann das **Kreuzzeichen** *(Im Namen des Vaters und des Sohnes und des Heiligen Geistes. Amen)*. Der **liturgische Gruß** (z. B. *Der Herr sei mit euch – Und mit deinem Geiste*) ist dialogische Vergewisserung und Zuspruch der Gegenwart Jesu Christi. Es kann eine frei formulierte Einführung folgen.

Der **Bußakt** zeigt, dass die Hinwendung zu Gott eine Neuausrichtung des eigenen Lebens bedeutet. Es stehen verschiedene Formen zur Auswahl. Der Bußakt kann durch Texteinschübe mit dem folgenden *Kyrie* verbunden oder durch ein **Taufgedächtnis** (Kapitel 11) ersetzt werden.

Eucharistiefeier nach dem Messbuch von 1962 und dessen Überarbeitung von 1965

Die Auflistung verzichtet auf nähere Angaben zur genauen Ausgestaltung des Rituals im Kirchenraum, zu still gesprochenen Gebeten des Vorstehers und zur fast ausschließlichen Verwendung der lateinischen Sprache. 1965 waren einzelne Teile bereits in den Volkssprachen möglich. Zum leichteren Verständnis findet die heute gebräuchliche Begrifflichkeit Verwendung.

Eröffnungsriten

Kreuzzeichen
Stufengebet mit Schuldbekenntnis
Introitus
(gesungen oder ggfs. allein vom Vorsteher gesprochen)
Kyrie
Gloria
Liturgischer Gruß
Tagesgebet

Liturgie des Wortes *(„Vormesse")*

Lesung (meist Epistel = neutestamentliche Briefliteratur)
Graduale
Halleluja
Evangelium
ggfs. Homilie
Credo
nur 1965: Allgemeines Gebet

Eucharistische Liturgie *(„Opfermesse")*

Gabenbereitung mit Offertorium
Gabengebet
Eucharistisches Hochgebet
Gebet des Herrn
Brotbrechung
Friedensritus
Agnus Dei
Kommunionvorbereitungsgebete
1962: Schuldbekenntnis, Kommunion, Communio (gesungen oder gesprochen)
1965: Kommunion mit Communio (gesungen oder gesprochen)
Schlussgebet

Abschlussriten

1962: Entlassung, Segen, Schlussevangelium (meist Joh 1,1—14), ggfs. Abschlussgebete
1965: Segen, Entlassung

Eucharistiefeier im „kongolesischen Ritus" von 1988

Für die heutige Demokratische Republik Kongo wurde 1988 ein eigenes Messbuch zugelassen, das der Einfachheit halber meist *kongolesischer Ritus* genannt wird, obwohl es nicht um einen Ritus im kirchenrechtlichen Vollsinn handelt (siehe Kapitel 2). Eucharistiefeiern im Kongo können alternativ zum gewöhnlichen römischen Messbuch auch in dieser Form gefeiert werden, dies geschieht bevorzugt an hohen Festtagen. Auffällige, an Traditionen des Kongo anknüpfende Elemente sind der liturgische Dienst der Sprecherin/des Sprechers, das Gedenken der Ahnen sowie die Integration von Tanz.

Eröffnungsriten

Begrüßung durch die Sprecherin/den Sprecher
Einzug und Begrüßung des Altares
Liturgischer Gruß und ggfs. Einführung in die Feier
„Sich in die Gegenwart Gottes stellen"
Anrufung der Heiligen und der rechtschaffenen Ahnen
Gloria
Tagesgebet

Liturgie des Wortes

Segnung der Lektorin/des Lektors
1. Lesung
Antwortpsalm
2. Lesung
Inthronisation des Evangeliums
Halleluja
Evangelium
Homilie
Glaubensbekenntnis
Allgemeines Schuldbekenntnis
Besprengung der Gemeinde mit Weihwasser
Friedensritus
Allgemeines Gebet

Eucharistische Liturgie

Gabenprozession mit Tanz
Darbringungsgebete
Gabengebet
Eucharistisches Hochgebet (mit eigenem Text für den Kongo)
Gebet des Herrn
Brotbrechung mit Agnus Dei
Kommunionvorbereitung
Kommunion
Danklied oder Stille
ggfs. Mitteilungen an die Gemeinde
Schlussgebet

Abschlussriten

Segen
Entlassung

Eucharistiefeier im byzantinischen Ritus

Die Übersicht verzichtet auf nähere Angaben zum Kirchenraum, zur Rollenaufteilung zwischen den handelnden Personen (besonders Vorsteher, Diakon und Chor) sowie zu den zahlreichen kurzen rituellen Dialogen zwischen Vorsteher, Diakon und Chor/Gemeinde.

Vorbereitungsgebete von Priester und Diakon	*Inklusive rituellem Anlegen der liturgischen Gewänder*
Proskomidie	*Gabenbereitung*
Liturgie der Katechumenen *(= Eröffnungsriten und Liturgie des Wortes)*	
Eingangssegen	
Friedensektenie	*Allgemeines Gebet mit weitgehend unveränderlichem Text*
1. Antiphon	*Meist Verse aus Ps 66*
Kleine Ektenie	*Kurze Fürbittreihe*
2. Antiphon	*Meist Verse aus Ps 68*
Kleine Ektenie	
3. Antiphon	*Meist die Seligpreisungen Mt 5,3–12*
Kleiner Einzug	*Prozession des Evangelienbuches durch die Kirche*
Trishagion	*Altkirchlicher Hymnus, auch „Dreimalheilig" genannt*
Segnung des Bischofsthrones	*Jede byzantinische Kirche hat einen Sitz für den Bischof*
Prokimenon	*Propriumsgesang vom Tag*
Lesung	*Aus der neutestamentlichen Briefliteratur*
Halleluja und Evangelium	*Danach oder an anderer Stelle kann die Homilie stehen*
Inständige Ektenie	*Spezielle Form des Fürbittgebets*
Entlassung der Katechumenen	*Entlassung aller Nichtgetauften aus der Versammlung, heute meist ohne praktische Bedeutung*
Liturgie der Gläubigen *(= Eucharistische Liturgie)*	
Kleine Ektenie	
Großer Einzug mit Gesang des Cherubikon	*Gabenprozession durch die Kirche zum Altar*
Opferektenie	*Fürbittgebet im Hinblick auf die Gaben*
Friedensgruß	
Credo	
Anaphora	*Griechischer Name des eucharistischen Hochgebets*
Ektenie	
Gebet des Herrn	*„Vaterunser"*
Kommunionvorbereitungsriten	
Kommunion, dazu Koinonikon	*Propriumsgesang vom Tag*
Ektenie(n)	
Ambogebet mit Ps 34,1	*Schlussgebet der Eucharistiefeier*
Segen	

Dies geschieht meist durch Besprengen der Versammelten mit gesegnetem Wasser. Bußakt und Taufgedächtnis können auch entfallen.
Es folgt das **Kyrie**, der Ruf *Herr, erbarme dich*; *Christus, erbarme dich*; *Herr, erbarme dich*, griechisch *Kyrie/Christe eleison*. Man kann dies als öffentliches Bekenntnis zu Christus verstehen (Phil 2,11; Röm 10,9) und damit als Absage an alle anderen Götter und irdischen Herren. Das Kyrie kann mit Zwischentexten versehen werden, diese sind als Christus-Anrufungen zu gestalten. Wird das Kyrie mit dem Bußakt verbunden, erhält es den Charakter einer Vergebungsbitte. Im Mittelalter waren gesungene, huldigende Texteinschübe üblich, wobei das erste Kyrie an Gottvater, das Christe an Jesus Christus und das letzte Kyrie an den Heiligen Geist gerichtet wurde. Quellen aus dem 5. Jahrhundert zeigen das Kyrie als Gemeinderuf zu den Fürbitten (siehe unten); anschließend verselbstständigte es sich und erhielt dann neue Deutungen.
Das **Gloria** – das an Werktagen entfällt – ist ein frühchristlicher Lobgesang, der mit den Worten des Engelchores zur Geburt Jesu *Ehre (Gloria) sei Gott in der Höhe* (Lk 2,14) beginnt und sich zu einem Bekenntnis zu Gottvater und Jesus Christus entfaltet.
Das **Tagesgebet** gehört zum Gebetstyp der *Oration*, der in Kapitel 5 erläutert wird.

Liturgie des Wortes

Für den folgenden Block, in dessen Zentrum biblische Texte stehen, ist der Begriff **Wortgottesdienst** verbreitet. Da dies aber doppeldeutig ist (Kapitel 12), soll hier in wörtlicher Übertragung des lateinischen *liturgia verbi* von der **Liturgie des Wortes** gesprochen werden.
Laut SC 7 ist das biblische Wort eine der Formen der Gegenwart Jesu Christi in der Liturgie. Der jahrhundertealten Vorstellung, die Liturgie des Wortes sei nur „Vorprogramm" der **Eucharistischen Liturgie** (siehe unten), wurde damit ein Riegel vorgeschoben.

Biblisches Wort und liturgische Gegenwart

Die biblischen Texte sind vielen Versammelten kaum oder gar nicht bekannt. Trotzdem geht es bei den biblischen Lesungen allenfalls nebenbei um Information über Unbekanntes. Entscheidend ist vielmehr die *Anamnese* (Kapitel 3). Die Trennung zwischen dem *damals* des biblischen Textes und dem *jetzt* der liturgischen Versammlung wird aufgehoben: Hier und jetzt spricht Gott durch die Bibel zur Kirche. Deswegen wird die Liturgie des Wortes rituell ausgestaltet, dies gilt vor allem für die Evangelienlesung. Es kann ein Evangelienbuch *(Evangeliar)* verwendet werden, das mit Weihrauch umhüllt, emporgehoben, geküsst und mit Kerzen begleitet wird. Das Evangeliar symbolisiert Christus und dieser wiederum symbolisiert die gesamte Bibel. – Der Verzicht auf solche Ritualisierung ist zwar weit verbreitet, widerspricht aber dem ausdrücklichen Willen des Konzils (SC 24).

In enger Verbindung zur Anamnese ist hier auch der theologische Schlüsselbegriff *Inkarnation* (wörtlich *Fleischwerdung*, meist wiedergegeben als *Menschwerdung*) stark zu machen: Gott offenbart sich in Jesus Christus als Mensch gegenüber Menschen. In diese Offenbarung ist die Geschichte einbezogen, aus der Jesus hervorgeht und auf die er sich bezieht (das Alte Testament und das darin konstituierte und unwiderruflich mit Gott verbundene Volk Israel), ebenso wie die Geschichte, die aus ihm hervorgeht (das Neue Testament und die Kirche). Da Jesus Christus der Brennpunkt dieser Geschichte in ihrer Gesamtheit ist, kann das Konzil sagen, dass die gesamte Bibel auf ihn bezogen und er in der Verkündigung der Bibel anwesend ist. Dass es daneben auch andere angemessene Auslegungen der Überlieferungsgeschichte geben kann – insbesondere die jüdischen Interpretationen des Alten Testaments –, ist dadurch keineswegs infrage gestellt.

Leseordnung an Sonntagen

An gewöhnlichen Sonntagen sind vier Lesungen vorgesehen: eine Lesung aus dem Alten Testament, ein Abschnitt aus einem Psalm, eine Lesung aus dem Neuen Testament und schließlich eine Evangelienlesung; ihr wird der Ruf *Halleluja* mit einem eingeschobenen kurzen Vers vorangestellt.

Die alttestamentliche Lesung heißt **1. Lesung**, die neutestamentliche **2. Lesung** (oder mit einem alten Begriff *Epistel*). Der Psalm heißt **Antwortpsalm**. Entgegen einem verbreiteten Missverständnis bedeutet der Begriff nicht, dass der Psalm auf irgendetwas antwortet, sondern dass er „mit Antwort“ gesungen wird: In den Textvortrag stimmt die Versammlung mit einem wiederkehrenden Ruf ein, der lateinisch *responsum (Antwort)* heißt, deutsch meist *Kehrvers* genannt.

Das **Halleluja** ist Begrüßung Jesu Christi im Evangelium. Hebräisch *hallelujah* heißt *preiset Jah*, wobei *Jah* die erste Silbe des hebräischen Gottesnamens ist, der nach jüdischem und auch weitgehend christlichem

Brauch nur angedeutet, aber nicht ausgesprochen wird. Im Christentum wurde das Halleluja zum Huldigungsruf für den auferstandenen Christus (Kapitel 10).

Alle Sonntage, die zu keiner besonderen Zeit des Kirchenjahres gehören (Kapitel 10), werden als *Sonntage im Jahreskreis* bezeichnet und von 1 bis 34 durchnummeriert. Die Leseordnung wiederholt sich alle drei Jahre, die **Lesejahre** heißen A, B und C. Seite 57 zeigt die Lesungen für das Lesejahr C.

Lesejahr A sind die Jahre 2023, 2026, 2029, 2032, 2035 usw.

Lesejahr B sind die Jahre 2024, 2027, 2030, 2033, 2036 usw.

Lesejahr C sind die Jahre 2025, 2028, 2031, 2034, 2037 usw.

Die letzte Spalte zeigt, dass über das Jahr hinweg das Lukasevangelium Abschnitt für Abschnitt fast vollständig gelesen wird. Dieses Prinzip heißt *Bahnlesung* (lateinisch *lectio continua*), es ist das älteste Gestaltungsmodell liturgischer Leseordnungen. Das Lesejahr A ist in ähnlicher Weise dem Matthäusevangelium gewidmet, Lesejahr B dem Markusevangelium. Das Johannesevangelium steht dagegen an Festtagen, in Festzeiten (Kapitel 10) oder vereinzelt wie hier am *2. Sonntag im Jahreskreis.*

1. Lesung und Antwortpsalm erfolgen nicht als Bahnlesung. Sie wurden so ausgewählt, dass sie einen thematischen Zusammenhang zur Evangelienlesung herstellen.

Vor 1969/70 gab es fast nie alttestamentliche Lesungen, ihre Einführung wurde zunächst einhellig begrüßt. Einige andere Kirchen übernahmen sogar diese neue römisch-katholische Leseordnung. Mittlerweile wird aber kritisiert, dass das Alte Testament hier nicht in seinem Eigenwert ernst genommen wird, sondern nur als Stichwortgeber für das Evangelium dient.

Die 2. Lesung ist wieder Bahnlesung, jedenfalls in mehrwöchigen Einheiten: Einige Sonntage lang werden Abschnitte des 1. Korintherbriefs gelesen, dann folgt der Galaterbrief usw. Die 2. Lesung ist inhaltlich nicht auf die anderen abgestimmt.

Leseordnung an Werktagen

An Werktagen gibt es nur eine alt- oder neutestamentliche Lesung, Psalm und Evangelium. Es gibt zwei Lesejahre (I und II), die Evangelienlesung ist in beiden Jahren dieselbe. Lesung und Evangelium folgen in mehrtägigen oder mehrwöchigen Einheiten dem Prinzip der Bahnlesung und sind nicht aufeinander abgestimmt.

Lesungen für die Sonntage im Jahreskreis, Lesejahr C

Das Zeichen [ ] bedeutet, dass aus dem angegebenen Text einzelne Verse ausgewählt sind. Gelegentlich gibt es für lange Lesungstexte eine kürzere Fassung als Alternative.

	1. Lesung	Antwortpsalm	2. Lesung	Evangelium
1	*Wird ersetzt durch das Fest der Taufe des Herrn (Kapitel 10)*			
2	Jes 62,1–5	Ps 96 [ ]	1 Kor 12,4–11	Joh 2,1–11
3	Neh 8,2–10 [ ]	Ps 19 [ ]	1 Kor 12,12–31a	Lk 1,1–4; 4,14–21
4	Jer 1,4–5.17–19	Ps 71 [ ]	1 Kor 12,31–13,13	Lk 4,21–30
5	Jes 6,1–2a.3–8	Ps 138 [ ]	1 Kor 15,1–11	Lk 5,1–11
6	Jer 17,5–8	Ps 1 [ ]	1 Kor 15,12.16–20	Lk 6,17.20–26
7	1 Sam 26 [ ]	Ps 103 [ ]	1 Kor 15,45–49	Lk 6,27–38
8	Sir 27,4–7	Ps 92 [ ]	1 Kor 15,54–58	Lk 6,39–45
9	1 Kön 8,41–43	Ps 117	Gal 1,1–2.6–10	Lk 7,1–10
10	1 Kön 17,17–24	Ps 30 [ ]	Gal 1,11–19	Lk 7,11–17
11	2 Sam 12,7–10.13	Ps 32 [ ]	Gal 2,16–21 [ ]	Lk 7,36–8,3
12	Sach 12,10–11;13,1	Ps 63 [ ]	Gal 3,26–29	Lk 9,18–24
13	1 Kön 19,16b.19–21	Ps 16 [ ]	Gal 5,1.13–18	Lk 9,51–62
14	Jes 66,10–14c	Ps 66 [ ]	Gal 6,14–18	Lk 10,1–12.17–20
15	Dtn 30,9c–14	Ps 69 [ ] oder 19 [ ]	Kol 1,15–20	Lk 10,25–37
16	Gen 18,1–10a	Ps 15 [ ]	Kol 1,24–28	Lk 10,38–42
17	Gen 18,20–32	Ps 138 [ ]	Kol 2,12–14	Lk 11,1–13
18	Koh 1,2; 2,21–23	Ps 90 [ ]	Kol 3,1–5.9–11	Lk 12,13–21
19	Weis 18,6–9	Ps 33 [ ]	Hebr 11,1–2.8–19	Lk 12,32–48
20	Jer 38,4–10 [ ]	Ps 40 [ ]	Hebr 12,1–4	Lk 12,49–53
21	Jes 66,18–21	Ps 117	Hebr 12,5–7.11–13	Lk 13,22–30
22	Sir 3,17–29 [ ]	Ps 68 [ ]	Hebr 12,18–19.22–24a	Lk 14,1.7–14
23	Weish 9,13–19	Ps 90 [ ]	Phlm 9b–10.12–17	Lk 14,25–33
24	Ex 32,7–11.13–14	Ps 51 [ ]	1 Tim 1,12–17	Lk 15,1–32
25	Am 8,4–7	Ps 113 [ ]	1 Tim 2,1–8	Lk 16,1–13
26	Am 6,1a.4–7	Ps 146 [ ]	1 Tim 6,11–16	Lk 16,19–31
27	Hab 1,2–3; 2,2–4	Ps 95 [ ]	2 Tim 1,6–8.13–14	Lk 17,5–10
28	2 Kön 5,14–17	Ps 98 [ ]	2 Tim 2,8–13	Lk 17,11–19
29	Ex 17,8–13	Ps 121	2 Tim 3,14–4,2	Lk 18,1–8
30	Sir 35,15b–17.20–22a	Ps 34 [ ]	2 Tim 4,6–8.16–18	Lk 18,9–14
31	Weish 11,22–12,2	Ps 145 [ ]	2 Thess 1,11–2,2	Lk 19,1–10
32	2 Makk 7,1–14 [ ]	Ps 17 [ ]	2 Thess 2,16–3,5	Lk 20,27–38
33	Mal 3,19–20b	Ps 98 [ ]	2 Thess 3,7–12	Lk 21,5–19
34	*Wird ersetzt durch das Christkönigsfest (Kapitel 10)*			

Leseordnung in der Praxis

Im deutschen Sprachraum – und zwar nur dort – wurde es erlaubt und vielerorts üblich, die 1. oder die 2. Lesung wegzulassen und den Psalm durch ein Lied, Instrumentalspiel oder Schweigen zu ersetzen. Das Halleluja entfällt mangels geeigneter Vorsänger oft ebenfalls, sodass nur ein Gerippe aus Lesung und Evangelium übrigbleibt. Diese Kürzungspraxis widerspricht dem Willen des Konzils, den „Tisch des Gotteswortes reicher zu decken" (SC 51). Die Umsetzung der vollständigen Leseordnung ist im deutschen Sprachraum ein unbedingt anzustrebendes Ziel für die kommenden Jahre.

Homilie

Die Bibel wird in der Liturgie als *Wort Gottes* ausgewiesen, sie ist existenzbestimmend in der Gegenwart. Biblische Worte sind aber immer in einer konkreten Situation des Volkes Israel oder der frühen Kirche entstanden, sie kreisen in unterschiedlicher Nähe und Distanz um bestimmte Kernmotive, spiegeln die Gedankenwelt der biblischen Autoren wider und brauchen daher Übersetzung: von einer Sprache in eine andere, von einer Epoche ist eine andere, von einer Gemeindesituation in eine andere. Dem dient die **Homilie** (Predigt), die an Sonntagen vorgeschrieben, an Werktagen freigestellt ist.

Seit dem Konzil gilt die Homilie nicht mehr als „Unterbrechung" der Liturgie, sondern als echte liturgische Handlung. Wie die biblischen Lesungen steht sie unter dem Anspruch, Gottes Botschaft an den Menschen gegenwärtig zu setzen. Wer predigt, hat die gewichtige Aufgabe, einerseits seine individuellen Fähigkeiten in den Dienst der biblischen Botschaft zu stellen, andererseits der Versuchung zu widerstehen, persönliche Meinungen als Gottes Wort auszugeben.

Credo und Allgemeines Gebet

Das **Credo** (Glaubensbekenntnis, nur an Sonntagen) wurde im 1. Jahrtausend aus der Vorbereitung Erwachsener auf die Taufe (Kapitel 11) in die Eucharistiefeier übernommen. Es stehen zwei Textfassungen zur Auswahl, die auf das 4. und 5. Jahrhundert zurückgehen.

Das **Allgemeine Gebet** oder **Gebet der Gläubigen**, im Deutschen meist **Fürbitten** genannt, das im Mittelalter aus der Eucharistiefeier verschwunden war, wurde durch das Konzil wiedereingeführt, an Werktagen kann es entfallen. Die Versammlung vertraut sich selbst, die Kirche, die ganze Welt und besonders die Regierenden und die Notleidenden Gott an. Das Messbuch weist diesen Akt ausdrücklich als **priesterlich** aus, denn die Versammlung handelt stellvertretend für die ganze Welt. Für das Allgemeine Gebet gibt es keine verbindliche Textvorlage, die dabei entstehenden Resultate verdunkeln den Sinn dieses Elements leider bisweilen. – In östlichen Liturgien nimmt das Allgemeine Gebet einen herausragenden Platz ein und steht unter hohem musikalischem und ästhetischem Anspruch.

Eucharistische Liturgie

Nun beginnt die **Eucharistische Liturgie** *(liturgia eucharistica).* Sie wird oft einfach Eucharistiefeier genannt: eine alte und missverständliche Ausdrucksweise, die möglichst vermieden werden sollte, auch wenn sie weit verbreitet ist. In diesem Buch steht Eucharistiefeier immer für das gesamte Ritual; Eucharistische Liturgie ist dagegen der zweite Hauptteil der Eucharistiefeier.

Gabenbereitung

Brot und Wein werden zum Altar gebracht (Kapitel 7). In den ersten Jahrhunderten brachten Gemeindemitglieder selbstproduziertes Brot, eigenen Wein und weitere Naturalien, die dem Gemeindeleiter zum Lebensunterhalt und für die Versorgung von Notleidenden übergeben wurden; ein Teil verblieb für die Liturgie. Diese **Gabenbereitung** wurde zunehmend stilisiert: Es setzten sich vorproduzierte *Hostien* durch, kleine runde Scheiben aus ungesäuertem Brot. Die Naturaliensammlung wurde zur Geldspende, daher wird heute während der Gabenbereitung die **(Geld-)Kollekte** gesammelt. Der sachliche Zusammenhang beider Handlungen ist kaum im Bewusstsein: Menschen geben das, was sie empfangen haben, an Gott als den Geber allen Lebens zurück und stellen sich unter seinen Willen.
Am Schluss steht das **Gabengebet**, eine weitere Oration (Kapitel 5). Wird in der Eucharistiefeier Weihrauch verwendet, dann werden sowohl der Altar als auch die Gaben als auch alle Versammelten beweihräuchert. So kommt zum Ausdruck, wie alle und alles miteinander in Verbindung steht und gewürdigt ist, zu Gott „aufzusteigen“ (Ps 141,2).

Eucharistisches Hochgebet

Der wichtigste liturgische Gebetsakt ist das **Eucharistische Hochgebet**, das in Kapitel 5 vorgestellt wird. Im Rahmen des Hochgebetes wird –

das ist für den weiteren Verlauf wichtig – um die Herabkunft des Heiligen Geistes auf Brot und Wein gebetet.

Kommunionvorbereitung

Es folgen das **Gebet des Herrn** (Vaterunser) in der Fassung Mt 6,9–13, dann der **Friedensritus**, bei dem der Vorsteher allen den Frieden Christi zuspricht und sie einlädt, dies auch untereinander zu tun: üblicherweise durch das Reichen der Hand und den Dialog *Der Friede sei mit dir – Und auch mit dir.* Dieser Akt – in der ältesten Form ein Kuss auf den Mund – diente in der Spätantike zur Bestätigung eines Gebetes, wandelte sich dann aber zum Friedens- und Versöhnungsritual. Gemäß Mt 5,23 wird diskutiert, den Friedensritus vor die Gabenbereitung zu verlegen.

Von überragender Bedeutung ist die **Brechung des Brotes**. In ihr wird die Lebenshingabe Jesu an die Menschen ausgedrückt. Die hohe Bedeutung wird daran erkennbar, dass sie im Neuen Testament namensgebend für die Eucharistiefeier war (Apg 2,42 und 20,7). Die Brotbrechung wird begleitet vom Gesang des **Agnus Dei** *(Lamm Gottes)*, der im Bild des biblischen Pesach-Lammes (Ex 12) Christus als den zum Heil der Menschen Hingegebenen bekennt (Joh 1,29.36).

Meist wird nur eine einzige große Hostie in wenige Teile zerteilt. Die Symbolik des Brotbrechens ist damit kaum erfahrbar. Diese Praxis entwickelte sich, weil man Angst hatte, durch womöglich zu Boden fallende Brotkrümel Christus zu verunglimpfen. Erst in jüngster Zeit wird die Aussagekraft der Brotbrechung vorsichtig wiederentdeckt.

Kommunion

Auf ein kurzes Vorbereitungsgebet *(Herr, ich bin nicht würdig …)* folgt die **Kommunion** (lateinisch *Gemeinschaft*): der Verzehr von Brot und Wein – nun als Leib und Blut Christi identifiziert – durch die Versammelten. Dies geschieht meist in reduzierter Form, da der Wein nur vom Vorsteher und allenfalls einigen wenigen Mitfeiernden getrunken wird; alle anderen erhalten nur das Brot. Diese Praxis, die vor dem Hintergrund von Mt 26,27 nicht zu rechtfertigen ist, kennt nur der römische Ritus. Mit ihr sind schon seit dem späten 1. Jahrtausend heftige theologische Kontroversen verbunden, lange Zeit galt sie als ein Charakteristikum des römischen Katholizismus. Erst mit dem Konzil wurde die *Kelchkommunion* wieder erlaubt, wird aber nur wenig praktiziert.

Die Kommunion bildet die leibhaftige Vereinigung mit Christus. Sie konstituiert die Gemeinschaft der Glaubenden – die Kirche wird selbst zum *Leib Christi* in der Welt (1 Kor 10,16–17, 1 Kor 12,27; Eph 1,23). Die Kommunion ist Vorwegnahme der endgültigen Gemeinschaft mit Christus (1 Kor 11,26) und des ewigen Lebens (Joh 6,50), für das die Bibel das Motiv des himmlischen Mahles kennt (Jes 25,6–8; Mt 22,1–4). – Alle diese Bezüge stammen nicht aus theoretischen Überlegungen, sondern aus der Liturgie selbst, wie die in Kapitel 5 wiedergegebenen Hochgebete zeigen.
Die Kommunion ist göttliches Geschenk an den Menschen und zugleich ein Akt des menschlichen Bekenntnisses zu Gott. Sie stiftet Einheit unter den Glaubenden, drückt aber auch eine bereits bestehende Einheit aus und vertieft sie. Aufgrund dieses Verständnisses lässt die katholische Kirche nur Katholiken zur Kommunion zu, es gibt allerdings auch theologisch begründete und kirchenrechtlich festgeschriebene Ausnahmen von dieser Regel. Alle anderen – Christen wie Nichtchristen – dürfen die Eucharistiefeier mitfeiern, aber nicht die Kommunion empfangen. Manche (vor allem evangelische) Kirchen lassen alle Christen zur Kommunion zu, auch wenn sie nicht der gastgebenden Kirche angehören. Andere (vor allem östliche) Kirchen haben noch strengere Bestimmungen als die katholische Kirche. Diese unterschiedlichen Heransgehensweisen sind Gegenstand heftiger inner- und zwischenkirchlicher Kontroversen, in katholischen Eucharistiefeiern gibt es keine einheitliche Praxis.
Es folgt das **Schlussgebet** (wieder eine Oration, Kapitel 5, auch *Gebet nach der Kommunion* genannt), dem ein Danklied vorausgehen kann.

Abschlussriten

Mit ggfs. eingefügten Mitteilungen an die Versammlung, dem **Segen** und der **Entlassung** *(Gehet hin in Frieden – Dank sei Gott, dem Herrn)* endet die Eucharistiefeier.

Ordo – Ordinarium – Proprium

Als **Ordo** *(Ordnung)* bezeichnet man das Schema der Eucharistiefeier insgesamt. Für alle textlichen Elemente gibt es auch Melodievorlagen, die ebenfalls *ordo* genannt werden und die die leibliche und ästhetische Dimension der Liturgie betonen. Mehr noch: Die gesungene, also die voll verleiblichte Form der Liturgie hat immer als Ideal- und Normalform gegolten, die gesprochene („gelesene“) Form ist davon nur abgeleitet und stellt bereits eine Vereinfachung und Verarmung dar.

Zum **Ordinarium** (sprachlich mit *ordo* verwandt) gehören *Kyrie, Gloria, Credo, Sanctus* (Kapitel 5) und *Agnus Dei*; manche zählen auch den Entlassruf *Gehet hin in Frieden (Ite missa est)* dazu. Es handelt sich um Gesänge mit einer Fülle musikalischer Gestaltungsoptionen. Das Ordinarium basiert auf biblischem und frühchristlichem Textmaterial. Seit 1969/70 ist es erlaubt, an seiner Stelle passende andere Gesänge zu verwenden. So soll participatio actuosa (Kapitel 3) erleichtert und volkssprachliches Liedgut in die Liturgie integriert werden. Dieses Liedgut galt zuvor nicht als echte Liturgie: Während ein Chor oder die ganze Versammlung „ihre" Gesänge sang, musste der Priester den offiziellen liturgischen Text in lateinischer Sprache sprechen.
Manchmal wird das Ordinarium in der Praxis durch eine nahezu willkürliche Auswahl von Liedern oder Texten ersetzt. Der Sinn des Ordinariums wird dadurch entstellt, es verliert seinen biblischen und historischen Kontext. Wo dies zum Normalfall wird, droht sich die Kirche ihren eigenen biblischen Wurzeln zu entfremden.
Das **Proprium** *(das je Eigene)* bezeichnet die Elemente, die je nach Anlass unterschiedlichen Textinhalt haben. Dazu gehören die biblischen Lesungen sowie fünf Gesänge: *Introitus* (zum Einzug), *Graduale* (alternativ zum Antwortpsalm), der Vers zum Halleluja-Ruf, *Offertorium* (zur Gabenbereitung) und *Communio* (zur Kommunion), ferner die Orationen und die *Präfation* (Kapitel 5). Besonders prägnant ist der Introitus, der jede Eucharistiefeier unter einen „Leitgedanken" stellt. Mancherorts sind heute noch die lateinischen Introitus-Anfangsworte bestimmter Tage bekannt, vor allem *Laetare* (4. Sonntag der Österlichen Bußzeit, siehe Kapitel 10) und *Gaudete* (3. Advent).
Fast alle Propriumstexte entstammen der Bibel, meist dem Buch der Psalmen. Im frühen Christentum wurden einzelne liturgische Handlungen mit dem Gesang von Psalmen verbunden. Später wurden daraus einzelne Verse ausgewählt und kunstvoll für den Gesang hergerichtet. Die Grundform findet sich im Gregorianischen Choral (Kapitel 2), der die damals bereits weitgehend feststehenden Texte detailreich interpretiert.
Die Texte von Introitus und Communio finden sich als *Eröffnungsvers* und *Kommunionvers* im Messbuch in deutscher Sprache abgedruckt, sie können in die einführenden Worte zu Beginn bzw. in die Kommunionvorbereitung integriert werden. Das Proprium kann durch andere Gesänge, Instrumentalspiel oder Schweigen ersetzt werden. Es ist da-

her kaum im Bewusstsein, ähnlich wie beim Ordinarium verliert die Liturgie dadurch oft an biblischer und historischer Verankerung. Unten stehen beispielhaft die Propriumsgesänge des 1. Sonntags der Österlichen Bußzeit (Kapitel 10), die allesamt Psalm 91 entstammen. Entgegen seinem verbreiteten Image erhält das vorösterliche Fasten durch die Bildrede des Psalms ein Gepräge von Vertrauen und Ermutigung.

Propriumsgesänge des 1. Sonntags der Österlichen Bußzeit in deutscher Übersetzung

Introitus (Gesang zur Eröffnung): Psalm 91,15–16

Ruft er zu mir, gebe ich ihm Antwort. In der Bedrängnis bin ich bei ihm, ich reiße ihn heraus und bring ihn zu Ehren. Ich sättige ihn mit langem Leben, mein Heil lass ich ihn schauen.

Graduale (Gesang nach der 1. Lesung): Psalm 91,11–12

Denn er befiehlt seinen Engeln, dich zu behüten auf all deinen Wegen. Sie tragen dich auf Händen, damit dein Fuß nicht an einen Stein stößt.

Tractus (Gesang vor dem Evangelium, der in der Fastenzeit das „Halleluja" ersetzt): Psalm 91,1–7.11–16

Wer im Schutz des Höchsten wohnt, der ruht im Schatten des Allmächtigen.
Ich sage zum HERRN: Du meine Zuflucht und meine Burg, mein Gott, auf den ich vertraue. Denn er rettet dich aus der Schlinge des Jägers und aus der Pest des Verderbens. Er beschirmt dich mit seinen Flügeln, unter seinen Schwingen findest du Zuflucht, Schild und Schutz ist seine Treue. Du brauchst dich vor dem Schrecken der Nacht nicht zu fürchten, noch vor dem Pfeil, der am Tag dahinfliegt, nicht vor der Pest, die im Finstern schleicht, vor der Seuche, die wütet am Mittag. Fallen auch tausend zu deiner Seite, dir zur Rechten zehnmal tausend, so wird es dich nicht treffen.
Denn er befiehlt seinen Engeln, dich zu behüten auf all deinen Wegen. Sie tragen dich auf Händen, damit dein Fuß nicht an einen Stein stößt; du schreitest über Löwen und Nattern, trittst auf junge Löwen und Drachen. Weil er an mir hängt, will ich ihn retten. Ich will ihn schützen, denn er kennt meinen Namen. Ruft er zu mir, gebe ich ihm Antwort. In der Bedrängnis bin ich bei ihm, ich reiße ihn heraus und bring ihn zu Ehren. Ich sättige ihn mit langem Leben, mein Heil lass ich ihn schauen.

Offertorium (Gesang zur Gabenbereitung) und Communio (Gesang zur Kommunion): Psalm 91,4

Er beschirmt dich mit seinen Flügeln, unter seinen Schwingen findest du Zuflucht, Schild und Schutz ist seine Treue.

Kapitel 5
Oration und Eucharistisches Hochgebet

Die zentralen Gebetsakte in der Eucharistiefeier sind die **Orationen** und das **Eucharistische Hochgebet**. Orationen (lateinisch *oratio, öffentliche Rede*) gibt es in jeder Liturgieform, das Eucharistische Hochgebet stellt eine hochkomplexe Form der Oration dar.
Die drei Orationen der Eucharistiefeier sind das **Tagesgebet**, das **Gabengebet** und das **Schlussgebet**. Da sie vom Vorsteher der Liturgie (Kapitel 6) vorgetragen werden, fasst man sie auch unter der Bezeichnung **Präsidialgebete** zusammen.

Strukturelemente der Oration

Aus der römischen Liturgie des 1. Jahrtausends ist folgende Grundform der Oration überliefert (siehe S. 65):
In einem kurzen Dialog vergewissern sich Vorsteher und Versammlung der Gegenwart Jesu Christi und sprechen einander diese Gegenwart zu: *Der Herr sei mit euch. – Und mit deinem Geiste.*
Dann lädt der Vorsteher zum Gebet ein: *Lasset uns beten.* In diese Einladung kann bereits ein inhaltliches Anliegen eingefügt werden, etwa *Lasst uns beten für die Kranken* oder *Lasst uns beten um Frieden.*
Auf die vom Diakon (Kapitel 6) vorgetragene Aufforderung *Beuget die Knie* neigen sich alle zum stillen Gebet nieder. Mit dem Ruf *Erhebt euch* endet das individuelle Beten.
Nun spricht der Vorsteher einen ausformulierten Gebetstext, den man *Collecta* oder *Kollekte/Kollektengebet* nennt, weil in ihm die Gebete der Einzelnen „zusammengeführt“ werden *(colligere = zusammentragen).* Die Collecta ist in den meisten Fällen an Gottvater gerichtet, nur in seltenen Fällen an Jesus Christus, an den Heiligen Geist oder an die göttliche Dreifaltigkeit aus Vater, Sohn und Geist gemeinsam. Die Collecta ist immer in der Wir-Form formuliert, niemals in der Ich-Form. Sie ist also ihrem Inhalt und Anspruch nach kein individuelles, sondern gemeinschaftliches Gebetsanliegen. – Da die Collecta das textliche Hauptelement der Oration ist, bezeichnet man sie sehr oft selbst als Oration.

Die Oration schließt mit dem *Amen* der Versammelten. Das hebräisch-aramäische Wort *Amen (so sei es)* hat sich in allen christlichen Sprachen als Gebetsschluss erhalten.

Die Vollform der Oration

In der heutigen Praxis sind nur die **fettgedruckten** Teile erhalten geblieben

Vorsteher: Der Herr sei mit euch! Versammlung: Und mit deinem Geiste.	*Dialogische Vergewisserung der Gegenwart Christi*
Vorsteher: **Lasset uns beten** (für… / um…)!	*Einladung zum Gebet*
Diakon (siehe Kapitel 6): Beuget die Knie! Versammlung: [**stilles Gebet** auf Knien]	*Körperhaltung als Ausdruck des inneren Tuns, die Einzelnen beten individuell still zu Gott*
Diakon: Erhebet euch!	*Rückkehr zur gemeinsamen Gebetshaltung des Stehens*
Vorsteher: [**trägt die Collecta vor,** siehe S. 68]	*Gemeinsames Gebet zu Gott, von einer einzelnen Person laut vorgetragen*
Versammlung: **Amen.**	*Bestätigende Zustimmung*

Dieser Ablauf zeigt zwei wichtige Prinzipien:
Eine Oration umfasst sowohl die Gebete der Einzelnen als auch die Collecta. Sie ist in diesem Sinn Gebet der ganzen Versammlung – letztlich der ganzen Kirche.
Eine Oration wird im ritualisierten Dialog vollzogen: Auch wenn die Collecta von einer einzelnen Person laut vorgetragen wird, ist sie doch gemeinschaftliches Gebet und daher auf das abschließende Amen als Zustimmung aller Betenden angewiesen. Erst das Amen berechtigt den Vorsteher, die Collecta im Namen aller zu sprechen. Man spricht auch von der *Ratifikation (Gültigmachung)* des Gebetes durch das zustimmende Amen.
Die hier vorgestellte komplexe Orationsform ist in der römisch-katholischen Eucharistiefeier seit vielen Jahrhunderten erheblich verkürzt: Auf

den Aufruf *Lasset uns beten* folgen die Gebetsstille – die oft völlig ausgelassen wird –, dann sofort die Collecta und das Amen.

Elemente der Collecta

Die Collecta folgt ihrerseits einem vierteiligen Schema:
Das erste Element ist die Anrede. In lateinischen Orationen lautet der Adressat meist einfach *Deus (Gott),* im Deutschen werden oft Umschreibungen hinzufügt, etwa *Gütiger Gott* oder *Allmächtiger Gott.* Der Fachbegriff für die Anrede ist **Anaklese** *(Anrufung).*
Das zweite Element ist die **Anamnese** (Kapitel 3). In ihr wird das Wirken oder das Wesen Gottes zur Sprache gebracht. In kurzen Orationen ist die Anamnese auf einen einzelnen Aspekt fokussiert, in längeren Orationen kann sie sehr umfangreich sein und sogar das zukünftige Handeln Gottes umfassen.
Manche Anamnesen stellen einen direkten sprachlichen Zusammenhang zwischen dem Inhalt und der Gegenwart her, zum Beispiel *heute ist Jesus Christus geboren*, obwohl die Beteiligten natürlich wissen, dass die Geburt Jesu aus historischer Sicht mehr als 2000 Jahre zurückliegt. Solche Textstellen zeigen deutlich, dass es sich bei der Anamnese um eine Form echter Vergegenwärtigung handelt, die weit über eine einfache Erinnerung hinausgeht. In der Fachdiskussion begegnet man in diesem Zusammenhang beispielsweise dem Ausdruck *liturgisches Präsens (liturgische Gegenwart)*, um das Zusammenfallen unterschiedlicher zeitlicher Ebenen im ritualisierten Vollzug auszudrücken.
Aus der Anamnese erwächst als drittes Element eine **Bitte** (manchmal ungenau *Epiklese* genannt, siehe Kapitel 3). In ihr drückt sich das Anliegen aus, in den Inhalt der Anamnese dauerhaft hineingenommen zu werden. Der Mensch vertraut seine Zukunft Gott an, von dem er erhofft, was er niemals selbst aus eigener Kraft erreichen kann: Vergebung von Schuld, ewiges Leben, Erlösung. Anamnese und Bitte bilden immer einen thematischen Zusammenhang. In der Bitte geht es nie um individuelle Anliegen, sondern um große, umfassende, existenzielle menschliche Bedürfnisse und Hoffnungen.
Das vierte Element ist die **Doxologie** (Kapitel 3). Zur Doxologie im Tagesgebet der Eucharistiefeier (Kapitel 4) gehört immer die **Ewigkeitsformel**, meist in der Form *… Jesus Christus, der in der Einheit des Heiligen Geistes mit dir lebt und herrscht in alle Ewigkeit.*

Die Collecta wird durch das **Amen** der Versammelten angenommen und bestätigt.
Die Elemente der Collecta stehen in engem Zusammenhang mit dem Inhalt des christlichen Glaubens: Gott handelt in der menschlichen Geschichte, die Glaubenden wissen sich in dieses Geschehen einbezogen und lassen von dorther ihre Ziele bestimmen. Die Form der Collecta mag manchmal als ein starres Korsett erscheinen, das der Spontaneität ergriffenen Betens im Wege steht. Da aber die Collecta Ausdruck des Glaubens der ganzen Kirche ist – und dies nicht nur im Inhalt, sondern auch in der Form –, ist sie nicht beliebig austauschbar.

Variationen

In der deutschsprachigen Liturgie findet sich meist die exakte Reihenfolge Anaklese–Anamnese–Bitte–Doxologie. Auch östliche Liturgien folgen diesem Schema meist sehr genau. In der lateinischen Sprache sind die vier Elemente dagegen oft in langen, kunstvoll komponierten Sätzen ineinander verschachtelt: eine Eigenschaft des Lateinischen, die sich im Deutschen kaum nachbilden lässt. Gelegentlich findet man aber auch in einer deutschsprachigen Collecta gleich am Beginn eine Bitte. Gott wird gewissermaßen sofort mit einem drängenden Anliegen bestürmt; die Anamnese kommt dann erst anschließend und dient als Begründung der Bitte. Seite 68 u. 69 zeigen Beispiele für die Collecta im römischen und im byzantinischen Ritus. Dabei ist der knappe und präzise Stil der römischen Gebetssprache im Unterschied zur hymnischen, ausufernden Sprache im byzantinischen Ritus deutlich erkennbar.
Die historische Wurzel der Oration liegt übrigens in der jüdischen **Berakha**, die anamnetische Elemente in einen doxologischen Rahmen einschreibt, zum Beispiel *Gepriesen bist du, Ewiger, unser Gott, König der Welt, für diesen Morgen …* Nach Mt 26,26 sprach Jesus beim Abendmahl eine Berakha (dort als *Lobpreis* übersetzt) über das Brot.
Die lateinische Gebetstradition verzichtet manchmal völlig auf die Anamnese, während jüdische Gebete häufig keine Bitte enthalten. In der byzantinischen Tradition sind Anaklese und Doxologie oft sehr ausgedehnt. In der römisch-katholischen Liturgie sind Doxologien oft sehr kurz und daher kaum noch erkennbar, etwa im Fall der sehr häufigen minimalisierten Schlussformel *durch Christus, unseren Herrn*.

Tagesgebet vom 23. Sonntag im Jahreskreis

Gütiger Gott,	*Anaklese*
du hast uns durch deinen Sohn erlöst und als deine geliebten Kinder angenommen.	*Anamnese (mit biblischem Bezug: Joh 3,17; Eph 5,1)*
Sieh voll Güte auf alle, die an Christus glauben, und schenke ihnen die wahre Freiheit und das ewige Erbe.	*Bitte (mit biblischem Bezug: Gal 5,1; Hebr 9,15)*
Darum bitten wir durch Jesus Christus, deinen Sohn, unseren Herrn und Gott, der in der Einheit des Heiligen Geistes mit dir lebt und herrscht in Ewigkeit.	*Doxologie mit Ewigkeitsformel*
Amen.	*Bestätigende Zustimmung*

Tagesgebet vom 12. Sonntag im Jahreskreis

Heiliger Gott,	*Anaklese*
gib, dass wir deinen Namen allzeit fürchten und lieben.	*Bitte (Ps 86,11; Ps 5,12)*
Denn du entziehst keinem deine väterliche Hand, der fest in deiner Liebe verwurzelt ist.	*Anamnese als Begründung der Bitte („denn…")*
Darum bitten wir durch Jesus Christus, deinen Sohn, unseren Herrn und Gott, der in der Einheit des Heiligen Geistes mit dir lebt und herrscht in Ewigkeit.	*Doxologie mit Ewigkeitsformel*
Amen.	*Bestätigende Zustimmung*

Eucharistisches Hochgebet

Das Eucharistische Hochgebet, das über Brot und Wein gesprochen wird, lässt sich als äußerst komplexe Oration erschließen.

Im römischen Ritus sind heute 13 Hochgebete zugelassen, aus denen frei ausgewählt werden kann. Einige Hochgebete sind allerdings auf besondere Anlässe oder bestimmte Personengruppen beschränkt, so gibt es

Gebet zum Abschluss der „Friedensektenie“

Byzantinischer Ritus, deutschsprachiger Text der ukrainisch-katholischen Kirche

Herr, unser Gott,	*Anaklese*
Deine Macht ist unvergleichlich, Deine Herrlichkeit unbegreiflich, Deine Barmherzigkeit unermesslich. Unaussprechlich ist Deine Liebe zu uns Menschen.	*Anamnese*
Du selbst, o Herr, schau auf uns und auf dieses heilige Gotteshaus in Deiner Gnade. Handle an uns und allen, die mit uns beten, nach Deiner großen Barmherzigkeit und Güte.	*Bitte*
Denn Dir gebührt aller Ruhm, alle Ehre, alle Anbetung, dem Vater, dem Sohn und dem Heiligen Geist, jetzt und allezeit und von Ewigkeit zu Ewigkeit.	*Doxologie mit Ewigkeitsformel*
Amen.	*Bestätigende Zustimmung*

etwa ein Hochgebet in Gebärdensprache für Eucharistiefeiern mit Gehörlosen. Vier Hochgebete stehen seit 1969/70 im Messbuch und werden mit 1 bis 4 durchnummeriert. Die übrigen Hochgebete wurden später zugelassen und haben eigene Bezeichnungen.

In den östlichen Traditionen sind Eucharistische Hochgebete – dort **Anaphora** genannt – meist nach einem Heiligen benannt, dem sie traditionell zugeschrieben werden, etwa *Markus-Anaphora* oder *Chrysostomos-Anaphora*. Im Lateinischen existiert auch noch die Bezeichnung **Canon/Kanon** (*Richtschnur*, zu verstehen als *das Gebet schlechthin*).

Die folgende Darstellung orientiert sich am 3. Hochgebet, das auf Seite 70 f. vollständig abgedruckt ist.

Einleitungsdialog

Der Einleitungsdialog ist länger als bei gewöhnlichen Orationen. Kernsatz ist *Erhebet die Herzen – Wir haben sie beim Herrn*. Die Betenden begeben sich aus ihrem Alltag heraus „nach oben“, in die Gegenwart Gottes, sie nehmen teil an der Herrlichkeit des Himmels. Im byzantinischen Ritus kommt das gut zum Ausdruck, wenn es vor dem Hochgebet heißt: *Alle irdische Sorge lasst uns nun vergessen.*

Drittes Hochgebet

Der Herr sei mit euch.
– Und mit deinem Geiste.
Erhebet die Herzen.
– Wir haben sie beim Herrn.
Lasset uns danken dem Herrn, unserm Gott.
– Das ist würdig und recht.

Einleitungsdialog

In Wahrheit ist es würdig und recht, dir, allmächtiger Vater, zu danken, durch unseren Herrn Jesus Christus, den König der Herrlichkeit. Denn er ist heute als Sieger über Sünde und Tod *(Röm 5,21)* aufgefahren in den Himmel. *(Apg 1,9)* Die Engel schauen den Mittler zwischen Gott und den Menschen *(1 Tit 2,5)*, den Richter der Welt *(2 Tim 4,1)*, den Herrn der ganzen Schöpfung. Er kehrt zu dir heim, nicht um uns Menschen zu verlassen, er gibt den Gliedern seines Leibes *(Röm 12,4–5)* die Hoffnung, ihm dorthin zu folgen, wohin er als erster vorausging. *(1 Kor 15,22–23)* Darum jubelt heute der ganze Erdkreis in österlicher Freude, darum preisen dich die himmlischen Mächte und die Chöre der Engel *(Jes 6,1–2)* und singen das Lob deiner Herrlichkeit:

Präfation
(hier vom Fest Christi Himmelfahrt mit einigen biblischen Bezugsstellen)

Sanctus
(von der ganzen Versammlung gesungen, gelegentlich nur gesprochen oder stellvertretend durch einen Chor)

Heilig, heilig, heilig, Gott, Herr aller Mächte und Gewalten.
Erfüllt sind Himmel und Erde von deiner Herrlichkeit. *(Jes 6,3)*
Hosanna in der Höhe. *(Mk 11,10)*
Hochgelobt sei, der da kommt im Namen des Herrn. *(Ps 118,26)*
Hosanna in der Höhe.

Ja, du bist heilig, großer Gott, und alle deine Werke verkünden dein Lob. Denn durch deinen Sohn, unseren Herrn Jesus Christus, und in der Kraft des Heiligen Geistes erfüllst du die ganze Schöpfung mit Leben und Gnade. Bis ans Ende der Zeiten versammelst du dir ein Volk, damit deinem Namen das reine Opfer dargebracht werde vom Aufgang der Sonne bis zum Untergang.
Darum kommen wir vor dein Angesicht und feiern in Gemeinschaft mit der ganzen Kirche *den ersten Tag der Woche als den Tag, an dem Christus von den Toten erstanden ist. Durch ihn, den du zu deiner Rechten erhöht hast,* bitten wir dich, allmächtiger Gott:

Überleitung zur Wandlungsepiklese
(der kursiv gesetzte Abschnitt variiert je nach Anlass, hier ist der Text für gewöhnliche Sonntage angegeben)

Heilige unsere Gaben durch deinen Geist, damit sie uns werden Leib und Blut deines Sohnes, unseres Herrn Jesus Christus, der uns aufgetragen hat, dieses Geheimnis zu feiern.

Wandlungsepiklese

Denn in der Nacht, da er verraten wurde, nahm er das Brot und sagte Dank, brach es, reichte es seinen Jüngern und sprach: Nehmet und esset alle davon: Das ist mein Leib, der für euch hingegeben wird. Ebenso nahm er nach dem Mahl den Kelch, dankte wiederum, reichte ihn seinen Jüngern und sprach: Nehmet und trinket alle daraus: Das ist der Kelch des neuen und ewigen Bundes, mein Blut, das für euch und für alle vergossen wird zur Vergebung der Sünden. Tut dies zu meinem Gedächtnis.

Einsetzungsbericht
als (anamnetische) Begründung für die Wandlungsepiklese

Geheimnis des Glaubens. Deinen Tod, o Herr, verkünden wir, und deine Auferstehung preisen wir, bis du kommst in Herrlichkeit.	***Akklamation*** *(durch die ganze Versammlung)*
Darum, gütiger Vater, feiern wir das Gedächtnis deines Sohnes. Wir verkünden sein heilbringendes Leiden, seine glorreiche Auferstehung und Himmelfahrt und erwarten seine Wiederkunft. So bringen wir dir mit Lob und Dank dieses heilige und lebendige Opfer dar. Schau gütig auf die Gabe deiner Kirche. Denn sie stellt dir das Lamm vor Augen, das geopfert wurde *(vgl. Ex 12, Joh 1,29)*, und uns nach deinem Willen mit dir versöhnt hat.	***Spezielle Anamnese*** *mit Darbringungsformel*
Stärke uns durch den Leib und das Blut deines Sohnes und erfülle uns mit seinem Heiligen Geist, damit wir ein Leib und ein Geist werden in Christus. Er mache uns auf immer zu einer Gabe, die dir wohlgefällt, damit wir das verheißene Erbe erlangen, mit deinen Auserwählten, mit der seligen Jungfrau und Gottesmutter Maria, mit ihrem Bräutigam, dem heiligen Josef, mit deinen Aposteln und Märtyrern (mit der/dem Heiligen N.) und mit allen Heiligen, auf deren Fürsprache wir vertrauen.	***Kommunionepiklese***
Barmherziger Gott, wir bitten dich: Dieses Opfer unserer Versöhnung bringe der ganzen Welt Frieden und Heil. Beschütze deine Kirche auf ihrem Weg durch die Zeit und stärke sie im Glauben und in der Liebe: deinen Diener, unseren Papst N., unseren Bischof N. und die Gemeinschaft der Bischöfe, unsere Priester und Diakone, alle, die zum Dienst in der Kirche bestellt sind, und das ganze Volk deiner Erlösten. Erhöre, gütiger Vater, die Gebete der hier versammelten Gemeinde und führe zu dir auch alle deine Söhne und Töchter, die noch fern sind von dir. Erbarme dich aller unserer verstorbenen Brüder und Schwestern und aller, die in deiner Gnade aus dieser Welt geschieden sind. Nimm sie auf in deine Herrlichkeit. Und mit ihnen lass auch uns, wie du verheißen hast, zu Tische sitzen in deinem Reich. Darum bitten wir dich durch unseren Herrn Jesus Christus. Denn durch ihn schenkst du der Welt alle guten Gaben.	***Interzessionen*** *(wird zu bestimmten Anlässen etwas variiert)*
Durch ihn und mit ihm und in ihm ist dir, Gott, allmächtiger Vater, in der Einheit des Heiligen Geistes alle Herrlichkeit und Ehre jetzt und in Ewigkeit.	***Schlussdoxologie***
Amen.	***Bestätigung***

Präfation

Es folgt die Anamnese, und zwar in einer sprachlichen Form, die zugleich starke doxologische Züge trägt. Dieser Textabschnitt heißt **Präfation** *(Eingangsrede)*. Es ist ein Charakteristikum des römischen Ritus, dass die Präfation in der Regel einen sehr konkret umgrenzten Inhalt benennt und je nach Anlass wechselt, wobei für viele Anlässe im Kirchenjahr (Kapitel 10) mehrere Präfationen zur Auswahl stehen. Einige der nach dem Konzil eingeführten Hochgebete haben eine unveränderliche Präfation, deren Inhalt weiter gefasst ist; diese Form ist auch typisch für östliche Liturgien.

Sanctus

Die Präfation leitet über zum **Sanctus** *(Heilig)*, das von der ganzen Versammlung gesungen wird. Das Sanctus zitiert Jes 6,3. Mit dem Ruf *Heilig, heilig, heilig ist der Herr Sabaoth* (in etwa: *der Herr der himmlischen Heerscharen)* wird Gott dort in einer Vision des Propheten Jesaja von seinem himmlischen Hofstaat besungen. Die Kirche stimmt in diesen Gesang ein. Der Himmel wird damit zum eigentlichen Ort der Eucharistiefeier, oder, um es vor dem Hintergrund platonischer Denkformen zu sagen: Die Eucharistiefeier wird zum Abbild der himmlischen Wirklichkeit und hat an ihr Anteil. Rund um das 5. Jahrhundert gibt es Überlieferungen, dass das Sanctus als eigentlicher Höhepunkt der Eucharistiefeier verstanden und empfunden wurde.

Heiligkeit ist in der Bibel eine spezifische Eigenschaft Gottes, die ihn vom Irdischen und Vergänglichen unterscheidet, die aber von ihm auf Irdisches übertragen werden kann. Besonders wichtig ist Israel als das heilige (nämlich: das von Gott erwählte und ihm gehörende) Volk. Das Neue Testament weitet das Heiligkeitsverständnis auf die christliche Gemeinschaft aus: die Kirche mit ihrem Glauben und ihrer Gottesbeziehung.

Die zweite Texthälfte des Sanctus *(gepriesen sei, der da kommt …)* heißt nach ihrem lateinischen Anfangswort **Benedictus**. In älterer Kirchenmusik sind Sanctus und Benedictus separate Kompositionen, die von einem Chor stellvertretend für die ganze Versammlung gesungen werden.

Wandlungsepiklese und Einsetzungsworte

Es folgt nun eine längere Überleitung von der Anamnese zur **Bitte**, wobei sich die Bitte aus mehreren Teilen zusammensetzt. Erster Teil ist die **Wandlungsepiklese**: Der Heilige Geist wird über Brot und Wein herabgerufen, um sie mit der Gegenwart Jesu Christi zu erfüllen. Dieses Gebetsanliegen bezieht sich auf die Zusage Jesu beim Abendmahl (Kapitel 3), daher wird die Schilderung des Abendmahls als *Begründung der Wandlungsepiklese* angefügt. Dieser Textteil beginnt mit dem Wort

denn (Begründung!) und ist wieder ein anamnetisches Element. Man spricht hier vom **Einsetzungsbericht**, manchmal auch von *Stiftungsgedächtnis*, *Stiftungsanamnese* oder den *Einsetzungsworten*.
Erhebliche Diskussionen gibt es dabei um das Kelchwort *pro multis effundetur*. Als deutsche Übersetzung liegt *für viele vergossen* nahe, die deutschen Hochgebete verwenden aber *für alle*: Das Heilshandeln Jesu ist unbegrenzt und schließt niemanden aus, wobei das letzte Urteil über den Menschen ohnehin nur von Gott gesprochen werden kann. Vor dem Hintergrund der hebräischen Bibelsprache und der aramäischen Alltagssprache Jesu kann dabei an die Bedeutung *so viele* gedacht werden; demnach hätte diese sehr offene Wortbedeutung erst durch die Übertragung ins Griechische (im Neuen Testament) und dann in die lateinische Liturgiesprache die Bedeutung „viele, aber nicht alle" erhalten. Als deutsche Übersetzung wird auch *für die Vielen* vorgeschlagen, ähnlich wie im französischen Messbuch *pour la multitude (für die Menge/die Vielheit)*. Während Papst Johannes Paul II. (1978–2005) die Übersetzung *für alle* verteidigte, ordnete Papst Benedikt XVI. (2005–2013) an, bei einer zukünftigen Neuausgabe des Messbuchs den lateinischen Text enger abzubilden und *für viele* zu wählen. *Für viele* verwenden auch etliche deutschsprachige Kirchen der Reformation sowie die ostkirchlichen Liturgien, siehe dazu etwa die Chrysostomos-Anaphora (S. 79 f.).

Exkurs: Wandlung, Transsubstantiation, Realpräsenz

Die lateinische Theologie des Mittelalters stellte die Frage nach einem genauen Zeitpunkt und nach einer wissenschaftlichen Erklärung für die Wandlung von Brot und Wein in Leib und Blut Christi. Auf der Grundlage aristotelischer Philosophie (Kapitel 2) setzte sich die Überzeugung durch, dass die Wandlung exakt auf den Moment festgelegt werden könne, in dem die Worte Jesu *das ist mein Leib …* und *das ist mein Blut …* ausgesprochen werden. Daher nannte und nennt man dies oft *Wandlungsworte*, *Wandlung* oder *Konsekration* (lateinisch *Heiligmachung*). Als philosophisches Erklärungsmodell diente die *Transsubstantiation*, wonach sich das *Wesen* von Brot und Wein verändert, die *Eigenschaften* aber unverändert bleiben.
Das Ergebnis dieses Vorgangs ist die *Realpräsenz (wahrhaftige Gegenwart)* von Leib und Blut Jesu in Brot und Wein. Andere Denktraditionen, etwa in den platonisch geprägten Ostkirchen (Kapitel 2) oder in der lutherischen Reformation, halten die Transsubstantiationslehre für keine

passende Erklärung der Realpräsenz, einige Zweige der Reformation lehnen die Vorstellung der Realpräsenz grundsätzlich ab.
Nun haben die Einsetzungsworte im Hochgebet eindeutig anamnetischen Charakter und dienen als Begründung für die vorausgegangene Wandlungsepiklese. Dass man die Wandlung von Brot und Wein exakt auf diesen Zeitpunkt festlegen könne, hat vor dem Hintergrund anamnetischen Denkens durchaus Plausibilität. Zweifelsfrei beweisen lässt es sich aber nicht: Ausgerechnet nach der Transsubstantiationslehre gibt es ja keine Möglichkeit, „ungewandeltes" von „gewandeltem" Brot objektiv zu unterscheiden.
Auf östliche Hochgebete – die ja auch in der katholischen Kirche verwendet werden (Kapitel 2) – ist diese Denkweise ohnehin nicht anwendbar, denn die Wandlungsepiklese folgt dort immer erst nach den Einsetzungsworten. Würde die Wandlung im Moment der Einsetzungsworte erfolgen, wäre eine anschließende Epiklese sinnlos. Die Liturgiegeschichte kennt sogar Hochgebete, in denen überhaupt keine Einsetzungsworte vorkommen. In all diesen Traditionen wird meist die Epiklese für wichtiger angesehen als die Einsetzungsworte als solche.
Die Autorität Jesu gibt der Kirche die Gewissheit, dass in der Eucharistie tatsächlich Leib und Blut Christi gegenwärtig sind. Dies kann aber kein Gegenstand naturwissenschaftlicher Beweisführung sein, jede Theorie dazu hängt vom verwendeten philosophischen Modell ab. Definitiv falsch ist es, wenn das Hochgebet auf eine „magische Formel" reduziert und der ganze Rest als letztlich überflüssige Dekoration angesehen wird. Ebenso haltlos ist die Vorstellung, dass der Vorsteher der Eucharistiefeier, der die Einsetzungsworte ausspricht, über irgendwelche individuellen Fähigkeiten verfüge. Gegen diese Vorstellung genügt der Blick in den Text: Die Einsetzungsworte werden nicht als autoritativer Befehl einer Einzelperson vorgetragen, sondern sie sind eingebettet in ein Bittgebet in der Wir-Form.
In der Kommunion (Kapitel 4) geschieht jedenfalls echte Vereinigung mit Christus. Die Liturgie bietet kein Erklärungsmodell dafür an, ein solches kann immer nur von außen an die Liturgie herangetragen werden. Die Transsubstantiationslehre hat aber direkten Einfluss auf die römisch-katholische Praxis gehabt: Die rituelle Verehrung des Brotes und Weines als Leib und Blut Christi beginnt mit den Einsetzungsworten. Die Gaben werden ab diesem Zeitpunkt emporgehoben, beweihräuchert, über die Eucharistiefeier hinaus aufbewahrt und verehrt.

Akklamation

Nach dem Konzil wurde eine Akklamation der ganzen Versammlung eingefügt: *Deinen Tod, o Herr, verkünden wir, und deine Auferstehung preisen wir, bis du kommst in Herrlichkeit* (vgl. 1 Kor 11,26). Dies ist der einzige Teil des Hochgebetes, der an Jesus Christus gerichtet ist.

Spezielle Anamnese und Darbringungsformel

In der **Speziellen Anamnese** wird die Beziehung zwischen dem Abendmahl Jesu und der Eucharistiefeier der Kirche zum Ausdruck gebracht *(darum feiern wir …)*. Die darin integrierte **Darbringungsformel** verdeutlicht, dass Brot und Wein nicht als materielle Opfer zu verstehen sind, sondern als Ausdruck der Hingabe der Menschen.

Kommunionepiklese

Nun wird der Heilige Geist über die Versammelten herabgerufen. Dies ist die **Kommunionepiklese** (*communio* hier verstanden als *kirchliche Gemeinschaft*). Im römischen Ritus sind Wandlungs- und Kommunionepiklese textlich klar voneinander getrennt, östliche Riten binden beide meist eng aneinander.

In der Kommunionepiklese kommt die Hoffnung auf Erlösung zum Ausdruck. Darin ist die Gemeinschaft mit allen impliziert, die im Glauben vorausgegangen sind. Exemplarisch werden Maria, die Apostel, die Märtyrer und andere Heilige genannt; dieser Teil kann je nach Anlass angepasst werden.

Interzessionen

Letztes Bitt-Element sind die **Interzessionen** *(Fürsprache)*. Ursprünglich wurde darin zum Ausdruck gebracht, dass die einzelne Eucharistie feiernde Gemeinschaft mit der ganzen Kirche verbunden ist. Da in der Liturgie Raum und Zeit überwunden werden (Kapitel 3), feiert die einzelne Versammlung immer *in Gemeinschaft mit anderen* oder *im Namen der Abwesenden*. Als Symbole der kirchlichen Gemeinschaft werden dabei beispielsweise der jeweilige Patriarch (Kapitel 2) und Bischof (Kapitel 6) genannt; von dort weitet sich der Blick auf alle Glieder der Kirche – Anwesende und Abwesende, Lebende und Verstorbene.

Im Lauf der Zeit wurden die Interzessionen zunehmend als Fürbittgebet für die genannten Personen verstanden. Die nach dem Konzil eingeführten Hochgebete formulieren sie eindeutig in diesem Sinne.

Doxologie und Amen

Die **Doxologie** des Eucharistischen Hochgebets fällt ausführlicher aus als bei gewöhnlichen Orationen, selbstverständlich tritt das unverzichtbare **Amen** hinzu.

Canon Romanus und Chrysostomos-Anaphora

Die hier aufgezeigte grobe Gliederung gilt für die meisten Hochgebete, einige sind aber völlig anders strukturiert. Seite 77 f. zeigt das 1. Hochgebet. Über mehr als 1000 Jahre war es das einzige Eucharistische Hochgebet des römischen Ritus. Seine ältesten Belege verweisen auf ägyptische Herkunft; von dort kam es nach Rom, erlangte im lateinischen Christentum überragende Verbreitung und wurde schließlich als **Canon Romanus** *(Römisches Hochgebet)* bezeichnet. Im Canon Romanus tritt die älteste Funktion der Interzessionen klar hervor: Sie sind kein Fürbittgebet, sondern Ausdruck der raum- und zeitübergreifenden kirchlichen Gemeinschaft. Stark ausgeprägt ist die Himmelsmotivik, die den Himmel als eigentlichen Ort der Liturgie ausweist. Auffällig ist die namentliche Nennung frühkirchlicher Frauengestalten. Es gab aber durchaus ernstzunehmende Gründe, neben dem Canon Romanus neue Hochgebete einzuführen: Dazu gehören seine oft missverstandene Opferterminologie, seine vergleichsweise unübersichtliche Struktur sowie die fehlende Nennung des Heiligen Geistes.

Seite 79 f. zeigt die Chrysostomos-Anaphora, das meistverwendete Hochgebet im byzantinischen Ritus. Auch hier ist die Himmelsthematik sehr ausgeprägt. Daneben sticht die klare Struktur von Anamnese und Bitte ins Auge; außerdem ist sofort zu erkennen, dass die Einsetzungsworte vor der Wandlungsepiklese stehen und nicht danach.

Canon Romanus (Erstes Hochgebet)

Mit kommentierender Gliederung von Reinhard Meßner

Einleitungsdialog, Präfation und Sanctus wie beim 3. Hochgebet

Dich, gütiger Vater, bitten wir durch deinen Sohn, unseren Herrn Jesus Christus:
Nimm diese heiligen, makellosen Opfergaben an und segne sie. Wir bringen sie dar vor allem für deine heilige katholische Kirche, in Gemeinschaft mit deinem Diener, unserem Papst N., mit unserem Bischof N. und mit allen, die Sorge tragen für den rechten, katholischen und apostolischen Glauben. Schenke deiner Kirche Frieden und Einheit, behüte und leite sie auf der ganzen Erde. Gedenke deiner Diener und Dienerinnen N.N. (für die wir heute besonders beten) und aller, die hier versammelt sind. Herr, du kennst ihren Glauben und ihre Hingabe; für sie bringen wir dieses Opfer des Lobes dar, und sie selber weihen es dir für sich und für alle, die ihnen verbunden sind, für ihre Erlösung und für ihre Hoffnung auf das unverlierbare Heil. Vor dich, den ewigen, lebendigen und wahren Gott, bringen sie ihre Gebete und Gaben.
[ggfs. Einschub des Festgeheimnisses des Tages] In Gemeinschaft mit der ganzen Kirche gedenken wir deiner Heiligen. Wir ehren vor allem Maria, die glorreiche, allzeit jungfräuliche Mutter unseres Herrn und Gottes Jesus Christus. Wir ehren ihren Bräutigam, den heiligen Josef, deine heiligen Apostel und Märtyrer: Petrus und Paulus, Andreas [...] und alle deine Heiligen; blicke auf ihr heiliges Leben und Sterben und gewähre uns auf ihre Fürsprache in allem deine Hilfe und deinen Schutz. Nimm gnädig an, o Gott, diese Gaben deiner Diener und deiner ganzen Gemeinde; ordne unsere Tage in deinem Frieden, rette uns vor dem ewigen Verderben und nimm uns auf in die Schar deiner Erwählten.

Darbringung des Lobopfers (und der Gaben Brot und Wein) in Gemeinschaft mit den Glaubenden aller Orte und Zeiten (Interzessionen)

Schenke, o Gott, diesen Gaben Segen in Fülle und nimm sie zu eigen an.
Mache sie uns zum wahren Opfer im Geiste, das dir wohlgefällt: zum Leib und Blut deines geliebten Sohnes, unseres Herrn Jesus Christus.

Wandlungsbitte

Am Abend vor seinem Leiden nahm er das Brot in seine heiligen und ehrwürdigen Hände, erhob die Augen zum Himmel, zu dir, seinem Vater, dem allmächtigen Gott, sagte dir Lob und Dank, brach das Brot, reichte es seinen Jüngern und sprach: Nehmet und esset alle davon: Das ist mein Leib, der für euch hingegeben wird. Ebenso nahm er nach dem Mahl diesen erhabenen Kelch in seine heiligen und ehrwürdigen Hände, sagte dir Lob und Dank, reichte den Kelch seinen Jüngern und sprach: Nehmet und trinket alle daraus: Das ist der Kelch des neuen und ewigen Bundes, mein Blut, das für euch und für alle vergossen wird zur Vergebung der Sünden. Tut dies zu meinem Gedächtnis.

Einsetzungsbericht als Begründung für die Wandlungsbitte

Geheimnis des Glaubens: – Deinen Tod, o Herr, verkünden wir, und deine Auferstehung preisen wir, bis du kommst in Herrlichkeit.

Akklamation

Darum, gütiger Vater, feiern wir, deine Diener und dein heiliges Volk, das Gedächtnis deines Sohnes, unseres Herrn Jesus Christus. Wir verkünden sein heilbringendes Leiden, seine Auferstehung von den Toten und seine glorreiche Himmelfahrt. So bringen wir aus den Gaben, die du uns geschenkt hast, dir, dem erhabenen Gott, die reine, heilige und makellose Opfergabe dar: das Brot des Lebens und den Kelch des ewigen Heiles. Blicke versöhnt und gütig darauf nieder und nimm sie an wie einst die Gaben deines gerechten Dieners Abel, wie das Opfer unseres Vaters Abraham, wie die heilige Gabe, das reine Opfer deines Hohenpriesters Melchisedek.

Spezielle Anamnese mit Darbringung

Wir bitten dich, allmächtiger Gott: Dein heiliger Engel trage diese Opfergabe auf deinen himmlischen Altar vor deine göttliche Herrlichkeit; und wenn wir durch unsere Teilnahme am Altar den heiligen Leib und das Blut deines Sohnes empfangen, erfülle uns mit aller Gnade und allem Segen des Himmels.
Gedenke auch deiner Diener und Dienerinnen, die uns vorangegangen sind, bezeichnet mit dem Siegel des Glaubens, und die nun ruhen in Frieden. Wir bitten dich: Führe sie und alle, die in Christus entschlafen sind, in das Land der Verheißung, des Lichtes und des Friedens.
Auch uns, deinen sündigen Dienern, die auf deine reiche Barmherzigkeit hoffen, gib Anteil und Gemeinschaft mit deinen heiligen Aposteln und Märtyrern: Johannes, Stephanus, Mattias, Barnabas (Ignatius, Alexander, Marzellinus, Petrus, Felizitas, Perpetua, Agatha, Luzia, Agnes, Cäcilia, Anastasia) und mit allen deinen Heiligen; wäge nicht unser Verdienst, sondern schenke gnädig Verzeihung und gibt uns mit ihnen das Erbe des Himmels.
Darum bitten wir dich durch unseren Herrn Jesus Christus. Denn durch ihn erschaffst du immerfort all diese guten Gaben, gibst ihnen Leben und Weihe und spendest sie uns.

Bitte um Aufnahme der Gaben auf den himmlischen Altar
(als den eigentlichen Ort der Eucharistie, wo die Gemeinschaft mit den Heiligen aller Zeiten stattfindet)

Durch ihn und mit ihm und in ihm ist dir, Gott, allmächtiger Vater, in der Einheit des Heiligen Geistes alle Herrlichkeit und Ehre jetzt und in Ewigkeit.

Schlussdoxologie

Amen.

Bestätigung

Chrysostomos-Anaphora

Nach der deutschsprachigen Ausgabe der ukrainisch-katholischen Kirche

Die Gnade unseres Herrn Jesus Christus, die Liebe Gottes des Vaters und die Gemeinschaft des Heiligen Geistes sei mit euch allen. – Und mit deinem Geiste.
Erheben wir die Herzen. – Wir haben sie beim Herrn.
Lasst uns Dank sagen dem Herrn. – Es ist würdig und recht, den Vater und den Sohn und den Heiligen Geist anzubeten, die wesenseine und ungeteilte Dreifaltigkeit.

Einleitungsdialog

Es ist würdig und recht, Dir zu singen, Dich zu preisen, Dich zu loben, Dir Dank zu sagen an jedem Ort Deiner Herrschaft. Denn Du bist der unaussprechliche, unbegreifliche, unsichtbare und unfassbare Gott. Von Ewigkeit her bist Du und bleibst unverändert, Du, Dein eingeborener Sohn und Dein Heiliger Geist. Du hast uns aus dem Nichts ins Dasein gerufen und uns nach unserem Fall wieder aufgerichtet. Du hörst nicht auf, alles zu tun, um uns zum Himmel zu führen und uns Dein künftiges Reich zu schenken. Für alles danken wir Dir, Deinem eingeborenen Sohn und Deinem Heiligen Geist, für alle uns erwiesenen Wohltaten, die uns bekannten oder unbekannten, die offenkundigen oder verborgenen. Wir sagen Dir auch Dank für diesen heiligen Dienst, den aus unseren Händen gnädig anzunehmen Du geruhest, obgleich Tausende von Erzengeln und unzählige Scharen von Engeln, die Cherubim und die sechsflügeligen und vieläugigen Seraphim fliegend und schwebend Dich umgeben, die das Siegeslied singen, jauchzen, jubeln und sprechen:

Anamnese
(mit ausgeprägt doxologischen Zügen; entspricht der Präfation im römischen Ritus)

Heilig, heilig, heilig, Herr Sabaoth. Erfüllt sind Himmel und Erde von Deiner Herrlichkeit. Hosanna in der Höhe. Hochgelobt sei, der da kommt im Namen des Herrn. Hosanna in der Höhe.

Sanctus

Mit diesen seligen Mächten, menschenliebender Herr, singen und rufen auch wir: Heilig bist Du und allheilig, Du, Dein eingeborener Sohn und Dein Heiliger Geist. Heilig bist Du und über alles heilig und wunderbar ist Deine Herrlichkeit. So sehr hast Du die Welt geliebt, dass Du Deinen eingeborenen Sohn dahingabst, damit jeder, der an Ihn glaubt, nicht verloren gehe, sondern das ewige Leben habe.
Er ist gekommen und hat den ganzen Heilsplan um unseretwillen erfüllt.

Anamnese
(Fortsetzung)

Und in der Nacht, in der er ausgeliefert wurde oder vielmehr sich selber auslieferte für das Leben der Welt, nahm Er Brot in seine heiligen, allreinen und makellosen Hände, dankte, segnete, heiligte, brach es und gab es seinen heiligen Jüngern und Aposteln, indem Er sprach: Nehmet hin und esset: Das ist mein Leib, der für euch gebrochen wird zur Vergebung der Sünden. – Amen. – Ebenso nahm er nach dem Mahl den Kelch und sprach: Trinket alle daraus: Das ist mein Blut des Neuen Bundes, das für euch und für viele vergossen wird zur Vergebung der Sünden. – Amen.

Einsetzungsbericht
(Anamnese des Abendmahls Jesu)

Eingedenk also dieses heilbringenden Auftrags des Erlösers und all dessen, was für uns geschehen ist: des Kreuzes, des Grabes, der Auferstehung am dritten Tag, der Himmelfahrt, des Sitzens zur Rechten, der zweiten und glorreichen Wiederkehr, bringen wir Dir das Deinige von dem Deinigen, in allem und für alle. Und wir bringen Dir diesen geistigen und unblutigen Opferdienst dar.

Spezielle Anamnese *mit Darbringungsformel*

Wir rufen Dich an, wir bitten und flehen zu Dir: Sende Deinen Heiligen Geist herab auf uns und auf diese vorliegenden Gaben. Und mache dieses Brot zum kostbaren Leib Deines Christus, und was in diesem Kelch ist, zum kostbaren Blut Deines Christus, sie verwandelnd durch Deinen Heiligen Geist, damit diese heiligen Gaben alle denen, die sie empfangen, zur Verzeihung ihrer Sünden, zur Gemeinschaft des Heiligen Geistes, zur Fülle des himmlischen Reiches, zur Vertrauen auf Dich und nicht zum Gericht oder zur Verdammnis.

Epiklese *(Wandlungs- und Kommunionepiklese)*

Wir bringen Dir diesen geistigen Opferdienst auch für jene dar, die uns im Glauben vorausgegangen sind: für unsere Vorväter, Väter, Patriarchen, Propheten, Apostel, Verkündiger, Evangelisten, Märtyrer, Bekenner, Asketen und für jede gerechte, im Glauben verschiedene Seele. Insbesondere gedenken wir unserer allheiligen, allreinen, hochgebenedeiten und ruhmreichen Herrin, der Gottesgebärerin und immerwährenden Jungfrau Maria. Für den heiligen Propheten, Vorläufer und Täufer Johannes [...] und für alle Heiligen, auf deren Fürsprache Du uns gnädig beistehen mögest, o Herr. Gedenke aller, die in der Hoffnung auf die Auferstehung zum ewigen Leben entschlafen sind [...]. Wir bitten Dich auch, gedenke, Herr, aller rechtgläubigen Bischöfe [...]. Gedenke, Herr, der Stadt, in der wir leben, und jeder Stadt und jeden Landes [...]. Gedenke, Herr, der Reisenden zu Wasser, zu Lande und in der Luft, der Kranken, der Leidenden, der Gefangenen und ihrer Rettung. Gedenke, Herr, derer, die ihre Gaben bringen und Gutes tun in Deinen heiligen Kirchen, und derer, die sich der Armen, der Alten, der Kranken und Sterbenden annehmen: Sende auf uns alle Dein Erbarmen herab.

Interzessionen *(gekürzt)*

Und lass uns einmütig mit Mund und Herz Deinen allehrwürdigen und wunderbaren Namen preisen und besingen: Vater, Sohn und Heiliger Geist, jetzt und allezeit und von Ewigkeit zu Ewigkeit.

Schlussdoxologie

Amen.

Bestätigung

Kapitel 6
Rollen in der Liturgie

In der Liturgie übernehmen einzelne Personen bestimmte Aufgaben. Dadurch entstehen ritualisierte Beziehungen zwischen den Beteiligten. Man spricht von *liturgischen Rollen*: Die Liturgie ist ein „heiliges Spiel", das von den Beteiligten bestimmte Kompetenzen und Verhaltensweisen verlangt. Wer lieber von *liturgischen Diensten* redet, bringt zum Ausdruck, dass die Aufgaben in der Liturgie kein Selbstzweck sind. Der Begriff *liturgische Ämter* ist ebenfalls oft zu hören, er ist allerdings kirchenrechtlich etwas anders geprägt.

Versammlung

Die grundlegende Rolle aller Beteiligten ist die der *Versammlung*. Im 20. Jahrhundert wurde die Bedeutung der Versammlung theologisch neu gewürdigt (Kapitel 3–5), auch wenn sich viele Katholiken immer noch eher als Zuschauer empfinden und verhalten. Alle anderen Rollen sind als *Dienst an der Versammlung* zu verstehen; darüber hinaus manche auch als *Gegenüber zur Versammlung*. Was das bedeutet, wird sich in den folgenden Abschnitten zeigen.

Ordination / Weihe

Bestimmte Rollen werden nur von jenen Personen ausgeübt, die dafür eine *Ordination* (Kapitel 11) erhalten haben, im Deutschen meist *Weihe* genannt. Es sind dies die Bischöfe, Priester und Diakone (siehe unten), die auch als *Klerus* bzw. *Kleriker* zusammengefasst werden. Die Ordination erfolgt auf Lebenszeit. Sie kann weder wiederholt noch zurückgenommen werden, allenfalls können Ordinierte auf eigenen Wunsch oder als kirchliche Disziplinarmaßnahme von ihren Rechten und Pflichten entbunden werden.

Bischof

Der Bischof (griechisch *episkopos, Aufseher*) ist als Inhaber eines umfassenden Lehr- und Leitungsamtes in der Nachfolge der Apostel zu verstehen. Spätestens seit dem Ende des 2. Jahrhunderts wurde jede christliche Stadtgemeinde durch einen einzelnen Bischof geleitet. – Was Leitung konkret bedeutet, konnte und kann sich dabei durchaus ändern. Es entwickelten sich auch übergeordnete Strukturen bis hin zu den Patriarchen (Kapitel 2). Auch ein Patriarch ist aber der Ordination nach ein Bischof wie alle anderen.

Im Laufe des 1. Jahrtausends erweiterte sich der Amtsbereich der Bischöfe auf größere Regionen. Die von einem Bischof geleitete Region heißt *Bistum* oder *Diözese* (in Kirchen des byzantinischen Ritus meist *Eparchie*). In Deutschland gibt es heute 27 katholische Bistümer mit ca. 21 Millionen Katholiken, in Österreich 9 Bistümer mit mehr als 4,5 Millionen, in der Schweiz 6 Bistümer mit gut 3 Millionen. Größere Diözesen haben auch *Weihbischöfe* (lateinisch *episcopus auxiliaris, Hilfsbischof*), die dem *Diözesanbischof* einzelne Aufgaben abnehmen, ohne selbst Leiter der Diözese zu sein.

In der Liturgie fungiert der Bischof als **Vorsteher**, das heißt: Er eröffnet die Liturgie, er spricht den Segen am Schluss, und er trägt Orationen und Hochgebete vor. Ein Vorsteher hält immer auch die Homilie, sofern er sie nicht einer anderen Person überträgt. Er liest aber im Regelfall keine biblischen Lesungen vor. So wird deutlich, dass auch der Vorsteher immer Hörer und Empfänger der biblischen Botschaft ist. – Diese Grundregel für die Vorsteherrolle gilt nicht nur in der Eucharistiefeier, sondern auch in nahezu allen anderen Liturgieformen, mit einigen Ausnahmen vor allem im klösterlichen Bereich.

In der katholischen Kirche wie auch in den Ostkirchen werden für das Bischofsamt nur unverheiratete Männer ausgewählt, die zuvor bereits Priester waren (siehe unten). In den meisten Bistümern wird der Bischof nach einem vorausgehenden Konsultationsverfahren letztlich allein durch den Papst bestimmt. In manchen Bistümern – darunter auch einige in Deutschland, Österreich und der Schweiz – gibt es Vorschlags- oder Wahlrechte durch Gremien diözesaner Priester oder Einspruchsrechte durch den Staat. Die katholischen Ostkirchen (Kapitel 2) regeln ihre Bischofswahlen weitgehend unabhängig vom Papst. Derzeit wird in der katholischen Kirche lebhaft diskutiert, die Auswahl von Bischöfen auf eine breitere Basis zu stellen.

Presbyter (Priester)

Auch der *Priester* wird durch Ordination eingesetzt, wobei eigentlich *Presbyter* die sachgerechte Bezeichnung ist (griechisch *presbyteros* bedeutet Ältester im Sinne von „Vorstandsmitglied").

Presbyter üben ebenfalls die Rolle des **Vorstehers** aus, und zwar immer im Auftrag des Bischofs. Wenn ein Presbyter einer Liturgie vorsteht, unterscheiden ihn nur die Gewänder (Kapitel 7) und einige zeremonielle Details vom Bischof. Die Homilie durch Presbyter war in den ersten Jahrhunderten keineswegs überall selbstverständlich.
In der frühesten Phase verwendete das Christentum konsequent die Bezeichnungen Bischof und Presbyter, die dem griechischen Vereinswesen entstammten, nicht der religiösen Kultsprache. Etwa ab dem 3. Jahrhundert wurde der Bischof zugleich als *Priester* bezeichnet (griechisch *hiereus*, lateinisch *sacerdos*), insofern er als Gemeindeleiter und Eucharistievorsteher Jesus, den einzig wahren Priester (Hebr 5–10, siehe Kapitel 1) und das einzig wahre Haupt der Kirche (Kol 1,18) versinnbildlichte. Je häufiger Eucharistiefeiern durch Presbyter geleitet wurden (Kapitel 3), umso häufiger wurden auch Presbyter als Priester bezeichnet. In der deutschen Sprache wurde es üblich, *ausschließlich* die Presbyter Priester zu nennen. Das katholische Kirchenrecht achtet dagegen genau auf die Unterscheidung zwischen Presbyter (im Unterschied zum Bischof) und Priester (als Oberbegriff für Bischof und Presbyter). – Die Verwendung des Priesterbegriffs für die Ämter des Bischofs und des Presbyters ist nicht zuletzt vor dem Hintergrund von 1 Petr 2,4–10 (Kapitel 1 und 3) missverständlich. Dort werden alle Getauften als „heilige und königliche Priesterschaft" gewürdigt, insofern sie alle berufen sind, Christus in der Hingabe an den Willen Gottes nachzufolgen und stellvertretend für die ganze Welt vor Gott zu stehen. Dies wird in der Fachsprache als *allgemeines Priestertum* oder *Taufpriestertum* bezeichnet, im Unterschied zum *Amts-* oder *Weihepriestertum* als Beschreibung des kirchlichen Auftrags der Bischöfe und Presbyter.
Von Ausnahmen abgesehen werden in der römisch-katholischen Kirche nur unverheiratete Männer zu Presbytern ordiniert. In den Ostkirchen (auch den katholischen) dürfen auch verheiratete Männer Presbyter werden. Eine Zeit als Diakon (siehe unten) muss vorausgehen.
Die Hauptaufgabe der Presbyter besteht in der Leitung von Teilgemeinden des Bistums. Diese Gemeinden heißen *Pfarreien* oder *Pfarren*, der leitende Presbyter trägt den Titel *Pfarrer*. Ein Pfarrer übt also in etwa die Funktion aus, die in der frühen Kirche der Bischof innehatte: die Leitung einer örtlichen Gemeinde.
Die römisch-katholische Kirche kennt auch Formen der Pfarrleitung durch Frauen und Männer, die keine Presbyter sind, wobei die rechtliche

Letztverantwortung dann zum Beispiel beim Pfarrer des Nachbarortes liegt. Einige Bistümer in Deutschland und Österreich sind derzeit um die Einführung gemeinschaftlicher Pfarrleitung durch Presbyter gemeinsam mit anderen Frauen und Männern bemüht, stoßen dabei aber an die Grenzen des Kirchenrechts. Die äußerst komplexe rechtliche Situation der katholischen Kirche in der Schweiz mit ihren Auswirkungen auf die Verteilung von Leitungsaufgaben auf Pfarrebene kann hier nicht näher dargestellt werden.

Ordination und Macht

Nur Bischöfe und Presbyter dürfen Eucharistiefeiern leiten, auch einige andere Liturgien sind ihnen vorbehalten (Kapitel 11). Zahlreiche andere kirchliche Aufgaben setzen ebenfalls die Ordination voraus. So wird deutlich, dass Liturgie und Alltag keine voneinander isolierten Bereiche, sondern miteinander verbunden und aufeinander bezogen sind. Zugleich ist kirchliche Leitungsautorität damit weitgehend auf eine eng umschriebene Gruppe begrenzt: ausschließlich Männer, die meisten unverheiratet. Vor diesem Hintergrund wird die Frage gestellt, ob die Ordination überhaupt sinnvoll und notwendig ist, mindestens aber, ob nicht das Verhältnis von Ordinierten zu Nicht-Ordinierten anders gefasst werden könnte. Dabei sollten die theologischen Grundlagen der Ordination nicht außer Acht gelassen werden:

Bischöfe, Presbyter und Diakone (siehe unten) erhalten die Ordination durch einen Bischof, der seinerseits von einem Bischof ordiniert wurde usw. (Kapitel 11) Diese Reihe wird gedanklich bis zu den Aposteln zurückgeführt und *Apostolische Sukzession* genannt (von *successio, Abfolge/Reihenfolge*, manchmal auch *Apostolische Nachfolge* genannt). Für die ersten Christengenerationen ist diese Form der Ordinationsweitergabe allerdings nur sehr bedingt nachweisbar, auch galten später manchmal andere Regeln für die Ordination. Die genauen Zuständigkeiten der Ordinierten haben sich erst nach und nach herausgebildet und können sich auch heute noch ändern. Alle heute existierenden „Ordinationslinien“ lassen sich bestenfalls bis ins 13. Jahrhundert zurückverfolgen, die meisten nur bis ins 16. Jahrhundert. Es kann also nicht darum gehen, die Autorität heutiger Ordinierter durch einwandfreie „apostolische Stammbäume“ zu begründen. Vielmehr soll das ordinierte Amt sichtbar machen, dass die Kirche nicht aus sich selbst heraus existiert, sondern dass ihr Grund außerhalb ihrer selbst liegt. Wie Christus das *Haupt der*

Kirche ist (Kol 1,18), so sind Bischof und Presbyter *Vorsteher der eucharistischen Versammlung*. Das Konzil sagt, dass der Ordinierte Christus *repräsentiert* und *in persona Christi capitis ecclesiae (als Abbildung Christi, des Hauptes der Kirche)* handelt. Es geht um ein Gegenüber zur Versammlung, das diese nicht selbst hervorbringen kann. Zugleich ist der Bischof bzw. Presbyter Sprecher der Versammlung gegenüber Gott, wenn er Orationen und Hochgebete vorträgt. Diese Doppelrolle als Gegenüber und als Sprecher der Gemeinde entspricht Christus als *Mittler zwischen Gott und den Menschen* (1 Tim 2,5).

In der katholischen Kirche hat sich letztlich die Überzeugung durchgesetzt, dass bei bestimmten Vollzügen der im ordinierten Amt gegebene Verweis auf Christus nicht fehlen darf. Der wichtigste dieser Fälle ist die Eucharistiefeier.

Die Ordination macht einen Menschen nicht klüger als andere und verleiht ihm auch keine privilegierte Gottesbeziehung. Im 2. Jahrtausend wurde aber die Vorstellung immer stärker, Bischof und Presbyter verfügten über eine Art persönliche Fähigkeit, im Rahmen der Eucharistiefeier Brot und Wein in Leib und Blut Christi verwandeln zu können. Der Blick in das Eucharistische Hochgebet (Kapitel 5) zeigt zwar, dass diese Idee unangemessen ist, sie hat aber dazu beigetragen, dass die Ordinierten sowohl rechtlich als auch spirituell immer mehr Autorität beanspruchten bzw. ihnen diese von außen zugeschrieben wurde. Ihren Höhepunkt nahm diese Entwicklung ab dem späten 18. Jahrhundert. Dadurch wurden Rahmenbedingungen für unkontrollierte Machtausübung geschaffen, deren Folgen heute sichtbar sind: sexueller Missbrauch, spirituelle und psychische Unterdrückung, finanzielle Bereicherung und Ausbeutung – keineswegs als Normalfall, aber doch in beschämender Häufigkeit.

Die katholische Kirche befindet sich derzeit in Diskussionsprozessen, an deren Abschluss die Eindämmung der umfassenden Vollmachten von Bischöfen und Presbytern durch verbindlich festgeschriebene strukturelle Gegengewichte stehen dürfte. Hochbedeutsames Stichwort ist *Synodalität*, der Fachbegriff für gemeinschaftliche Entscheidungsprozesse und geteilte Verantwortung in der Kirche, der – in unterschiedlicher Konkretisierung – die gesamte Geschichte des Christentums durchzieht. Es gibt dabei gewisse Analogien zu Parlamentarismus und Demokratie, aber auch deutliche Unterschiede: Insbesondere zielt Synodalität nicht auf das Generieren knapper Mehrheiten hin, sondern auf die gemeinschaftliche Klärung drängender und zentraler Fragen aus dem Glauben heraus und letztlich auf Einstimmigkeit oder jedenfalls Einmütigkeit, sodass getroffene Entscheidungen möglichst von allen mitgetragen werden können. Auch wenn die Verbindung von Liturgie und Leben der christlichen Gemeinde erkennbar bleiben muss – derzeit wird sie durch die Leitungsaufgabe der Ordinierten personal sichergestellt –, zeigen doch die Kirchengeschichte bis ins frühe 20. Jahrhundert, die inneren Regeln katholischer Ordensgemeinschaften sowie die Praktiken anderer christlicher Kirchen, dass ordinierte Liturgievorsteher nicht notwendigerweise zugleich eine „monarchische" Leitungsfunktion im alltäglichen Leben eines Bistums oder einer Pfarrei innehaben müssen. Die Diskussionen dazu sind jedenfalls derzeit in vollem Gang.

Diakon

Diakone (griechisch *diakonos, Diener*) waren in frühester Zeit vor allem sozial-karitativ und administrativ tätig: als kirchliche Verwalter, als persönliche Mitarbeiter des Bischofs sowie in der Sorge um Notleidende. Im römischen Ritus reduzierte sich das Amt im 1. Jahrtausend zu einer reinen Durchgangsstufe vor der Priesterweihe. In der Liturgie wurde entweder gar kein Diakon benötigt oder seine Rolle wurde durch einen Priester übernommen. Erst durch das Konzil wurde der Diakonat wiederbelebt.

In der Eucharistiefeier ist der Diakon direkter Assistent des Vorstehers; er hilft beispielsweise bei der Gabenbereitung, bei Beweihräucherungen oder beim Austeilen der Kommunion. Daneben fordert er alle zu rituellen Handlungen auf, etwa *Gebt einander ein Zeichen des Friedens.* Er trägt auch die Anliegen des Allgemeinen Gebets vor (Kapitel 4). Seine auffälligste Tätigkeit ist der Vortrag der Evangelienlesung. Der Diakon kann auch mit der Homilie betraut werden (Kapitel 4).

Diese historisch gewachsene Kombination lässt sich nicht leicht auf einen zusammenfassenden Begriff bringen. Ist kein Diakon anwesend, werden seine Aufgaben zum Teil vom Vorsteher, zum Teil von anderen Personen übernommen. Zum Beispiel liest der Vorsteher dann das Evangelium selbst – leider geht dabei die Symbolik verloren, nach der auch der Vorsteher immer „Hörers des Wortes" sein sollte (siehe oben).

In Liturgien, die nicht an Bischof oder Presbyter gebunden sind, kann der Diakon auch Vorsteher sein. Bis auf seine liturgischen Gewänder (Kapitel 7) unterscheidet er sich dann nicht vom Presbyter.

Seit dem Konzil wird das Diakonenamt sowohl zukünftigen Presbytern anvertraut als auch *Ständigen Diakonen*, die verheiratet sein dürfen.

Anders als die Presbyter benötigen diese Diakone keine volle theologische Ausbildung, viele üben ihr Amt neben- oder ehrenamtlich aus.
Das frühe Christentum kannte auch ordinierte **Diakoninnen**, dazu gab es sogar eigene Gesetze im Römischen Reich. Sie waren vor allem in der Seelsorge für Frauen tätig und übernahmen in diesem Zusammenhang auch liturgische Aufgaben, etwa bei der Taufe erwachsener Frauen (Kapitel 11). Im Westen ging der Frauendiakonat im 1. Jahrtausend verloren. Im Osten blieb er erhalten, wenn auch nur in geringer Zahl und mancherorts auf Frauenklöster beschränkt. Mehrere orthodoxe Patriarchate (Kapitel 2) haben den Frauendiakonat in jüngster Zeit gestärkt und in die kirchliche Öffentlichkeit zurückgeholt. – In der katholischen Kirche wird vielfach die Neubelebung des Frauendiakonats bei völliger Gleichstellung mit dem Diakonat der Männer gefordert. Die *Würzburger Synode*, die für Deutschland die konkrete Umsetzung der Konzilsbeschlüsse beriet, sprach sich 1975 dafür aus, ebenso der *Synodale Weg* in Deutschland 2022. Papst Franziskus hat mehrfach neue historische Forschungen zum Frauendiakonat in Auftrag gegeben.
Dem Modell des dreistufigen Weiheamtes aus Episkopat, Presbyterat und Diakonat folgen auch die orthodoxen, orientalischen, anglikanischen und altkatholischen Kirchen. In den Kirchen der Reformation bildet es den Ausnahmefall; die kirchlichen Ämter werden dort zumeist anders strukturiert und auch theologisch anders begründet.

Laien in der Liturgie

Personen, die nicht ordiniert sind, heißen *Laien*. Das Wort weckt ungünstige Assoziationen, es stammt aber schlicht von griechisch *laos (Volk)*. Laien sind also in etwa das, was im Staat die Staatsangehörigen sind: Sie sind Vollmitglieder der Kirche.
Wenn Laien zu liturgischen Diensten beauftragt werden, erfolgt dies zeitlich begrenzt. Es handelt sich oft einfach um eine spontane Absprache, aber auch ein Rechtsakt (etwa die Verleihung einer Urkunde durch den Bischof) oder die Form einer Segnung (Kapitel 12) sind möglich. Es gibt keine Einschränkungen in Bezug auf Geschlecht, Alter oder Bildungsvoraussetzungen.
Den Anfang der folgenden Reihe machen jene Dienste, die von den meisten Bischöfen detailliert geregelt werden (inklusive eigener Ausbildungsprogramme); am Ende stehen jene, die jederzeit kurzfristig vor Ort

organisiert werden können. Zum Schluss folgt mit Lektorat und Akolythat noch ein historisch gewachsener Spezialfall.

Gottesdienstleiterin / Gottesdienstleiter

Mit der Bezeichnung Gottesdienstleiterin/Gottesdienstleiter sind Frauen und Männer gemeint, die öffentlichen Gemeindeliturgien vorstehen. Infrage kommt alles, was nicht Bischöfen oder Priestern vorbehalten ist, zum Beispiel Tagzeitenfeiern (Kapitel 8 und 9), Wort-Gottes-Feiern (Kapitel 12), Begräbnisse (Kapitel 12), Trauungen (Kapitel 11), in manchen Bistümern auch Taufen (Kapitel 11).

Die Gottesdienstleiterin/der Gottesdienstleiter übernimmt dann die Rolle des Vorstehers (siehe oben), also Eröffnung, Abschluss, Vortrag von Orationen usw. Einige rituelle Details unterscheiden sich von den Ordinierten, zum Beispiel sprechen Bischof, Priester und Diakon Segensformeln in der 2. Person *(Es segne euch …)*, während Laien die 1. Person verwenden *(Es segne uns…)*.

Frauen und Männer, die hauptamtlich in der Seelsorge tätig sind – dafür gibt es regional unterschiedliche Berufsbezeichnungen –, erhalten zumeist auch die Beauftragung zur Gottesdienstleitung. Andere Gottesdienstleiterinnen und Gottesdienstleiter sind ehrenamtlich tätig und bisweilen nur für eine einzige Liturgieform beauftragt, zum Beispiel die Wort-Gottes-Feier.

Predigerin / Prediger

Predigerinnen und Prediger dürfen die Homilie in allen Liturgien halten, nur in der Eucharistiefeier ist sie den Ordinierten vorbehalten. So soll die enge Bindung von Liturgie des Wortes und Eucharistischer Liturgie dargestellt werden.

Im deutschsprachigen Raum haben allerdings viele Bischöfe schon seit Jahrzehnten die Laienpredigt gefördert oder zumindest toleriert. Der Synodale Weg in Deutschland hat sich 2022 mit hoher Zustimmung der Bischöfe ausdrücklich dafür ausgesprochen, in der Schweiz war die Laienpredigt schon durch Papst Benedikt XVI. nahezu uneingeschränkt erlaubt worden. Diese Praxis wird als theologische und spirituelle Bereicherung und auch als erhebliche Entlastung der Priester und Diakone gesehen. Darüber hinaus bietet das Kirchenrecht ohnehin gewisse Gestaltungsspielräume, etwa Predigten in Dialogform zwischen Priester und Laie oder ein an die (womöglich sehr kurze) Homilie des Priesters angefügtes (womöglich sehr ausführliches) „Glaubenszeugnis“ einer Frau oder eines Mannes. Auf die zuletzt genannte Weise können übrigens auch Personen aus anderen christlicher Kirchen am Predigtdienst in der katholischen Liturgie beteiligt werden. – All diese Varianten setzen immer die Zustimmung des Vorstehers voraus, der grundsätzlich die Homilie selber und allein halten kann, wenn er es möchte.

Kommunionhelferin / Kommunionhelfer

Kommunionhelferinnen und Kommunionhelfer – seltener Eucharistiehelferinnen und Eucharistiehelfer genannt – unterstützen den Eucharistievorsteher beim Austeilen der Kommunion. Sie können die Kommunion auch zu den Kranken bringen, sowohl in Kliniken als auch in Privatwohnungen. Während das Kommunionausteilen durch Laien in der Eucharistiefeier eine recht junge Eigenheit des römischen Ritus ist, greift die Krankenkommunion frühkirchliche Praxis auf: Gemeindemitglieder nahmen die Brotkommunion aus der Eucharistiefeier mit, um sie daheim ihren Angehörigen zu reichen oder um in den folgenden Tagen davon selbst zu konsumieren.

Lektorin / Lektor

Lektorinnen und Lektoren tragen biblische Lesungen vor, ausgenommen ist nur das Evangelium in der Eucharistiefeier. Anstelle des Diakons können Lektorinnen und Lektoren auch die einzelnen Anliegen des Allgemeinen Gebets vortragen.

Kirchenmusik

Unter den kirchenmusikalischen Diensten hat das Konzil besonders die Rolle **der Kantorin/des Kantors** hervorgehoben. Dazu gehört das Singen von Antwortpsalm und Halleluja sowie das Vorsingen bei Wechselgesängen, etwa beim Kyrie (Kapitel 4). Wird der Kantorendienst nicht von einer Einzelperson, sondern von einem kleinen Chor ausgeübt, spricht man von einer **Schola**.
Deutlich vertrauter sind die größer besetzten, mehrstimmig singenden **Kirchenchöre**. Ihre Rolle kann sich mit der von Kantor bzw. Schola decken, muss es aber nicht. Wenn ein solcher Chor nämlich Gesänge singt, die eigentlich der ganzen Versammlung zukommen (zum Beispiel Credo oder Sanctus), dann repräsentiert er alle Versammelten, auch wenn diese aus künstlerischen Gründen nicht aktiv mitsingen. Weite

Teile der europäischen Kirchenmusikgeschichte gehen von diesem Rollenverständnis aus, auch in östlichen Liturgien ist es weit verbreitet.
Instrumentalmusik (traditionellerweise mit Orgel oder Orchester, seit dem 20. Jahrhundert auch mit anderen Instrumenten) dient der Anleitung und Unterstützung des Gesangs, verstärkt die Aussagekraft einzelner liturgischer Handlungen und kann darüber hinaus die sinnliche und emotionale Wirkung der Liturgie entscheidend prägen.

Ministrantin / Ministrant

Ministrantinnen und Ministranten – auch Altardienerinnen/Altardiener oder Messdienerinnen/Messdiener genannt – unterstützen die rituelle Gestaltung der Liturgie zum Beispiel durch das Tragen von Kerzen und Weihrauch oder das Anreichen liturgischer Bücher. Wenn Ministrantinnen und Ministranten bei der Gabenbereitung Brot und Wein zum Vorsteher bringen, repräsentiert ihr Tun die ganze Versammlung.
Seit vielen Jahrhunderten wird diese Rolle überwiegend von Kindern ausgeübt, sodass der Eindruck entsteht, es handle sich hier um eine Methode der religiösen Erziehung. Bis vor wenigen Jahrzehnten waren Ministranten ausschließlich männlich, sodass das Ministrieren als Vorstufe und Motivation zum Priesterberuf interpretiert werden konnte. Der Altardienst ist aber seinem Wesen nach kein „Kinderspiel", sondern Stellvertretung der ganzen Versammlung. Er würde es verdienen, auch von Erwachsenen regelmäßig ausgeübt zu werden, wie es auch zum Beispiel in orthodoxen und anglikanischen Kirchen fest etabliert ist.

Lektorin / Lektor – Akolythin / Akolyth

Als Überrest der vorkonziliaren *niederen Weihestufen*, die vor der Priesterweihe durchlaufen werden mussten, haben sich die Ämter des Lektors und des Akolythen erhalten. Ein solcher Lektor hat dieselben Aufgaben wie die oben genannten Lektorinnen und Lektoren, wird aber in einer eigenen liturgischen Form beauftragt, die auf die frühere *Lektorenweihe* zurückgeht und unbefristet ist. Der Akolyth (griechisch *akolouthos*, *Begleiter*) hat verschiedene Aufgaben vor allem beim Einzug, bei der Gabenbereitung und bei der Kommunionspendung in der Eucharistiefeier. Ähnlich wie der Lektor wird der Akolyth durch ein Nachfolgemodell der früheren *Akolythenweihe* unbefristet beauftragt.
Lektorat und Akolythat sind im deutschen Sprachraum ohne größere Bedeutung geblieben, da sie nur an angehende Diakone kurz vor ihrer

Weihe vergeben werden, wie es kirchenrechtlich vorgeschrieben ist. 2021 hat Papst Franziskus allerdings das Kirchenrecht dahingehend geändert, dass auch Frauen zum Lektorat und Akolythat beauftragt werden können, zugleich hat er für Laien, die in Seelsorge und Glaubenslehre tätig sind, das in ähnlicher Form zu vergebende Amt der Katechistin/des Katechisten neu eingeführt. Inwieweit diese neuen Modelle vor Ort aufgegriffen werden – zum Beispiel für die im deutschen Sprachraum längst etablierten Laien in kirchlichen Berufen –, wird die Zukunft zeigen.

Frauenordination und Zölibat

Neben dem schon erwähnten Anliegen der Wiederbelebung des Frauendiakonats gibt es zwei weitere Streitfragen, die die katholische Kirche derzeit prägen: Zum einen wird nach dem Vorbild der Ostkirchen die Aufhebung der Ehelosigkeitsverpflichtung *(Zölibat)* der Priester gefordert. Zum anderen geht es um die gleichberechtigte Zulassung von Frauen und von Personen ohne Zuordnung in ein System von zwei Geschlechtern zu allen ordinierten Ämtern, etwa nach dem Vorbild der Anglikaner und Altkatholiken, die die Beschränkung des Weiheamtes auf Männer aufgehoben haben. Es gibt gravierende Unterschiede in der Beurteilung, welche Verbindlichkeit der bisherigen Praxis und früheren kirchenamtlichen Entscheidungen in dieser Sache zukommt und wie Botschaft und Taten Jesu in Bezug auf Geschlechteridentitäten und kirchliche Ämterbesetzungen heute sachgerecht umzusetzen sind.
Da in diesen Fragen Kompromisslösungen kaum möglich sind, wird die Debatte mit großer Schärfe geführt. An der Liturgie selbst ist jedenfalls nicht ablesbar, welche Voraussetzungen (Geschlecht, Ordination, Ausbildung) man erfüllen muss, um der Liturgie vorzustehen.

Kapitel 7

Kirchenraum, Körperhaltung und liturgische Gewänder

Liturgie ist *Versammlung*. Der *Ort* ist dafür von nachrangiger Bedeutung. Dennoch sagt die Gestaltung des liturgischen Raumes viel über das Selbstverständnis derer aus, die sich dort versammeln, und die subjektive Erfahrung wird wesentlich durch die Architektur geprägt. Die meisten Kirchenräume sind für die Eucharistiefeier konzipiert, daher geht es im Folgenden nicht um jene Bauten, die für andere Liturgien eingerichtet sind, etwa die Tagzeitenliturgie (Kapitel 8 und 9) oder die Taufe (Kapitel 11). Oft finden solche Liturgien ohnehin in denselben Räumen wie die Eucharistiefeiern statt.

Biblische Aspekte

Nach biblischer Überzeugung ist Gott der Schöpfer und Eigentümer der ganzen Welt (1 Chr 29,11; Weish 11,26). Es wäre daher sinnlos, ihm einen bestimmten Platz eigens zuzuordnen. Sogar für den Jerusalemer Tempel bezeugt 1 Kön 8,27, dass das gebaute Haus Gott nicht fassen kann. Er wohnt nicht im Tempel, sondern im Himmel, also jenseits aller irdischen Begrenztheit (1 Kön 8,30). Im Tempel wohnt allein Gottes *Name*. Der Name aber ermöglicht Identifikation und Kommunikation, anders gesagt: Der Tempel ist nicht für Gott da, sondern für die Menschen, damit sie Gottesbegegnung bewusst erfahren können.

Vergleichbares gilt für den christlichen Kirchenbau. Liturgie kann überall gefeiert werden. In den ersten christlichen Generationen haben oft Privatwohnungen dafür gedient. Erst als die Kirche zur dominanten Größe im Römischen Reich geworden war, setzten sich liturgische Gebäude flächendeckend durch.

Basilika

Aus der Fülle der spätantiken Architekturkonzepte ragt der Grundtyp der *Basilika* heraus (siehe Abbildung S. 93), von griechisch *basileus*

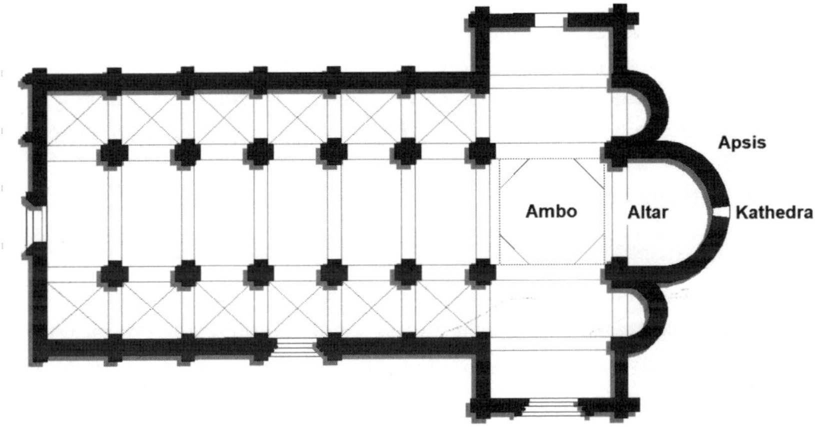

Abbildung 1: *Schema der wichtigsten Funktionsorte in einer Basilika.*

(König). Basiliken waren öffentliche Gebäude, in denen zum Beispiel Bürgerversammlungen oder Märkte stattfanden. Diesen Gebäudetyp übernahm das Christentum für seine liturgischen Versammlungen. Eine Basilika hat die Form eines länglichen Rechtecks mit einer halbkreisförmigen Ausbuchtung an der dem Eingang gegenüberliegenden Seite. Diese Ausbuchtung heißt *Apsis*. Die Abbildung zeigt häufige Erweiterungen: Seiteneingänge, Säulenreihen und kleine Nebenapsiden. Vor dem Haupteingang kann ein Vorraum angefügt sein, der *Narthex* (nicht in der Abbildung zu sehen).

Oft liegt der Haupteingang im Westen, die Apsis im Osten. Der Sonnenaufgang im Osten ist Symbol für die Auferstehung Christi und Ausdruck christlicher Zukunftshoffnung. Aus diesem Grund befindet sich oft hoch oben in der Apsis eine bildliche Darstellung des auferstandenen, über die Welt herrschenden Christus.

Am Übergang vom Hauptraum – dem *(Kirchen-)Schiff* – zur Apsis wird der *Altar* für die Eucharistiefeier aufgestellt, in der Regel ein steinerner Quader. Davor befindet sich an akustisch günstig gelegener Stelle der *Ambo* (auch *Ambon* oder *Amvon*, wörtlich in etwa *erhöhter Platz*), der für den Vortrag von Lesungen und Homilien gedacht ist. Der Ambo ragt oft wie ein „Laufsteg“ in das Schiff hinein. Der Begriff Ambo bezeichnet ursprünglich also nicht das Pult, von dem gelesen wird, sondern nur den Ort als solchen. Erst später wird es üblich, das Pult Ambo

zu nennen. Manchmal gibt es anstelle des Ambo ein erhöhtes Plateau mitten im Schiff, das *Bema, Bima* oder *Vima* heißt.
Der Scheitelpunkt der Apsis ist dem Bischof vorbehalten. Für ihn gibt es dort einen eigenen Sitz, die *Kathedra (Lehrstuhl)*, die er auch für die Homilie nutzen kann. Links und rechts des Bischofs versammeln sich die Priester und Diakone. Die für sie errichteten Plätze heißen *Presbyterium* oder *Synthronos (gemeinsamer Sitz).*
Gruß- und Segensformeln, Lesungen und Homilie werden von Osten Richtung Westen in die Versammlung hineingesprochen. Für Orationen und Hochgebete, die sich nicht an die Versammlung, sondern an Gott richten, begibt sich der Liturgievorsteher an die westliche Seite des Altares oder noch weiter ins Schiff hinein und spricht Richtung Osten.

Die weitere Entwicklung im Westen

Die Grundform der Basilika blieb im Osten bis heute deutlicher erkennbar als im Westen. Spätestens ab dem 10. Jahrhundert kam es in Westeuropa zu auffälligen Änderungen der Raumkonzeption.
Kathedra und Presbyterium gingen verloren. Die verbliebenen repräsentativen Sitzplätze *(Sedilien)* dienten nur noch zum Ausruhen, waren aber ohne liturgische Funktion. Der Altar rückte an die Stirnseite des Raumes und war nicht mehr umschreitbar. Ein solcher *Hochaltar* erhielt umfangreiche Aufbauten in Form von Statuen oder Bildern, das *Retabel.* Auf dem Altar wurde immer öfter der Aufbewahrungsort für den aus der Eucharistiefeier aufbewahrten Leib Christi untergebracht, der *Tabernakel* (*tabernaculum, Zelt,* eine Anspielung auf Ex 25,8). Ab dem 17. Jahrhundert wurde dies verpflichtend. Somit wurde der Tabernakel zum eigentlichen Orientierungspunkt der Liturgie. Dies war eine Umkehrung der Verhältnisse früherer Zeiten, als die Eucharistie in Privatwohnungen aufbewahrt wurde oder in Tabernakeln, die sich in Nebenräumen der Kirche oder an einer Seitenwand der Apsis befanden, aber keine liturgische Funktion besaßen.
Die Apsis wurde oft viele Stufen nach oben verlegt, sodass ein zweigeteilter Kirchenraum entstand: Im oben gelegenen *Altarraum* (oder *Chorraum*) spielten sich die liturgischen Handlungen ab, während alle übrigen Mitfeiernden davon räumlich getrennt und primär durch das Anschauen an der Liturgie beteiligt waren, etwa wenn der Eucharistievorsteher nach den Einsetzungsworten (Kapitel 5) das eucharistische Brot hoch emporhielt. – Der Begriff *Chorraum* erklärt sich übrigens von

den in großen Kirchen angesiedelten Mönchs- oder Priestergemeinschaften, die ihre Plätze links und rechts vor dem Hochaltar hatten *(Chorgestühl)*.

In der Architektur spiegelte sich die Tendenz wider, die Liturgie vor allem als Handlung des Priesters zu definieren, weniger als Versammlung der Kirche (Kapitel 3). Gegenüber der stark betonten Opferdimension der Eucharistiefeier (Kapitel 3) verlor die Verkündigung des Wortes Gottes an Bedeutung. So verschwand bis zum 17. Jahrhundert der Ambo aus dem Kirchenraum. In manchen Gestaltungsvarianten der Eucharistiefeier wurden die biblischen Lesungen nunmehr vom Priester am Altar in Richtung Rückwand gelesen, in anderen von einem bei Bedarf aufgestellten und dann wieder verräumten Lesepult in Richtung der Gemeinde. Für die Predigt wurde ein neuer Ort geschaffen: die *Kanzel* hoch oben im Kirchenschiff.

Ein prägendes Phänomen westlicher Kirchenbauten ist die in der Karolingerzeit (Kapitel 2 und 3) einsetzende Gewohnheit, mehrere Altäre im selben Kirchenraum zu errichten. Durch solche *Nebenaltäre* oder *Seitenaltäre* konnte dem frühkirchlichen Gebot Genüge geleistet werden, an jedem Altar höchstens einmal pro Tag Eucharistie zu feiern. Zugleich erhielt jeder Priester die Möglichkeit, „seine“ Eucharistie an einem eigenen Altar darzubringen.

Entwicklungen im 20. Jahrhundert

Um den Versammlungscharakter der Liturgie stärker zu betonen, wurden im 20. Jahrhundert vermehrt Altäre wieder näher an die Versammelten gerückt und frei umschreitbar eingerichtet. Man spricht meist vom *Volksaltar*, er befindet sich in der Regel an der Nahtstelle zwischen Chorraum und Kirchenschiff (wie in der Basilika). Diese neuen Altäre stehen oft in optischer Konkurrenz zum alten Hochaltar. Nur in neu geschaffenen oder von Grund auf umgestalteten Kirchenräumen kann der Altar wirklich als Zentrum der liturgischen Versammlung erfahren werden.

Ferner wurden neue Vorsteherplätze und Ambonen eingerichtet. Solche Ambonen befinden sich oft seitlich des Altares: ein Standort, der nur selten der von der Architektur vorgegebenen Blickführung entspricht. Entgegen den kirchlichen Vorgaben werden Ambonen nicht nur für Lesungen, Homilie und ggfs. das Allgemeine Gebet genutzt, sondern auch für Kantorengesang, Liedproben und Mitteilungen aller Art. Als Symbol für die Begegnung mit Gott in seinem Wort kann der Ambo dann aber kaum erfahren werden.

Der Vorsteherplatz befindet sich heute meist in der Mitte der Apsis gegenüber der Versammlung (vergleichbar der Kathedra in der Basilika), etwas seitlich davon versetzt oder an einer Seitenwand (von wo sich der Vorsteher dann jederzeit zur Versammlung wenden kann). Die Plätze für die übrigen Dienste befinden sich in unmittelbarer Nähe des Vorstehers oder an den Seitenwänden. Mancherorts treten liturgische Rollenträger (Kapitel 6) nur bei Bedarf aus ihren Plätzen im Kirchenschiff heraus.

Der Tabernakel darf sich heute nicht mehr auf dem Altar befinden. Er ist in einem getrennten Raum untergebracht – etwa einer Seitenkapelle – und kann dort auch für das private Gebet aufgesucht werden. Vielerorts hat man auch den Tabernakel im liturgisch nicht mehr genutzten Hochaltar belassen oder einen neuen Tabernakel an anderer Stelle im Altarraum errichtet.

Konzilsbeschlüsse zum Kirchenraum?

Entgegen einem verbreiteten Klischee beruht keine einzige der hier geschilderten Entwicklungen auf Beschlüssen des II. Vatikanischen Konzils. Bereits in der ersten Hälfte des 20. Jahrhunderts waren Kirchenräume neu- oder umgestaltet worden, andere wurden nach dem Konzil unverändert gelassen. Das Konzil hat klar zu verstehen gegeben, dass der Versammlungscharakter der Liturgie erfahrbar sein und *participatio actuosa* (Kapitel 3) ermöglicht und begünstigt werden muss, es hat sich aber nicht zu einzelnen architektonischen Konzepten geäußert. Das betrifft auch den folgenden Punkt, der zu den heißesten Eisen in der katholischen Kirche gehört.

Gebetsrichtung

Liturgievorsteher sprechen Orationen und Hochgebete in der Eucharistiefeier üblicherweise nicht mehr in Richtung Apsis bzw. Osten, sondern in Richtung Altar bzw. in die Mitte des Raumes. Die theologische Bedeutung ist offensichtlich: Die Gebetsrichtung bringt Christus als *Mitte der Versammlung* zum Ausdruck (Mt 18,20). (Das wird allerdings nur dann deutlich, wenn der Vorsteher tatsächlich Richtung Altar und nicht einfach nur „vor sich her" oder gar in Richtung der Versammlung spricht, so als sei sie die Adressatin des Gebetes.)

Die Gebetsrichtung Apsis/Osten drückt dagegen aus, dass sich das Ziel des Gebetes *außerhalb der Versammlung* befindet, nicht ihrer Verfügung unterliegt und nur erhofft werden kann. Stattdessen hat sich aber das Missverständnis festgesetzt, der Vorsteher *wende den Menschen den Rücken zu*, handle also abweisend und eigenmächtig. Dieser Eindruck ist besonders stark, wenn der Vorsteher in großer räumlicher Distanz zu den übrigen Versammelten an einem Hochaltar agiert.

Ellipse als Grundform

Ein völlig neues Raumkonzept ist die Anordnung der Versammlung in Form einer Ellipse. Dabei sollen der Ambo als *Tisch des Wortes* (SC 51) und der Altar als *Tisch des Mahles* gleichberechtigt zur Geltung kommen.

Körperhaltungen, Gesten und Kirchenbänke

Liturgische Körperhaltungen und Gesten wurden in der Karolingerzeit (Kapitel 2) erheblich und nachhaltig beeinflusst. Seitdem weichen westkirchliche Gewohnheiten von vielem ab, das zuvor Allgemeingut war und heute noch in den Ostkirchen fortlebt. Erst im 20. Jahrhundert erfolgten in der katholischen Liturgie einige Neuorientierungen und Rückbesinnungen, sodass heute Folgendes gilt:

Liturgie wird grundsätzlich im *Stehen* gefeiert. Dies entspricht biblischer Gebetspraxis und bringt besonders drei Aspekte zum Ausdruck: erstens den aufrechten Gang als Spezifikum des Menschen; zweitens die Verbindung von „unten“ und „oben“: Erde und Himmel als Symbole für Welt und Gott, zwischen denen der Mensch sich ausstreckt; drittens den Glauben an die *Auferstehung*, für die die griechische und lateinische Sprache dasselbe Wort verwenden wie für das *Aufstehen*. Die stehende Haltung ermöglicht auch, sich im Kirchenraum zu bewegen, zu drehen und sich in unterschiedliche Richtungen zu wenden, etwa zur Eingangstür (beim Einzug), zum Ambo (beim Evangelium) oder zum Altar (bei der Eucharistischen Liturgie).

Sitzen ist bei jenen Vollzügen vorgesehen, bei denen das Hören im Vordergrund steht, etwa während der Lesungen, des Antwortpsalms und der Homilie, nicht aber beim Evangelium, das stehend gehört wird. Gelegentlich sieht man auch Bischöfe im Sitzen predigen, dies war die antike Funktion der Kathedra als „Lehrstuhl“.

Knien drückt entweder Buße oder besondere Ehrfurcht oder intensives Bittgebet aus. In der Eucharistiefeier ist es überhaupt nicht vorgesehen,

Abbildung 2: *Die Kirche der Benediktinerabtei „Unsere Liebe Frau zu den Schotten" Wien. Der Vorsteher spricht stehend von seinem Platz, der Ambo befindet sich in der Mittelachse vor dem Altar. Der Hochaltar im Bildhintergrund wird liturgisch nicht mehr genutzt, vor ihm befindet sich der Sängerchor.*

Abbildung 3: *Kirche St. Christophorus Westerland (Sylt). Der Innenraum ist als Ellipse um die beiden Brennpunkte Ambo (im Vordergrund) und Altar (im Hintergrund) gestaltet.*

nur als Alternativoption zum Stehen vom Einsetzungsbericht bis zum Ende des Hochgebets (Kapitel 5).

Viele regionale Praktiken weichen von diesen Grundregeln ab. Dabei lebt oft noch die frühmittelalterliche Vorstellung des Kniens als Ausdruck besonders intensiver Gottesverehrung fort, kurz gesagt: Je mehr man kniet, umso besser. Zudem haben sich seit dem 16. Jahrhundert fest installierte Kirchenbänke flächendeckend verbreitet, die den Blick in eine einzige Richtung (den Hochaltar) lenken und gezielt für das Knien konstruiert wurden; größere Bewegungen sind darin kaum möglich. Die Erfahrung solcher enger und besonders für hochgewachsene Menschen schmerzhaft unbequemer Kniebänke führte aber auch zu einer völligen Gegenreaktion: Viele Menschen neigen heute dazu, in der Liturgie fast durchgehend zu sitzen, wodurch wieder eine Art Zuschauermentalität begünstigt wird.

Wichtigster biblischer und liturgischer Gebetsgestus sind die zum Himmel ausgebreiteten Arme *(Orantenhaltung)*, eigentlich zugleich mit emporgehobenem Blick. Die Orantenhaltung ist heute nur für ordinierte Vorsteher vorgesehen – die dabei aber meist nach unten in das Buch blicken, aus dem sie ablesen –; sie verbreitet sich aber zunehmend wieder als allgemeiner Gebetsgestus, beispielsweise beim Gebet des Herrn (Vaterunser). Das *Händefalten* mit aneinandergelegten Handflächen oder mit einzeln überkreuzten Fingern entstammt germanischem Brauch des Mittelalters, den Ostkirchen ist es unbekannt.

Das *Kreuzzeichen* wird an verschiedenen Stellen in der Liturgie, aber mehr noch beim privaten Gebet praktiziert: die Fingerspitzen der (rechten) Hand berühren nacheinander Stirn, Brust, linke und rechte Schulter. In den meisten östlichen Traditionen wird mit zusammengelegten Daumen, Zeige- und Mittelfinger zuerst die rechte, dann die linke Schulter berührt. Die älteste Form des Kreuzzeichens ist die Bezeichnung der Sinnesorgane oder der Handflächen als Schutz- und Segensritual; in ähnlicher Form ist das heute noch in der römisch-katholischen Eucharistiefeier am Beginn der Evangelienlesung gebräuchlich (mit der Daumenspitze auf Stirn, Mund und Brust). Ordinierte Vorsteher zeichnen bei Segensformeln das Kreuzzeichen mit der ganzen Hand in die Luft.

Die *Verneigung* des Kopfes oder des ganzen Oberkörpers ist Ausdruck von Respekt, Verehrung oder Dankbarkeit, manchmal auch des Bittgebets.

Die *Kniebeuge*, bei der der Körper aufrecht bleibt, während das (rechte) Knie den Boden berührt, ist eine westliche Eigenheit. Sie gilt ausschließlich dem Leib und Blut Christi (Kapitel 4 und 5); am Karfreitag und Karsamstag (Kapitel 10) auch dem aufgerichteten Kreuz.

Bei der *Prostratio* (lateinisch *Sich-zu-Boden-Werfen*) wird der ganze Körper mit Blick auf den Boden flach ausgestreckt, wobei der Kopf auf den Handrücken ruht. Diese Haltung war in den ersten Jahrhunderten verbreiteter als heute. Sie wird von manchen Menschen beim privaten (Bitt-)Gebet eingenommen, darüber hinaus gehört sie beispielsweise auch zur Bischofs-, Priester- und Diakonenweihe (Kapitel 11).

Aus der byzantinischen Praxis ist noch die *Metanie* erwähnenswert, bei der die rechte Hand den Boden berührt bzw. dies wenigstens andeutet *(kleine Metanie)* oder bei der man niederkniet und dann mit Stirn und Handflächen den Boden berührt *(große Metanie)*. Jeder Metanie werden Kreuzzeichen voran- und nachgestellt. In der byzantinischen Liturgie sind Metanien sehr häufig, sie vereinen in sich eine ähnliche Bedeutung wie Kreuzzeichen, Verneigung und Kniebeuge in der römischen Tradition.

Liturgische Gewänder

Gemäß der biblischen Schöpfungserzählung ist das Bedürfnis, sich zu bekleiden, Ausdruck der Sünde (Gen 2,25 und 3,7): Der Mensch hat buchstäblich etwas zu verbergen. Umgekehrt kann schöne, schmuckvolle, leuchtende Kleidung zum Ausdruck eines von der Sünde „reingewaschenen“ Menschen werden (Eph 4,24). Der getaufte Christ ist *mit Christus bekleidet* (Gal 3,27), dies kommt durch ein weißes Gewand zum Ausdruck (Offb 7,9–17).

Liturgische Kleidung hat also neben der ästhetischen Wirkung auch eine theologische Bedeutung. Die Menschen sind im Glauben „neu bekleidet“. Die Gewänder symbolisieren somit zugleich die Vorausschau auf eine zukünftige, endgültige Befreiung von der Sünde.

Albe

Das grundlegende liturgische Gewand ist die *Albe* (lateinisch *albus, weiß*), ein den Körper vom Hals bis zu den Füßen umschließendes weißes Kleid mit Ärmeln, das den getauften Menschen bezeichnet (Kapitel 11). Aus praktischen Gründen wird die Albe nicht von allen Versammelten getragen, sondern ist nur für die liturgischen Rollenträger (Kapitel 6) gedacht, aber nicht überall üblich. Zur Albe kann ein *Zingulum/Cingulum* (Gürtel) gehören. In kalten Kirchen Nordeuropas entwickelte sich aus der Albe eine heute sehr weit verbreitete Kombination, bei der die zu einem kurzen weißen *Chorrock* reduzierte Albe über einem langen geknöpften Mantel, dem *Talar*, getragen wird. Der Talar ist entweder schwarz oder er trägt die jeweilige liturgische Farbe des Tages (Kapitel 10).

Weitere Gewänder

Über der Albe tragen die Ordinierten weitere Gewänder. Ihre Geschichte reicht bis zu römischen Beamten- und Festtagsgewändern zurück. Später erhielten sie umfangreiche theologische und spirituelle Deutungen.

Der Diakon trägt die *Stola*, einen breiten Stoffstreifen, der von der linken Schulter herabfällt und an der rechten Körperseite zusammengenäht ist. In der Eucharistiefeier kann die *Dalmatik* hinzukommen, ein knielanger Überwurf mit Ärmeln.

Der Priester trägt eine Stola, die von den Schultern an der Vorderseite des Körpers parallel herabfällt. In der Eucharistiefeier kommt die *Casel* hinzu – oft *Kasel* geschrieben, auch *Messgewand* genannt –, ein ärmelloser Überwurf, der in der Geschichte zahlreiche stilistische Variationen durchlaufen hat.

Die Stola wird meist unter der Dalmatik bzw. Casel getragen und ist dann kaum sichtbar, eher neueren Typs ist dagegen die „Überstola".
Der Bischof trägt dieselbe Kleidung wie der Priester sowie zusätzlich ein *Brustkreuz (Pectorale)*, die *Mitra* als Kopfbedeckung, den *Hirtenstab (Pastorale)* als Zeichen des Leitungsamts und einen *Ring* als Ausdruck der Bindung an seine Diözese. In der Liturgie verwendet der Bischof Stab und Mitra, wenn er als Gegenüber zur Gemeinde agiert (Begrüßung, Segen, Predigt usw.); er legt sie ab, wenn er als Sprecher der Gemeinde gegenüber Gott agiert (Orationen, Hochgebet). Manche Priester dürfen bischöfliche Gewänder tragen, insbesondere Äbte (Klostervorsteher).
Über der Albe kann das *Pluviale* (auch *Chormantel* oder *Rauchmantel* genannt) getragen werden. Dieser vor der Brust verschlossene Umhang ist aus einem festlichen Regenschutz entstanden. Das Pluviale dient der größeren Feierlichkeit bei manchen nichteucharistischen Liturgien (Kapitel 8-12) und wird dann meist nur vom Vorsteher getragen, manchmal aber auch von anderen Personen, etwa der Schola (Kapitel 6).
Stola, Casel, Dalmatik und Pluviale tragen immer die Farbe des jeweiligen Tages (Kapitel 10). Das Zingulum wird von Klerikern immer in weiß getragen, von Laien manchmal auch in der Tagesfarbe.

Abbildung 4: *In der Bildmitte Bischof mit Mitra, Pectorale und Hirtenstab, zu seiner Linken und Rechten Diakone mit Dalmatik, links und rechts außen Priester mit Casel.*

Abbildung 5: *Rechts ein Priester, der gerade eine Stola über die Albe zieht, daneben drei Frauen und Männer in Albe.*

Zum Sinn liturgischer Kleidung

Vielerorts verzichtet man auf liturgische Gewänder, weil man sie als unnatürliche Verkleidung, als unangemessenen Personenkult oder als ausgrenzend empfindet. Selbstverständlich hängt es nicht von Äußerlichkeiten ab, ob Menschen sich vor Gott versammeln dürfen. Oft fehlen auch Gewänder in den passenden Größen, und besonders Frauen haben darunter zu leiden, dass für sie nur selten angemessene Gewänder bereitstehen. Trotzdem ist Kleidung von großer Bedeutung für das Zusammenspiel von innerer und äußerer Haltung. Der manchmal noch anzutreffende Brauch, vor dem Anziehen eines Gewandes ein Gebet zu sprechen, bringt zum Ausdruck, dass jeder liturgische Dienst letztlich ein Geschenk ist, religiös gesprochen: eine Berufung. Daher sollte man nicht nur über die Reduktion liturgischer Gewänder nachdenken, sondern auch in der Gegenrichtung nach ästhetischen Lösungen für verschiedene Körpergrößen, Altersstufen und Geschlechter suchen, das kreative Potenzial des Kunsthandwerks besser ausschöpfen und vor allem die Albe als Taufgewand breiter bekannt machen. Eine stilisierte Form der Albe für alle Getauften zu etablieren, ähnlich wie das Judentum *Gebetsschals* kennt, dürfte ein lohnenswertes Projekt sein.

Abbildung 6: *Bischof mit Pluviale, darunter sind Albe, weißes Zingulum, Stola und Pectorale sichtbar. Im Hintergrund zwei Ministranten in dunklem Untergewand (Talar) und stilisierter Albe (Rochett).*

Kapitel 8
Tagzeitenliturgie

Als Tagzeitenliturgie bezeichnet man eine seit dem frühen Christentum überlieferte Liturgieform, die am natürlichen Ablauf des Tages orientiert ist. In ihrer Entstehung dürfte sie auch durch jüdische Gebetspraktiken beeinflusst worden sein.

Tagzeitenliturgie – Stundengebet – Offizium – Brevier

Im Deutschen wird der Begriff *Tagzeitenliturgie* oder *Feier der Tagzeiten* bevorzugt. In der lateinischen Sprache trägt diese Liturgie seit dem Konzil den Namen *Liturgia Horarum*, also *Liturgie der Stunden*, wobei *Stunde* im Sinn von *Tageszeit* zu verstehen ist. Die einzelnen Tagzeitenliturgien werden *Horen (Stunden)* genannt. Auch *Stundengebet* oder *Stundenliturgie* sind gebräuchliche Bezeichnungen. Über viele Jahrhunderte bevorzugte man *officium* oder *officium divinum*, wörtlich *(göttlicher) Dienst* bzw. *Pflicht*; wegen der negativen Konnotationen ist man von diesem Begriff weitgehend abgekommen. Von *Brevier* (*breviarium, kurze Auflistung*) spricht man nur, wenn man die Tagzeitenliturgie nicht als gemeinschaftlich begangene Liturgie, sondern als Privatgebet beschreibt – siehe dazu unten den kurzen geschichtlichen Abriss.

Religiöse Deutung weltlicher Phänomene

Der Tagzeitenliturgie liegt ein spezieller Zugang zur Wirklichkeit zugrunde, der in der platonisch geprägten Denkwelt des frühen Christentums (Kapitel 2) besonders ausgeprägt war. Alles Weltliche kann demnach als Abbild von etwas Größerem erkannt werden: Göttliches wird durch Weltliches erfahrbar.

Ein Beispiel dafür ist die Ehe. Als dauerhafte Verbindung von Mann und Frau in Liebe und Treue, die idealerweise neues Leben hervorbringt, gibt es die Ehe in allen großen staatlichen und religiösen Kulturen – unterschiedliche Ansichten bestehen allerdings darin, ob es neben der Konstellation „ein einzelner Mann und eine einzelne Frau“ weitere Formen der Ehe geben kann und ob Ehen befristet oder beendet werden können. Im christlichen Kontext kommt aber eine besondere Deutung hinzu: Die Ehe ist zugleich Abbild der Beziehung zwischen Christus und der Kirche (Eph 5,31–32). Die Ehe bleibt also eine weltliche, objektiv wahrnehmbare Größe, wird aber zugleich zur Darstellung von etwas Göttlichem.

Ein anderes Beispiel, das den ersten Seiten der Bibel und somit den gemeinsamen Quellen des jüdischen und christlichen Glaubens entnommen ist, ist der Regenbogen. Jeder Mensch kann den Regenbogen sehen und seine Schönheit bewundern. Nach Gen 9,1–17 ist der Regenbogen als glanzvolle Verbindung zwischen Himmel und Erde zugleich eine Erinnerung an den Bund, der zwischen Gott und allen Lebewesen besteht.

In ähnlicher Weise wird im Christentum auch der natürliche Tagesablauf gedeutet. In der Tagzeitenliturgie erhält diese Deutung ihre ritualisierte Form.

Sonnenuntergang – Nacht – Sonnenaufgang – Tag

Gemäß biblischer Zeitrechnung beginnt der Tag mit dem Sonnenuntergang. Die beginnende Dunkelheit ist eine allabendliche Vergegenwärtigung von Sterben und Tod. Die nächtliche Orientierungs- und Hilflosigkeit verweist darauf, dass der Mensch sich nicht aus eigener Kraft aus dem Schicksal der Sterblichkeit befreien kann. Der Schlaf ist Abbild des Todes: der Mensch reduziert sein Bewusstsein und hat keine Gewissheit, wieder aufzuwachen.

Diese abendliche Erfahrung trifft nun auf die christliche Überzeugung, dass die Macht des Todes durch Tod und Auferstehung Jesu durchbrochen ist. Der Tod bedrängt ununterbrochen das menschliche Leben, aber er hat nicht das letzte Wort (Röm 8,35–39).

Daraus ergibt sich im frühen Christentum der zentrale rituelle Akt zur Stunde des Sonnenuntergangs. Er existiert auch außerhalb der biblischen Geisteswelt, erhält aber nun eine besondere Bedeutung. Es handelt sich um das Entzünden einer Kerze, deren Schein die Macht der nächtlichen Dunkelheit besiegt: Symbol für die Macht Jesu Christi, der den Tod überwindet (Eph 5,14). Da alle Christen in diesem Glauben verbunden sind, ist das Lichtentzünden keine Privatveranstaltung, sondern findet in einer abendlichen liturgischen Versammlung statt. Dieses rituelle Lichtentzünden heißt *Luzernar* oder *Luzernarium* (von *lux, Licht*). Es wird von textlichen Elementen (Gebeten, Gesängen, Psalmen) begleitet, die das Licht inhaltlich deuten.

Im Judentum ist das Luzernar ebenfalls bekannt, aber in einer familiären Feier zum Beginn des Schabbat angesiedelt (Kapitel 10). Das Lichtentzünden fällt in die Zuständigkeit der Mutter. Auch im frühen Christentum gibt es Belege für Luzernarien in Privatwohnungen. Die Lobgebete zum Luzernar werden im frühen griechischen Christentum bisweilen auch *eucharistia* genannt.

Die Nacht ist geprägt vom Warten auf den Sonnenaufgang. Mit dem Sonnenaufgang bricht sich das Licht seine Bahn, das alle Dunkelheit vollständig überwältigt: Abbild des triumphal auferstehenden Christus und des endgültigen Sieges des Lebens über den Tod. Den Menschen, die sich zu diesem Glauben bekennen, steht der eigene Tod allerdings erst noch bevor. Daher hat der Sonnenaufgang auch eine zukunftsweisende Bedeutung, er erinnert an das erhoffte Leben in Fülle. – Vor diesem Hintergrund erklärt sich auch, warum die Morgenstunde als Zeitansatz für die Eucharistiefeier bevorzugt wurde (Kapitel 3).

Idealerweise sollen Christen die Nacht wachend verbringen, um dem Sonnenaufgang bewusst entgegenzugehen und diesen großartigen Augenblick nicht zu verpassen (Mt 25,1–13). Da regelmäßiges nächtliches Wachen aber körperlich kaum möglich ist, beschränkt es sich in der liturgischen Praxis auf bestimmte Tage, etwa die Osternacht (Kapitel 10).

Während des Tages widmen sich die Menschen der notwendigen Arbeit, die durch regelmäßiges Gebet begleitet und strukturiert werden kann. Nur in großen Stadtgemeinden finden sich genügend Menschen, die daraus eine liturgische Versammlung machen können; ansonsten finden solche „Gebetsunterbrechungen“ eher privat statt.

Damit sind wesentliche Kernideen aus der Entstehungsgeschichte der Tagzeitenliturgie benannt: Es handelt sich um liturgische Akzentsetzungen und rituell erfahrene Deutungen bestimmter Tageszeiten. Zentral sind Sonnenuntergang und Sonnenaufgang, im Rahmen des Möglichen kommen Nachtwachen und kürzere Gebete im Laufe des Arbeitstages hinzu. Grundlage für die Ausbildung dieser Liturgieform ist der wiederkehrende Wechsel von Licht und Dunkelheit.

Zu den wichtigsten Strukturelementen der Tagzeitenliturgie gehören das schon erwähnte Luzernar, daneben Psalmen, Hymnen (also kirchliche Liedschöpfungen), biblische Lesungen, Orationen und Allgemeines Gebet. Vor allem die liturgische Nachtwache neigt dazu, viele und zum Teil sehr umfangreiche Lesungen zu integrieren. Alle Elemente werden anlassbezogen ausgewählt, um die jeweilige Tageszeit aus der Perspektive

des Glaubens zu deuten. Auffällig häufig finden sich beispielsweise Ps 63 am Morgen sowie Ps 141 und 142 am Abend.
Diese Skizze beschreibt die Entwicklung in christlichen Stadtgemeinden. Daneben gibt es aber noch eine weitere Form regelmäßigen Betens, die schon bald die Tagzeitenliturgie entscheidend prägen sollte: die Gebetspraxis im Mönchtum.

Mönchische Gebetspraxis

Die ersten Mönche und Nonnen waren Einsiedler, die ihre Existenz weitgehend auf die Pflege ihrer Gottesbeziehung im Gebet ausrichteten, in bewusster Abkehr von der städtischen Welt. Besonders stark war diese Bewegung in der Wüste Ägyptens, ihr einflussreichster Vertreter wurde Antonius der Große († 356). Im Leben der Einsiedlerinnen und Einsiedler war die Bibel – besonders das Buch der Psalmen – der wichtigste Ausgangspunkt für die Spiritualität. Mönche und Nonnen kannten alle 150 Psalmen auswendig und murmelten diese Texte ständig halblaut vor sich her. Das Ziel bestand nicht darin, anlassbezogene Akzente für den Tagesablauf oder für bestimmte Lebenssituationen zu setzen; schon gar nicht ging es darum, individuelle Kreativität im Gebet zu entwickeln. Vielmehr wollten diese Menschen sich ganz vom biblischen Wort prägen lassen, indem sie es ununterbrochen betrachteten (1 Thess 5,17).
Ab dem 3. Jahrhundert schließen sich Einsiedler zu größeren Gruppen zusammen. Es entstehen Gemeinschaften mit dauerhaften Lebensorten, den Klöstern. Im Kloster wird auch gemeinsam Liturgie gefeiert; so erhält das Meditieren der Psalmen eine ritualisierte, gemeinschaftliche Form.
Für das lateinische Mönchtum wird später der Klostergründer und -vorsteher Benedikt von Nursia (480–547) zur wichtigsten Gestalt. Nach ihm ist die *Benediktsregel* benannt: eine Lebensordnung, die ursprünglich nur für ein einziges mittelitalienisches Kloster verfasst und in weiten Teilen von der älteren *Magisterregel* abgeschrieben ist. Im Karolingerreich (Kapitel 2) wird die Benediktsregel für alle Frauen- und Männerklöster verpflichtend, sodass sie alle alternativen Klosterregeln verdrängt und überragende Bedeutung für das westliche Christentum erhält. Die Benediktsregel enthält unter anderem eine detaillierte Darstellung der klösterlichen Tagzeitenliturgie.
In den klösterlichen Tagzeiten der Benediktsregel verbindet sich die Einsiedlerpraxis der Psalmenmeditation mit dem aus den Stadtgemeinden

bekannten Raster wiederkehrender täglicher Gebetszeiten mit tageszeitbezogenen Inhalten. Über den Tag verteilt sind bei Benedikt acht Horen vorgesehen, die zum großen Teil aus Psalmen bestehen. Manche Psalmen sind aufgrund ihres Inhalts bestimmten Tageszeiten zugeordnet, alle übrigen als Bahnlesung (Kapitel 4) verteilt. Zu den Psalmen kommen weitere Elemente: Hymnen, Orationen, Lesungen, Eröffnungs- und Segensriten usw. Benedikt weist jedem Psalm einen festen Platz innerhalb eines einwöchigen Schemas zu, wobei manche Psalmen täglich an derselben Stelle stehen. Auf die acht Horen jedes Tages entfallen damit insgesamt ca. 35 Psalmen.

Mischformen aus mönchischer und städtischer Gebetspraxis

Der von Benedikt beschriebene Aufbau kann als Mischform zwischen dem Tagzeitenkonzept städtischer Gemeinden (in der Fachwissenschaft *Kathedraloffizium* genannt) und der Psalmenmeditation der Einsiedler *(monastisches Offizium)* verstanden werden. Solche Mischformen setzen sich in der gesamten römisch-katholischen Kirche durch. Benedikt war nicht ihr Erfinder, aber er hat sie sehr genau geordnet und dokumentiert. Viele Strukturelemente, die bei Benedikt vorgesehen waren, finden sich noch heute in der römisch-katholischen Tagzeitenliturgie.

Zur Geschichte der Tagzeitenliturgie im römischen Ritus

Nicht nur in Klöstern, sondern auch in großen Stadtkirchen mit vielen Klerikern (Kapitel 6) setzte sich ein Raster von acht täglichen Horen durch, auch wenn natürlich nicht alle Gemeindemitglieder zu jeder Hore in die Kirche kommen konnten. Der Schwerpunkt lag auf den Gebetszeiten zum Sonnenuntergang und Sonnenaufgang und gelegentlich auf der Nachtwache.

Im späten 1. Jahrtausend verschwand die Tagzeitenliturgie allerdings weitgehend aus dem westeuropäischen Gemeindeleben – wo sie ohnehin nie so fest etabliert war wie im Osten – und blieb fast nur in Klöstern erhalten. Dazu trugen mehrere Entwicklungen bei:

Immer häufiger wurde Eucharistie gefeiert (Kapitel 2 und 3), die Tagzeiten traten dabei in den Hintergrund. Die lateinische Sprache blieb für die Liturgie verpflichtend, wurde aber von immer weniger Menschen verstanden, sodass die liturgische Psalmenlesung für sie wenig Wert hatte. Im dünn besiedelten Nord- und Westeuropa waren tägliche Gemeindeversammlungen ohnehin viel schwieriger zu realisieren als im Mittelmeerraum. Bei alldem wurde die Liturgie auch noch zunehmend als Handlung der Priester verstanden, für die die Anwesenheit der übrigen Gemeindemitglieder letztlich irrelevant war (Kapitel 3). Ab der fränkischen Zeit wurden die meisten Mönche zu Priestern geweiht, obwohl die Magisterregel das noch strikt verboten und die Benediktsregel es nur als seltene Ausnahme vorgesehen hatte. Für die Laien entwickelten sich andere Formen regelmäßigen Betens, etwa der *Rosenkranz* oder der *Angelus* (Kapitel 12).

Parallel zu dieser Entwicklung wurden die Priester zur Einhaltung der Tagzeitenliturgie verpflichtet. Aus einer Liturgie, die ursprünglich als gemeinschaftliche Feier entlang natürlicher Zeitabläufe konzipiert worden war, wurde auf diese Weise ein „Lesebuch", das jeder Priester in seinen Alltag zu integrieren hatte: das *Brevier.* Um Arbeits- und Gebetspflichten miteinander vereinbaren zu können, gewöhnten sich viele Priester an, beispielsweise direkt nach dem Aufstehen sämtliche Horen des bevorstehenden Tages unmittelbar nacheinander zu lesen, um sich für den Rest des Tages der übrigen Arbeit widmen zu können. Priester konnten sich sogar von den Tagzeiten „freikaufen" und einen anderen Priester bezahlen, der dann alles doppelt zu beten hatte. Bei alldem vergrößerte sich der tägliche Textumfang des Breviers auch noch kontinuierlich, sodass Priester des 19. Jahrhunderts eine tägliche Textmenge zu bewältigen hatten, die deutlich größer war als die der Benediktsregel aus dem 6. Jahrhundert.

Die Inhalte von Hymnen, Orationen und Fürbitten bezogen sich immer noch auf Sonnenaufgang, Mittagshitze, Nachtruhe usw., der reale Bezug zu diesen Naturerfahrungen war aber verloren gegangen. Diese Praxis griff sogar auf viele Klöster über: Nur ein Teil der Tagzeiten wurde gemeinschaftlich begangen, und selbst die Horen, die in der Klosterkirche stattfanden, wurden oft zu völlig anderen Uhrzeiten angesetzt als es ihrem Inhalt entsprach. In Pfarrkirchen fanden die Tagzeiten nur noch sehr selten statt, auch wenn es ab dem 16. Jahrhundert verstärkt Versuche gab, sie in der Gemeindepraxis zu verbreiten, vor allem an Sonn- und Festtagen (Kapitel 10).

Ab dem 19. Jahrhundert wurden Geschichte, Sinn und Ausdrucksreichtum der Tagzeitenliturgie neu erforscht. Papst Pius X. setzte 1912 eine Reform in Kraft, die die Brevierpflicht der Priester erleichtern sollte: Durch eine neue Psalmenanordnung wurde das tägliche Gebetspensum nahezu halbiert. Gut 50 Jahre später traf das II. Vatikanische Konzil bedeutende theologische Aussagen über die Tagzeitenliturgie und beschloss eine weitere umfassende Reform, die die Tagzeiten besser entlang den Lebensumständen nicht nur der Priester, sondern aller Gläubigen ordnen sollte. Ihren Platz in der Mitte des kirchlichen Gemeindelebens hat die Tagzeitenliturgie trotz dieses ausdrücklichen Zieles des Konzils aber noch immer nicht zurückgewonnen.

Die Tagzeiten heute

Seit der Neuordnung im Jahre 1971 besteht die **Liturgia Horarum** – auf deutsch erschienen als *Stundenbuch* – aus den folgenden Horen:

Die Liturgia Horarum

Normalform der römisch-katholischen Tagzeitenliturgie; in Ordensgemeinschaften gibt es Abweichungen.

Name	Idealer Zeitansatz	Anmerkung
Laudes	Sonnenaufgang	Vergegenwärtigung der Auferstehung Jesu, starke Betonung von Erlösung und Freude. Höhepunkt ist das *Benedictus* (Lk 1,68–79).
Terz	Vormittag	
Sext	Mittag	Eine der drei Horen soll zur Unterbrechung des Arbeitsalltags ausgewählt werden. Mancherorts auch *Tageshore* oder *Mittagshore* genannt.
Non	Nachmittag	
Vesper	Sonnenuntergang	Vergegenwärtigung des Sterbens, daneben auch die Zeit von Dankbarkeit, Tagesrückblick, Hoffnung und Vertrauen. Höhepunkt ist das *Magnificat* (Lk 1,46–55).
Komplet	Vor dem Schlafengehen	Vergegenwärtigung des Todes. Die Komplet thematisiert vor allem das Vertrauen auf Gottes rettende Kraft.
Lesehore	Beliebige Uhrzeit	Aus der liturgischen Nachtwache hervorgegangen. Kennzeichnend sind die langen Lesungen aus der Bibel und der gesamten christlichen Tradition.

Struktur der einzelnen Tagzeiten in der Liturgia Horarum

Bei den *Psalmen* kann es sich auch um einzelne Abschnitte längerer Psalmen handeln.

Lesehore	Laudes	Terz / Sext / Non	Vesper	Komplet
Eröffnungsruf *O Gott, komm mir zu Hilfe …* (Ps 70,2). Die erste Tagzeit am Morgen (Lesehore oder Laudes) beginnt stattdessen mit *Herr, öffne meine Lippen …* (Ps 51,17) und dem Invitatorium (Ps 24, 67, 95 oder 100).				
Hymnus	Hymnus	Hymnus	Hymnus	Hymnus
3 Psalmen, anschließend ein Versikel	Psalm Canticum AT Psalm	3 Psalmen	Psalm Psalm Canticum NT	1 oder 2 Psalmen
Biblische Lesung	Lesung	Lesung	Lesung	Lesung
Responsorium	Responsorium	Versikel	Responsorium	Responsorium
Nichtbiblische Lesung				
Responsorium				
An Sonn- und Festtagen: Te Deum	Benedictus (Lk 1,68–79)		Magnificat (Lk 1,46–55)	Nunc dimittis (Lk 2,29–32)
	Bitten für den bevorstehenden Tag		Fürbitten	
	Gebet des Herrn		Gebet des Herrn	
Oration	Oration	Oration	Oration	Oration
Entlassung	Segen und Entlassung	Entlassung	Segen und Entlassung	Segensspruch zur Nacht

An die letzte Tagzeit am Abend (Vesper oder Komplet) wird eine *Marianische Antiphon* (Marienlied) angefügt.

Die **Laudes** eröffnen den Tag. Das Wort *laudes* (Plural von *laus, Lob*) bezeichnete ursprünglich die Psalmen 148–150, die bei Benedikt und in anderen alten Überlieferungen fester täglicher Bestand des Morgenlobs waren. Der Name ging dann auf die ganze Tagzeit über; der vollständige, aber selten verwendete Begriff lautet *laudes matutinae (morgendliche Lobgesänge).* Idealer Zeitansatz ist der Sonnenaufgang. Da sich der heutige Lebensalltag aber eher an exakten Uhrzeiten orientiert, finden die Laudes in Klöstern oder in den wenigen Gemeinden, in denen sie gefeiert werden, meist zwischen 6 und 8 Uhr statt. In Klöstern kann es noch früher sein, sofern nach den Laudes auch die Eucharistiefeier begangen wird. In gemeinschaftlich gesungener Form dauern die Laudes ca. 25 Minuten. – In Kapitel 9 werden die Laudes in einem kleinen Exkurs noch etwas näher erläutert.
Über den Tag sind die **kleinen Horen Terz**, **Sext** und **Non** verteilt. Die Namen *(dritte/sechste/neunte Stunde)* beziehen sich auf die antike Stundenzählung von Sonnenaufgang bis Sonnenuntergang und bezeichnen Vormittag, Mittag und Nachmittag, also ungefähr 9, 12 und 15 Uhr. Die kleinen Horen sind schon früh in Beziehung zur Passion Jesu gesetzt worden: Laut Mk 15,25–37 ereigneten sich Kreuzigung und Tod Jesu zwischen der dritten und neunten Tagesstunde. Terz, Sext und Non sind in der heutigen Form inhaltlich fast identisch. Laut dem Konzil soll nur eine dieser drei Horen begangen werden, je nachdem, wann sich im Arbeitsalltag die Zeit dafür findet. In gesungener Form dauert die kleine Hore ca. 10 Minuten.
Der Sonnenuntergang wird mit der **Vesper** begangen (von *vespera, Abendstern/Abendstunde).* Laudes und Vesper bilden die täglichen Angelpunkte der Tagzeitenliturgie und sind, wie das Konzil betont, die wichtigsten Horen. Sie markieren die Übergänge von der Dunkelheit ins Licht und umgekehrt. Das Konzil legte fest, dass alle Pfarrgemeinden zumindest an jedem Sonntag die Vesper feierlich singen sollten (SC 100) – in der Praxis hat das leider kaum Widerhall gefunden. Die Vesper wird in Kapitel 9 näher vorgestellt. Zeitansatz ist heute meist gegen 18 Uhr, die Dauer ist den Laudes vergleichbar.
Der Tagesablauf schließt mit der **Komplet** *(completorium, Abschluss).* Die Komplet wird ebenfalls in Kapitel 9 näher vorgestellt, sie hat ihren angemessenen Platz unmittelbar vor dem Schlafengehen. Wo sie gemeinschaftlich begangen wird, geschieht das meist zwischen 19 und

21 Uhr. Ihre Länge entspricht den kleinen Horen, manchmal wird die Komplet selber als kleine Hore bezeichnet.
Eine weitere Hore ist keiner festen Tageszeit zugeordnet: Die **Lesehore** kann und soll begangen werden, wann immer sich die passende Zeit dafür findet. Ihr Textumfang ist etwas größer als der von Laudes und Vesper. Die Lesehore ist die vom Konzil eingerichtete Nachfolgerin der **Vigil**, der oben beschriebenen liturgischen Nachtwache *(vigilia, Nachtwache)*. Schon die Magister- und die Benediktsregel hatten die Vigil nicht mitten in der Nacht, sondern sehr früh am Morgen vor Tagesanbruch angesetzt. Vigil und Laudes verschmolzen dabei bisweilen zu einem einzigen großen Morgengebet. Dies erklärt, warum der Name *Matutin (matutina, Morgenstunde)* auch heute noch manchmal für die Vigil, manchmal für die Laudes verwendet wird. Das Konzil stellte fest, dass eine regelmäßige Nachtwache nicht mit dem Lebensalltag der meisten Priester und Gemeindemitglieder vereinbar ist. Dennoch sollte die inhaltliche Besonderheit der Vigil nicht verloren gehen: längere Lesungen sowohl aus der Bibel wie auch aus der gesamten christlichen Literatur bis hinein in die Gegenwart. So entstand die Lesehore, unabhängig von der Tageszeit und mit auffällig langen biblischen und nichtbiblischen Lesungen.
In vielen Klöstern wird auch heute noch die Vigil begangen, entweder am frühen Morgen vor den Laudes oder schon am vorausgehenden Abend. Die abendliche Form der Vigil kann an Sonn- und Festtagen sehr ausgedehnt und rituell sehr feierlich gestaltet sein. Der im 11. Jahrhundert entstandene Orden der Kartäuser ist der einzige, der die Vigil mitten in der Nacht hält. Kartäuserinnen und Kartäuser unterbrechen dafür ihren Schlaf und versammeln sich gegen Mitternacht in der Klosterkirche, wo ihre Vigil ca. 90 Minuten dauert.
Viele katholische Ordensgemeinschaften haben heute eigene Tagzeitenordnungen, die von der Liturgia Horarum abweichen. Vor dem Konzil waren solche Unterschiede relativ gering, heute sind sie wieder deutlicher erkennbar und bezeugen unterschiedliche Lebensumstände, liturgische Traditionen und spirituelle Schwerpunktsetzungen innerhalb der katholischen Kirche.

Gemeinschaftsliturgie und Privatgebet in den christlichen Kirchen

Auch wenn die Tagzeitenliturgie immer noch weitgehend als „Lesebuch der Priester“ oder als Eigenheit des Ordenslebens erscheint, ist sie doch

Sacrosanctum Concilium zur Tagzeitenliturgie

84. Das Stundengebet ist nach alter christlicher Überlieferung so aufgebaut, dass der gesamte Ablauf des Tages und der Nacht durch Gotteslob geweiht wird. [...]

85. Alle, die das vollbringen, erfüllen eine der Kirche obliegende Pflicht und haben zugleich Anteil an der höchsten Ehre der Braut Christi; denn indem sie Gott das Lob darbringen, stehen sie im Namen der Mutter Kirche vor dem Throne Gottes.

88. Da die Heiligung des Tages Ziel des Stundengebetes ist, soll die überlieferte Folge der Gebetsstunden so neugeordnet werden, dass die Horen soweit wie möglich ihren zeitgerechten Ansatz wiedererhalten. [...]

89. [...] a) Die Laudes als Morgengebet und die Vesper als Abendgebet, nach der ehrwürdigen Überlieferung der Gesamtkirche die beiden Angelpunkte des täglichen Stundengebetes, sollen als die vornehmsten Gebetsstunden angesehen und als solche gefeiert werden.

[...] c) Die sogenannte Matutin soll zwar im Chor den Charakter als nächtliches Gotteslob beibehalten, aber so eingerichtet werden, dass sie sinnvoll zu jeder Tageszeit gebetet werden kann. Sie soll aus weniger Psalmen und längeren Lesungen bestehen. [...]

90. Bei alledem bleibt das Stundengebet als öffentliches Gebet der Kirche auch Quelle der Frömmigkeit und Nahrung für das persönliche Beten. Deshalb werden die Priester und alle anderen, die am Stundengebet teilnehmen, eindringlich im Herrn gemahnt, dass dabei das Herz mit der Stimme zusammenklinge. Um das besser verwirklichen zu können, sollen sie sich eine reichere liturgische und biblische Bildung aneignen, zumal was die Psalmen betrifft. [...]

91. Damit die in Art. 89 vorgesehene Folge der Gebetsstunden auch wirklich eingehalten werden kann, sollen die Psalmen nicht mehr auf eine Woche, sondern auf einen längeren Zeitraum verteilt werden. [...]

94. Wenn der Tagesablauf wirklich geheiligt und die Horen selber mit geistlicher Frucht gebetet werden sollen, werden sie besser zu einer Zeit vollzogen, die möglichst nahe an die eigentliche Stunde einer jeden kanonischen Hore herankommt.

99. [Es ist] vorzuziehen, dass man das Stundengebet [...] im Chor oder in Gemeinschaft singt, soweit das möglich ist.

100. Die Seelsorger sollen darum bemüht sein, dass die Haupthoren, besonders die Vesper an Sonntagen und höheren Festen, in der Kirche gemeinsam gefeiert werden. Auch den Laien wird empfohlen, das Stundengebet zu verrichten, sei es mit den Priestern, sei es unter sich oder auch jeder einzelne allein.

gemäß ihrem Inhalt, ihrer Entstehung und ihrer theologischen Bedeutung eine gemeinschaftliche Liturgie der ganzen Kirche. Sie bildet neben der Eucharistiefeier die zweite Grundform der regelmäßigen liturgischen Versammlung.
In evangelischen Gemeinden wird die Tagzeitenliturgie ähnlich wenig gepflegt wie in katholischen. Anglikaner und Altkatholiken kennen die Tagzeiten als festen Bestand des Gemeindelebens. Hohe Bedeutung hat etwa der anglikanische **Evensong**: eine Kombination aus Vesper und Komplet, die in großen Kirchen allabendlich oder zumindest an Sonn- und Festtagen mit aufwändigem Chorgesang gefeiert wird. In orthodoxen Gemeinden – dort zählt man den Tag von Sonnenuntergang bis Sonnenuntergang – wird am Samstagabend die Vesper begangen und am Sonntagmorgen die Eucharistiefeier, der die Laudes (griechisch *Orthros*) vorausgehen können. In Klöstern aller christlicher Konfessionen bildet die Tagzeitenliturgie das Grundraster des Tagesablaufs. Als Verpflichtung für Kleriker gibt es sie ausschließlich in der römisch-katholischen Kirche.

Kapitel 9
Vesper und Komplet

In diesem Kapitel sollen die beiden abendlichen Tagzeiten Vesper und Komplet näher vorgestellt werden, ein kleiner Exkurs führt auch zu den Laudes. Terz, Sext und Non lassen sich dann leicht selbst erschließen. Die Besonderheiten der Lesehore bzw. Vigil wurden bereits in Kapitel 8 skizziert.

Erste Vesper und Zweite Vesper

Abweichend von der biblischen Stundenzählung, die sich im Judentum und in den Ostkirchen bis heute erhalten hat, zählt man im westlichen Christentum den Tag von Mitternacht bis Mitternacht. Somit bildet die Vesper den liturgischen Abschluss des (Sonnen-)Tages. Es gibt aber einen bedeutenden Fall, in dem die biblische Zählweise auch in den Westkirchen ihre Spuren hinterlassen hat: Sonntage beginnen liturgisch nämlich bereits mit dem vorausgehenden Samstagabend. (Das ist auch die Begründung für mancherorts weit verbreitete *Vorabendmessen*: Die Eucharistiefeier des Sonntags kann bereits am Samstagabend stattfinden.)
So hat jeder Sonntag eine **1. Vesper** (am Samstagabend) und eine **2. Vesper** (am Sonntagabend). Der Sonntag hat also zwei liturgische Abende, während der vorausgehende Samstag buchstäblich abbricht, um der 1. Sonntagsvesper Platz zu machen.

Alte Elemente: Luzernar und Weihrauchdarbringung

Markantestes Element der Vesper war in frühester Zeit das Luzernar (Kapitel 8), manche alten Quellen nennen die Vesper sogar insgesamt *lucernarium*. Während östliche Riten der Lichtsymbolik auch heute noch großen Raum geben, ist das Luzernar im Westen in der Mitte des 1. Jahrtausends verloren gegangen, als es üblich wurde, die Vesper schon vor Sonnenuntergang abzuschließen (siehe unten die Erläuterungen zur Komplet). Damit hatte der Lichtritus seine Bedeutung verloren. In jüngster Zeit werden Luzernarien wieder vermehrt kultiviert und auch für den

Beginn der Vesper empfohlen, fester Bestand der liturgischen Ordnung sind sie aber nicht. Nur an einer einzigen Stelle hat sich das Luzernar im römischen Ritus als festes Element erhalten, nämlich am Beginn der Osternachtsfeier (Kapitel 10).
Ein weiteres frühkirchliches Abendritual war das Verbrennen von Weihrauch, verbunden mit Psalm 141. Laut diesem Psalm steigt das Gebet des Menschen vor Gott *wie Weihrauch auf* und das *Erheben der Hände* ist *wie ein Abendopfer.* Auch dieser Brauch ging verloren, Weihrauch wurde nur noch zur rituellen Bereicherung anderer Teile der Vesper verwendet.

Eröffnung

Der Eröffnungsruf lautet *O Gott, komm mir zu Hilfe – Herr, eile mir zu helfen* (Ps 70,2) gefolgt von der Doxologie *Ehre sei dem Vater und dem Sohn und dem Heiligen Geist, wie im Anfang, so auch jetzt und allezeit und in Ewigkeit. Amen (Halleluja).* Nach ihren lateinischen Anfangsworten heißt sie *Gloria Patri*, mittlerweile spricht man im Deutschen auch vom *Ehre sei.* Die Eröffnung wird von der Vorsteherin oder dem Vorsteher angestimmt (Kapitel 6), die Tagzeitenliturgie kann jederzeit ohne Ordinierte gefeiert werden.

Hymnus

Hymnen sind kirchliche Poesie, oft in Reim- und Strophenform. Viele Hymnen stammen aus den ersten Jahrhunderten. Frühkirchliche Hymnen greifen neben biblischen Motiven auch antike philosophische Schlagworte und religiöse Mythologien auf und interpretieren sie aus christlicher Perspektive. Das Verständnis dieser Hymnen erfordert umfangreiches geistesgeschichtliches Vorwissen, und es ist nahezu unmöglich, sie angemessen ins Deutsche zu übersetzen. Die in der *Liturgia Horarum* bzw. im *Stundenbuch* (Kapitel 8) vorgesehenen Hymnen dürfen vor diesem Hintergrund in der Gemeindepraxis jederzeit durch andere Kirchenlieder ersetzt werden. Der Hymnus führt thematisch in den Anlass der Vesper ein: sei es die Abendstunde als solche, sei es ein Festtag oder eine bestimmte Zeit des Kirchenjahres (Kapitel 10).
Die Stellung des Hymnus im Ablauf der Horen ist nach dem Konzil vereinheitlicht worden, sodass er nun in jeder Hore den Charakter eines Eröffnungsliedes einnimmt. In klösterlicher Tagzeitenliturgie findet man den Hymnus aber auch heute noch bisweilen an späterer Stelle: Die

Der Ablauf der Vesper

Eröffnungsriten	
Eröffnungsruf	*O Gott, komm mir zu Hilfe. Herr, eile mir zu helfen. Ehre sei ...* (Ps 70,2)
Hymnus	Als „Eröffnungsgesang" der Vesper bezieht sich der Hymnus inhaltlich entweder auf die Tageszeit (Sonnenuntergang, Lichtsymbolik, Beginn der Nacht) oder auf einen Festtag oder eine besondere Zeit des Kirchenjahres (Kapitel 10).
Betrachtung des Wortes Gottes *Dieser Teil wird für gewöhnlich im Sitzen begangen, alle anderen im Stehen*	
Psalm	
Psalm	
Canticum aus dem Neuen Testament	
Kurzlesung	Traditionell nur ein einziger biblischer Vers, seit dem Konzil gibt es häufiger Lesungen, die mehrere Verse umfassen.
Responsorium	Wechselgesang, der in der Regel das Thema der Kurzlesung weiterführt.
(Homilie)	Wird die Vesper als Gemeindefeier begangen, kann hier eine Predigt folgen.
Lob und Bitte als Antwort auf das Wort Gottes	
Magnificat	Lk 1,46–55.
Fürbitten	In Aufbau und Inhalt dem Allgemeinen Gebet der Eucharistiefeier vergleichbar.
Gebet des Herrn	Vaterunser.
Oration	An manchen Tagen auf die Abendstunde bezogen, an anderen Tagen identisch mit dem Tagesgebet der Eucharistiefeier.
Segen und Entlassung	
Segen	Unterschiedliche Segensformeln für Ordinierte und Laien.
Entlassung	*Gehet hin in Frieden* (oder *Singet Lob und Preis*). – *Dank sei Gott, dem Herrn.*

Kirche geht dann sozusagen zuerst rituell durch die Schule der Bibel (siehe unten Psalmodie und Lesung), eher sie ihre eigene Poesie (Hymnen) hervorbringt.

Psalmodie

Größter Textblock der Vesper ist die Psalmodie: eine Abfolge biblischer Texte, die gemeinsam gesungen oder von einer Kantorin, einem Kantor oder einer Schola (Kapitel 6) vorgetragen werden. Die Psalmodie ist dreiteilig: Bei den ersten beiden Teilen handelt es sich um biblische Psalmen, der dritte Teil ist ein neutestamentliches *Canticum*: ein psalmähnlicher Text aus dem Neuen Testament. – Sowohl das griechische *psalmos* als auch das lateinische *canticum* bedeuten *Lied*. Während *Psalm* zum Fachbegriff für das biblische Buch der 150 Psalmen wurde, werden poetische Texte anderer biblischer Bücher als *Cantica* bezeichnet.
Längere Psalmen werden für die liturgische Verwendung in Abschnitte geteilt, jeder Abschnitt wird dann wie ein vollständiger Psalm behandelt.

Antiphonales Singen

Die Psalmodie wird meist auf zwei Gruppen aufgeteilt (zum Beispiel Schola und Gemeinde oder linke Seite/rechte Seite). Die einzelnen Psalmverse werden abwechselnd von beiden Gruppen gesungen. Diese Gesangsform heißt *antiphonal (wechselchörig)*, wobei jeder Psalm von einer *Antiphon (Kehrvers)* umrahmt wird.
Die Melodien werden *Psalmtöne* genannt. Viele Psalmtöne gehen auf den Gregorianischen Choral (Kapitel 2) zurück. Sie zeichnen sich dadurch aus, dass jeder Psalmvers durch eine Atempause in zwei Teile geteilt wird. Die dabei entstehende körperliche Dynamik darf als wichtigste westkirchliche liturgische „Meditationstechnik“ gelten. Abwechselnd rufen die beiden Gruppen einander das Wort Gottes zu, sie sind zuerst Hörende, dann Verkündende, dann wieder Hörende usw., in einem Rhythmus von Anspannung und Entspannung, Einatmen und Ausatmen. Wo diese Gesangsform gelingt, wird die Psalmodie zu einer intensiven ganzheitlichen Erfahrung. Wechselseitiges Vorlesen und privates stilles Lesen können diese Erfahrung nicht abbilden, die in mittelalterlichen Auslegungen als Ausdruck und Einübung der Nächstenliebe gedeutet wird. Das Konzil gab der gemeinschaftlichen Tagzeitenfeier den Vorzug vor dem individuellen Brevierbeten (Kapitel 8) und dem Singen den Vorzug vor dem Sprechen.

Responsoriales Singen

Im Unterschied zum antiphonalen Singen folgt das *responsoriale Singen* derselben Rollenaufteilung wie beim Antwortpsalm der Eucharistiefeier (Kapitel 4): Eine Kantorin, ein Kantor oder eine Schola singt den Psalm vor, alle anderen fügen nach jedem Abschnitt einen Antwortruf ein, das *Responsum*.

In der römisch-katholischen Tagzeitenliturgie ist responsoriale Psalmodie eine Randerscheinung, obwohl sie für ungeübte Gruppen die bessere Singmethode ist. Sie setzt nur die Kenntnis eines einzigen Verses voraus, der noch dazu mehrfach wiederholt wird. Nur die Kantoren müssen den eigentlichen Psalmtext vorbereitet haben. Diese Rollenaufteilung ist die älteste Form liturgischen Gesangs. Sie ließ sich kultivieren, als nur wenige Menschen lesen und schreiben konnten. Auch die Propriumsgesänge der Eucharistiefeier (Kapitel 4) sind so entstanden.

Psalmen als Gebete?

Die Psalmen galten im frühen Christentum nicht als *Gebete, die man an Gott richtet*, sondern als *Lesungen, die zum Gebet anregen*. So konnte auf jeden Psalm eine Zeit des stillen Gebetes folgen, die durch ein vom Vorsteher vorgetragenes Gebet *(Psalmoration)* abgeschlossen wurde. Im Laufe des 1. Jahrtausends verschwanden Gebetsstille und Psalmoration. Die Psalmen wurden ohne Pause aneinandergereiht, jeder Psalm wurde mit einem *Gloria Patri* beendet – vermutlich ein historisches Überbleibsel der Psalmoration.

Gegen das *Gloria Patri* wird heute Kritik vorgebracht: Die Psalmen sind alttestamentliche Texte, im Judentum werden sie ohne jeden Bezug auf Jesus Christus verwendet und verstanden. Das *Gloria Patri*, in dem der Sohn Gottes eigens erwähnt wird, ist dann Ausdruck einer christlichen Vereinnahmung der Psalmen und kommt einer Enteignung des Judentums gleich. Auf der anderen Seite wird argumentiert, dass die christliche Interpretation der Psalmen keineswegs einer jüdischen Interpretation die Berechtigung abspricht und dass das *Gloria Patri* auf eine Perspektive der Hoffnung und Dankbarkeit verweist, die kennzeichnend für das christliche Bekenntnis ist, auch in Auseinandersetzung mit existenziellen Nöten, wie sie in vielen Psalmen zum Ausdruck kommen.

Je nachdem, welche sprachliche Form und welchen Inhalt ein Psalm hat, können verschiedene Dimensionen im Vordergrund stehen. Psalmen sind *biblische Lesungen*: als solche können sie Ausdruck tiefer menschlicher Erfahrungen sein, sie dürfen auch herausfordern und irritieren. Psalmen sind *Gegenstand der Meditation*: als solche können sie den Menschen in seiner inneren Haltung prägen. Einige Psalmen können auch als *Gebete an Gott* gerichtet werden: sie sind dann Vorbild für das liturgische und private Gebet in Freude, Trauer, Verzweiflung und Dankbarkeit.

Lesung und Responsorium

Die folgende biblische (Kurz-)Lesung ist ein „Gedankenanstoß“, der manchmal nur einen einzigen Bibelvers umfasst. Danach folgt ein *Responsorium (Wechselgesang)*, bei dem ein Vers vorgesungen, in Abschnitten wiederholt, mit einem zweiten Vers kombiniert und mit dem *Gloria Patri* abgeschlossen wird.

Homilie

Es kann nun eine Homilie eingefügt werden. Neben Bischöfen, Priestern und Diakonen können auch die in Kapitel 6 genannten Predigerinnen und Prediger hier ihren Dienst ausüben.

Magnificat

Höhepunkt der Vesper ist das *Magnificat*. Es handelt sich um ein *canticum evangelicum*: einen psalmähnlichen Text aus einem der vier Evangelien. Mit *Hoch preist meine Seele den Herrn …* besingt Maria, die Mutter Jesu, in Lk 1,46–55 den Gott Israels. Zum Magnificat können Altar und Versammlung beweihräuchert werden. In der Musikgeschichte spielen Vertonungen des Magnificat eine bedeutende Rolle. Weil der Text aus dem Mund Marias stammt, heißt das Magnificat auch *Lobgesang Marias/Mariens*.

Das Magnificat hat dabei keinen inhaltlichen Bezug zum Sonnenuntergang. Der byzantinische Ritus verwendet es nicht im Abend-, sondern im Morgenlob.

Fürbitten – Gebet des Herrn – Oration – Segen – Entlassung

Die abschließenden Elemente sind typisch für den Schlussteil vieler Liturgien: Auf Fürbitten, die dem Allgemeinen Gebet der Eucharistiefeier vergleichbar sind (Kapitel 4), folgt das Gebet des Herrn (Vaterunser). Die anschließende Oration nimmt auf die Abendstunde Bezug, an Sonn- und Festtagen verwendet man stattdessen das Tagesgebet der Eucharistiefeier. Segen und Entlassung beenden die Vesper, es kann noch die *Marianische Antiphon* wie am Ende der Komplet folgen (siehe unten).

Vierwochenpsalter

Von wenigen Ausnahmen abgesehen kommt jeder Psalm mindestens einmal innerhalb von vier Wochen in der Tagzeitenliturgie vor. Dieses Schema heißt *Vierwochenpsalter*, darin werden die Wochen von 1 bis 4 durchnummeriert. Der Vierwochenpsalter legt nicht nur die Psalmodie fest, sondern auch Kurzlesungen, Hymnen, Orationen usw. An Festtagen und in besonderen Zeiten des Kirchenjahres (Kapitel 10) wird vom Vierwochenpsalter abgewichen. Die umfangreichen Lesungen der Lesehore folgen keinem vierwöchigen Schema, sondern sind über zwei Jahre verteilt.

Ein wichtiger Hinweis zur Psalmenzählung: Das hebräische Alte Testament zählt die Psalmen anders als die griechische und die davon abgeleitete lateinische Fassung. Die unterschiedlichen Nummerierungen ergeben sich, weil an unterschiedlichen Stellen zwei Psalmen zusammengezogen bzw. ein Psalm in zwei geteilt ist. Die römisch-katholische Kirche verwendete lange Zeit die griechisch-lateinische Zählung. Nach dem Konzil sind die liturgischen Bücher ebenso wie die katholische und evangelische Bibelwissenschaft zur hebräischen Zählung übergegangen. Bei den meisten Psalmen ist die hebräische Nummer um eins höher als die griechisch-lateinische. Wenn also hier von Psalm 110 die Rede ist, findet sich derselbe Psalm in älterer sowie bis heute in ostkirchlicher Literatur als Psalm 109. Zur Klarstellung wird auch die Schreibweise 110 (109) oder 109 (110) verwendet.

Seite 124 zeigt die Psalmen und Cantica der Vesper im Vierwochenpsalter. Auch ohne die Inhalte der Psalmen zu kennen, lassen sich einige Beobachtungen machen: Psalm 110 steht in jeder Woche in der 2. Sonntagsvesper, demnach hat dieser Psalm eine herausragende Bedeutung für das christliche Sonntagsverständnis (Kapitel 10). Die 2. Sonntagsvesper hat ein eigenes Canticum für die Österliche Bußzeit (Kapitel 10), auch hier ist somit von einer inhaltlichen Beziehung des Textes zu dieser besonderen Zeit des Kirchenjahres auszugehen.

An den Werktagen der 4. Woche (rechte Spalte) erkennt man das Gestaltungsprinzip der Bahnlesung: Am Montag steht Psalm 136 – in zwei Hälften geteilt –, am Dienstag folgen 137 und 138, am Mittwoch 139. Nach einer Lücke in der Zählung folgen am Donnerstag Psalm 144 und

Psalmen und Cantica der Vesper im Vierwochenpsalter

	1. Woche	2. Woche	3. Woche	4. Woche
1. Sonntagsvesper (Samstag)	Ps 141 Ps 142	Ps 119 XIV Ps 16	Ps 113 Ps 116 II	Ps 122 Ps 130
	Phil 2,6–11			
2. Sonntagsvesper (Sonntag)	Ps 110			
	Ps 114	Ps 115	Ps 111	Ps 112
	Offb 19,1–17, in der Österlichen Bußzeit (Kapitel 10) 1 Petr 2,21–24			
Montag	Ps 11 Ps 15	Ps 45 I Ps 45 II	Ps 123 Ps 124	Ps 136 I Ps 136 II
	Eph 1,3–10			
Dienstag	Ps 20 Ps 21	Ps 49 I Ps 49 II	Ps 125 Ps 131	Ps 137 Ps 138
	Offb 4–5 (in Auszügen)			
Mittwoch	Ps 27 I Ps 27 II	Ps 62 Ps 67	Ps 126 Ps 127	Ps 139 I Ps 139 II
	Kol 1,12–20			
Donnerstag	Ps 30 Ps 32	Ps 72 I Ps 72 II	Ps 132 I Ps 132 II	Ps 144 I Ps 144 II
	Offb 11–12 (in Auszügen)			
Freitag	Ps 41 Ps 46	Ps 116 I Ps 121	Ps 135 I Ps 135 II	Ps 145 I Ps 145 II
	Offb 15,3–4			

am Freitag 145. Man darf davon ausgehen, dass keine besonderen inhaltlichen Bezüge zum Wochentag oder zur Abendstunde gegeben sind: Die Psalmen wurden einfach als Bahnlesung verteilt. Die Lücke von 140 bis 143 müsste sich dadurch erklären lassen, dass diese Psalmen aus inhaltlichen Gründen anderen Horen zugeordnet sind. So ist es tatsächlich: Psalm 141 und Psalm 142 stehen in der 1. Sonntagsvesper der 1. Woche (links oben in der Tabelle). Dieser prominente Platz würdigt ihre liturgiegeschichtliche Bedeutung als weit verbreitete Vesperpsalmen sowohl in westlichen wie auch in östlichen Riten. Die Psalmen 140 und 143 sind in der Tabelle nicht zu sehen, sie sind aus inhaltlichen Gründen anderen Horen zugeordnet. – In dieser Weise lassen sich Psalmenverteilungen durch die gesamte Geschichte der Tagzeitenliturgie in Ost und West erforschen. Sie geben immer auch ein Zeugnis davon, welche Psalmen als besonders wichtig galten und wie sie im christlichen Kontext gedeutet wurden.

Kurzum: Der Aufbau des Vierwochenpsalters wird nur aus der „Vogelperspektive" verständlich. Wählt man eine einzelne Vesper des Vierwochenpsalters aus, darf man nicht immer mit inhaltlichen Zusammenhängen zwischen den Psalmen und Cantica und allen übrigen Elementen rechnen. Die Zusammenstellung mag vielmehr völlig willkürlich erscheinen. Aus diesem Grund gibt es neben dem *Stundenbuch* auch das Gebet- und Gesangbuch *Gotteslob* mit einer Sammlung thematisch zusammenhängender Vespern beispielsweise für verschiedene Zeiten des Kirchenjahres (Kapitel 10).

Laudes

Die Laudes haben dieselbe Struktur wie die Vesper. Die Psalmodie umfasst Psalm – alttestamentliches Canticum – Psalm. Das Pendant zum Magnificat ist das *Benedictus* (Lk 1,68–79). An Stelle des Fürbittgebets („für andere") stehen Bitten um das Gelingen des bevorstehenden Tagwerks („für uns"). Eröffnen die Laudes den Tag, so beginnen sie mit dem Ruf *Herr, öffne meine Lippen, damit mein Mund dein Lob verkünde* (Ps 51,17) und dem *Invitatorium* (meist Ps 95).

Im 1. Jahrtausend waren die Laudes wichtiger als die Vesper. Die theologische Gewichtung hat sich aber im Laufe der Zeit zur Vesper verschoben.

Komplet

Als es zwischen dem 4. und 6. Jahrhundert in Klöstern üblich wurde, die Vesper bereits vor Sonnenuntergang zu feiern und anschließend noch bei Tageslicht das Abendessen einzunehmen, entstand die Komplet als „Gebet auf der Bettkante". Sie wurde im Klosterschlafsaal unmittelbar vor der Nachtruhe gehalten. Die Komplet verlief allabendlich gleich, sodass die Nonnen und Mönche sie nach kurzer Zeit auswendig kannten. Im Gegensatz zur Vesper war die Komplet ein eher schlichtes Ritual, dessen Inhalte in den Schlaf als Sinnbild des Todes überleiteten. Im Zentrum standen die Psalmen 4, 91 und 134. In diesen Psalmen geht es um das

Die Komplet in verschiedenen Epochen

Benediktsregel (6. Jahrhundert)	von 1912 bis 1971	seit 1971
Abendessen und Geistliche Lesung	Eröffnungssegen Eröffnungslesung 1 Petr 5,8–9	*O Gott, komm mir zu Hilfe…* (Ps 70,2)
	Schuldbekenntnis	ggfs. Schuldbekenntnis
	O Gott, komm mir zu Hilfe… (Ps 70,2)	Hymnus nach Wochentag wechselnd
Psalmodie Ps 4 Ps 91 Ps 134	Psalmodie Sa: Ps 88, 103 So: Ps 4, 91, 134 Mo: Ps 6, 7 Di: Ps 12, 13, 16 Mi: Ps 34, 61 Do: Ps 70, 71 Fr: Ps 77, 86	Psalmodie Sa: Ps 4, 134 So: Ps 91 Mo: Ps 86 Di: Ps 143 Mi: Ps 31,2–6, 130 Do: Ps 16 Fr: Ps 88
Kurzlesung	Kurzlesung Jer 14,9	Kurzlesung nach Wochentag wechselnd
Versikel	Responsorium *In deine Hände lege ich voll Vertrauen meinen Geist* (Ps 31,6)	Responsorium *In deine Hände lege ich voll Vertrauen meinen Geist* (Ps 31,6)
	Nunc dimittis (Lk 2,29–32)	Nunc dimittis (Lk 2,29–32)
Kyrie eleison	Kyrie eleison Gebet des Herrn Fürbitten	
	Oration *Suche heim diese Wohnung…*	Oration nach Wochentag wechselnd
Segen	Segen	Segen
Nächtliches Schweigen	Marianische Antiphon	Marianische Antiphon

Vertrauen auf Gott in der Nacht, aber auch um den Kampf zwischen guten und bösen Mächten. Es ist von Engeln und Dämonen, Löwen und Schlangen die Rede. Diese traum- und alptraumhaften Bilder drücken sowohl die Zerbrechlichkeit des menschlichen Lebens aus als auch die Überzeugung, dass am Ende alle bösen Mächte den Kampf gegen Gott verlieren.

In der heutigen Form wird die Komplet genauso eröffnet wie die Vesper. Es kann ein Schuldbekenntnis mit Vergebungsbitte folgen: zweifellos eine sinnvolle Form von Tagesabschluss. Darauf folgen Hymnus und Psalmodie nach einem einwöchigen Schema, die Psalmodie besteht aus zwei kürzeren oder einem längeren Psalm. Die drei ältesten Kompletpsalmen sind heute auf Samstagabend (Ps 4 und 134) und Sonntagabend (Ps 91) verteilt, können aber wahlweise auch an anderen Wochentagen gewählt werden. Es folgen Kurzlesung (nach einwöchigem Schema) und Responsorium (täglich unverändert). Das einwöchige Schema wurde von Papst Pius X. im Jahr 1911 eingeführt und nach dem Konzil noch einmal verändert. Zuvor bestand die Kompletpsalmodie täglich aus den Psalmen 4, 91 und 134, die im späten 1. Jahrtausend noch um Ps 31,2–6 ergänzt worden waren.

Wie Laudes und Vesper hat die Komplet einen eigenen Hauptgesang, das *Nunc dimittis* (Lk 2,29–32). Nachdem er im neugeborenen Jesus seinen Erlöser erkannt hat, legt der greise Prophet Simeon sein Leben vertrauensvoll in Gottes Hand: *Nun lässt du, Herr, deinen Knecht, wie du gesagt hast, in Frieden scheiden*. Das Nunc dimittis ist der deutlichste Hinweis auf das Todesmotiv, es gehört allerdings nicht zu den ältesten Elementen der Komplet. Es ist eher in alten Formen der Vesper nachweisbar, wo es auch im byzantinischen Ritus bis heute zu finden ist. Dies ist ein Hinweis auf eine frühe Phase der Liturgiegeschichte, in der die Vesper zugleich in die Nachtruhe überleitete und es die Komplet noch nicht gab.

Die Oration wechselt je nach Wochentag. Die Segensformel wird auch von Ordinierten in der Form „für uns“, nicht „für euch“ gesprochen – im Angesicht des Todes endet gewissermaßen jede kirchliche Amtsautorität. Seit dem 13. Jahrhundert schließt die *Marianische Antiphon* an, ein Marienhymnus, passend zum Kirchenjahr (Kapitel 10).

Kapitel 10
Kirchenjahr

Der liturgische Kalender wird *Kirchenjahr* oder *Herrenjahr* genannt. Neben jährlichen Festtagen spielt dabei die Sieben-Tage-Woche und hier besonders der Sonntag die entscheidende Rolle. Im römischen Ritus werden alle Daten nach dem 1582 eingeführten *gregorianischen Kalender* bestimmt, der auch in der bürgerlichen Welt gebräuchlich ist. Die meisten Ostkirchen verwenden den älteren *julianischen Kalender* oder eine Mischform aus beiden Kalendern, die *meletianisch* oder *neo-julianisch* genannt wird (Kapitel 2), manchmal auch recht ungenau *neo-orthodox* oder nur *orthodox*.

Anlässe für Festtage und Festzeiten

Christliche Feste thematisieren biblische Ereignisse, Personen aus Bibel und Kirchengeschichte *(Heiligenfeste)* oder bestimmte Glaubensinhalte *(Ideenfeste)*. Die meisten biblisch rückgebundenen Feste sind sehr alt und theologisch zentral. Die Liste der Heiligenfeste variiert von Bistum zu Bistum, zum Teil sogar von Pfarrei zu Pfarrei. Manche Ideenfeste haben erhebliche kulturgeschichtliche Bedeutung.

Die Akzentuierung eines Festes geschieht durch die Textauswahl für Eucharistiefeier und Tagzeiten, während die Grundstruktur der Liturgien in aller Regel unverändert bleibt. Jedes Fest gibt der Liturgie also einen thematischen Fokus. Dennoch geht es immer um die christliche Existenz im Ganzen. Feste lassen sich daher nur im Kontext des gesamten Glaubens angemessen verstehen.

Ostern – Osterfestkreis

Das zentrale Ereignis im Kirchenjahr ist das Osterfest, an dem die Auferstehung Jesu am dritten Tag seit seiner Kreuzigung gefeiert wird (Lk 24,1–12.44–48). Dieses Fest beschränkt sich nicht auf einen einzigen Tag, sondern es umfasst auch eine Vorbereitungszeit und eine Entfaltungszeit. So entsteht der *Osterfestkreis*, der mit seinen fast 100 Tagen mehr als ein Viertel des gesamten Jahres ausmacht.

Osterfestkreis

40 (Werk-)Tage vor Ostern	Aschermittwoch, Beginn der Österlichen Bußzeit
- 6 Wochen	1. Sonntag der Österlichen Bußzeit
- 5 Wochen	2. Sonntag der Österlichen Bußzeit
- 4 Wochen	3. Sonntag der Österlichen Bußzeit
- 3 Wochen	4. Sonntag der Österlichen Bußzeit
- 2 Wochen	5. Sonntag der Österlichen Bußzeit
- 1 Woche	Palmsonntag, Beginn der Heiligen Woche (Lk 19,28–40)
Donnerstag der Heiligen Woche	Hoher Donnerstag (Gründonnerstag) (1 Kor 23–26, Joh 13,1–15), Beginn des Österlichen Triduums
Freitag der Heiligen Woche	Karfreitag (Joh 18–19)
Samstag der Heiligen Woche	Karsamstag
Sonntag nach dem ersten Frühlingsvollmond	Hochfest der Auferstehung Jesu Christi (Ostersonntag) (Lk 24,1–12), Beginn der Osteroktav, Beginn der Osterzeit
+ 1 Woche	2. Ostersonntag (Weißer Sonntag)
+ 2 Wochen	3. Ostersonntag
+ 3 Wochen	4. Ostersonntag
+ 4 Wochen	5. Ostersonntag
+ 5 Wochen	6. Ostersonntag
Donnerstag (40. Tag der Osterzeit)	Christi Himmelfahrt (Lk 24,46–53)
+ 6 Wochen	7. Ostersonntag
+ 7 Wochen (50. Tag der Osterzeit)	Hochfest des Heiligen Geistes (Pfingsten) (Apg 2,1–11), Abschluss der Osterzeit
+ 8 Wochen	Hochfest der Dreifaltigkeit, seit dem 9. Jahrhundert
Donnerstag	Hochfest des Leibes und Blutes Christi (Fronleichnam), seit dem 13. Jahrhundert
+ 9 Wochen	Sonntag im Jahreskreis
Freitag	Hochfest des Heiligsten Herzen Jesu, seit dem 17./19. Jahrhundert

Aschermittwoch – Österliche Bußzeit

Die Vorbereitungszeit heißt *Österliche Bußzeit* oder *Fastenzeit*. Ihr lateinischer Name ist *Quadragesima* (von *quadraginta, vierzig*), ohne die Sonntage umfasst sie 40 Tage. Die Zahl 40 hat in der Bibel eine große Bedeutung im Kontext menschlicher Neuorientierung: Nach 40 Jahren erreicht das aus Ägypten geflohene Volk Israel das von Gott verheißene Land, und Jesus verbrachte vor seinem öffentlichen Wirken 40 Tage in der Wüste (Mt 4,1–11).

Die Österliche Bußzeit beginnt mit dem *Aschermittwoch* als einem Tag ernster Auseinandersetzung mit Schuld und Vergänglichkeit. In der Eucharistiefeier, der Tagzeitenliturgie oder in anderem Rahmen wird das *Aschenkreuz* gespendet: eine kreuzförmige Bezeichnung der Stirn oder des Scheitels mit Asche als Erinnerung an Sterblichkeit und Sünde.

Die Österliche Bußzeit geht auf zwei frühkirchliche Gewohnheiten zurück: Für erwachsene Taufkandidaten (Kapitel 11) waren die 40 Tage vor Ostern die letzte Phase ihrer Vorbereitung auf die Taufe. Zur selben Zeit bereiteten sich Gemeindemitglieder, die aufgrund schwerer Verfehlungen von der Eucharistie ausgeschlossen waren (Kapitel 3), auf ihre Wiederaufnahme in die eucharistische Gemeinschaft vor. Beide Praktiken gingen schon in der Mitte des 1. Jahrtausends verloren, die 40-Tage-Zeit wurde zu einer „allgemeinen Besinnungszeit“ für die ganze Kirche. Alle sind aufgefordert, die eigene Lebensführung zu prüfen und ihr Leben bewusst auf das Wesentliche auszurichten. Dies geschah früher durch präzise Speise- und Verhaltensregeln, heute liegt die Gestaltung stärker in der Verantwortung der Einzelnen. Selbstreflexion, Fokussierung der Lebensführung sowie Verzicht auf Genuss und Rausch sind in vielen Religionen Methoden der inneren Reinigung und der Vorbereitung auf besondere Feste.

In den biblischen Lesungen der Österlichen Bußzeit spielen die Themenfelder Buße und Umkehr sowie das Motiv des Wassers bzw. der Taufe eine besondere Rolle. Bis zur Osternacht (siehe unten) verzichtet der römische Ritus auf das Wort *Halleluja*, das entweder ganz wegfällt (in der Tagzeitenliturgie) oder durch einen anderen Ruf ersetzt wird (in der Eucharistiefeier). An den Sonntagen der Österlichen Bußzeit entfallen das Gloria der Eucharistiefeier und das Te Deum der Lesehore.

Palmsonntag – Heilige Woche

Am Sonntag vor Ostern beginnt die *Heilige Woche*, im Deutschen auch *Karwoche* genannt (althochdeutsch *kara, Trauer*). Die Liturgie der Heiligen Woche bildet die im Neuen Testament geschilderte Ereignisabfolge ab. Im 4. Jahrhundert wurde es in Jerusalem üblich, sich vor allem gemäß dem Lukasevangelium und der Apostelgeschichte zu den passenden Zeiten an den biblischen Orten zu versammeln, dort Liturgie zu feiern und die entsprechenden Bibeltexte zu lesen. Die Jerusalemer Praxis verbreitete sich in der ganzen Welt und prägt bis heute alle großen christlichen Traditionen.

Der Sonntag vor Ostern heißt *Palmsonntag*. Namensgebend ist das Evangelium Lk 19,28–40, die Datierung ergibt sich aus Joh 12,1. Der Einzug Jesu in Jerusalem, von Menschen mit Palmzweigen begleitet, wird zu Beginn der Eucharistiefeier rituell nachvollzogen.

Hoher Donnerstag – Karfreitag – Karsamstag

Der Donnerstag der Heiligen Woche heißt *Hoher Donnerstag* oder *Gründonnerstag*, die Herkunft des Wortbestandteils *grün* ist unklar. Am Abend beginnt das Österliche Triduum oder **Triduum Paschale**, wörtlich die *drei österlichen Tage*, im Deutschen auch *Heilige Drei Tage* genannt. Die Zahl drei bezieht sich auf Freitag, Samstag und Sonntag; der Donnerstagabend ist nach biblischer Zählung der Beginn des Freitags.

Die Eucharistiefeier des Gründonnerstags steht im Zeichen des Abendmahls (Lk 22,14–23) und der Fußwaschung (Joh 13,1–20), in der Jesus seine Existenz als Diener der Menschen deutet. Im Anschluss an die Homilie kann eine rituelle Fußwaschung stattfinden.

Der *Karfreitag* ist dem Leiden Jesu am Kreuz bis zu seinem Tod gewidmet. Es wird keine Eucharistiefeier begangen. Die *Liturgie vom Leiden und Sterben Christi* beginnt idealerweise zur Todesstunde Jesu um 15 Uhr. Wichtigste biblische Lesung ist der lange Evangelienabschnitt von der Auslieferung Jesu bis zu seinem Tod (Joh 18–19). Es folgen die *Großen Fürbitten*: Allgemeines Gebet in der alten Vollform der Oration (Kapitel 5). Aus Jerusalem wurde die rituelle Kreuzverehrung übernommen, deren Begleitgesänge den Tod Jesu als Sieg über das Böse deuten. Als Abschluss ist eine Kommunionspendung vorgesehen, für die eucharistisches Brot vom Gründonnerstag aufbewahrt wird.

Der Karfreitag ist entgegen dem ersten Anschein kein Trauertag, sondern ein in österlichem Bewusstsein gefeiertes Gedenken der Lebens-

hingabe Jesu um der Menschen willen. Typisch für die Karfreitagsliturgie sind ihre reduzierten Ausdrucksformen: Stille (besonders zum Einzug), karge Kirchenraumgestaltung und weitgehender Verzicht auf Instrumentalmusik.
Der *Karsamstag* hat im römischen Ritus ebenfalls keine Eucharistiefeier, es gibt ausschließlich die Tagzeitenliturgie. Zentrale Motive sind einerseits Tod und Grabesruhe Jesu, andererseits die „Höllenfahrt“: Christus befreit die ihm vorausgegangenen Gerechten aus der Unterwelt und beginnt seinen Triumphzug über den Tod.

Osternacht

Höhepunkt der christlichen Liturgie ist die Feier der Osternacht von Karsamstag auf Ostersonntag. Wird sie unverkürzt gefeiert, dauert sie etwa zweieinhalb Stunden. Sie wird in der Dunkelheit angesetzt: am Beginn, in der Mitte oder am Ende der Nacht.
Der Ostersonntag ist definiert als Sonntag nach dem ersten Frühlingsvollmond, der Termin liegt frühestens am 22. März, spätestens am 25. April.
Die Osternachtsfeier besteht aus Luzernar (Kapitel 8), Vigil (Kapitel 8), Tauffeier (Kapitel 11) und Eucharistischer Liturgie (Kapitel 4). Nach jahrhundertelanger Marginalisierung wurde die Osternacht erst in der Mitte des 20. Jahrhunderts wieder als jährliche Hauptliturgie römisch-katholischer Gemeinden etabliert.
Das Luzernar preist Christus als Sieger über die Dunkelheit des Todes. Hauptelemente des Luzernars sind die Prozession mit der Osterkerze in die dunkle Kirche und das *Exsultet* (siehe S. 134), ein poetisch reichhaltiger und mit umfangreichen biblischen Motiven versehener Huldigungsgesang auf das Licht. Es schließt sich die Vigil mit sieben alttestamentliche Lesungen an, auf die jeweils Psalm und Oration folgen. Diese Texte stellen die Osternacht in den Kontext der biblischen Heilsgeschichte von der Schöpfung bis zu prophetischen Heilsverheißungen. Es folgen eine neutestamentliche Lesung, das Halleluja und das Auferstehungsevangelium (z. B. Lk 24,1–12). Danach schließt sich eine Taufe (Kapitel 11) oder ein gemeinsames Taufgedächtnis an, anschließend beginnt die Eucharistische Liturgie mit der Gabenbereitung. Die Eucharistie der Osternacht ist vor allem im frühen Christentum klar als Ritual des Fastenbrechens erkennbar (Kapitel 3).

Osternacht

Luzernar

Segnung des Feuers und Bereitung der Osterkerze
Prozession in die Kirche mit dem Ruf
Lumen Christi – Deo gratias (Das Licht Christi – Dank sei Gott)
Exsultet (siehe S. 134)

Vigil

Lesung Gen 1,1–2,2, Psalm 104 [ ], Oration
Lesung Gen 22,1–18, Psalm 16 [ ], Oration
Lesung Ex 14,15–15,1, Canticum Ex 15,1–18 [ ], Oration
Lesung Jes 54,5–14, Psalm 30 [ ], Oration
Lesung Jes 55,1–13, Canticum Jes 12,2–6, Oration
Lesung Bar 3,9–15.32–4,4, Psalm 19,8–12, Oration
Lesung Ez 36,16–17a.18–28, Ps 42/43 [ ], Oration

Übergang zur Eucharistiefeier

Gloria
Tagesgebet
Lesung Röm 6,3–11
Halleluja
Evangelium Mt 28,1–10 (Lesejahr A), Mk 16,1–7 (B), Lk 24,1–12 (C)
Homilie

Taufe oder Taufgedächtnis

Eucharistische Liturgie
beginnend mit der Gabenbereitung (Kapitel 4)

In einer sehr frühen Phase war das Osterfest das einzige jährliche christliche Fest. Es wurde liturgisch eine ganze Nacht lang gefeiert und war sowohl dem Leiden und Tod als auch der Auferstehung Jesu gewidmet. Dieses Fest wurde zeitgleich mit dem jüdischen Pesachfest begangen, oder besser gesagt: Es handelte sich um das Pesachfest mit einer neuen, spezifisch christlichen Deutung. Wichtigste Grundlage für Pesach ist Ex 13–15: Die israelitischen Familien im ägyptischen Exil schlachteten und aßen ein Lamm und bestrichen die Türrahmen ihrer Häuser mit dessen Blut. Das Blut wurde zum Erkennungszeichen derer, die in der folgenden Nacht aus der Sklaverei gerettet wurden. Christen bezogen diese alttestamentliche Befreiungserzählung nun auf Jesus: In ihm sahen sie das Pesachlamm (1 Kor 5,7), die vernichteten Truppen des Pharao wurden zu Bildern von Sünde und Tod.

Exsultet

Vorsänger: Frohlocket, ihr Chöre der Engel, frohlocket, ihr himmlischen Scharen, lasset die Posaune erschallen, preiset den Sieger, den erhabenen König! Lobsinge, du Erde, überstrahlt vom Glanz aus der Höhe! Licht des großen Königs umleuchtet dich. Siehe, geschwunden ist allerorten das Dunkel. Auch du freue dich, Mutter Kirche, umkleidet von Licht und herrlichem Glanze! Töne wider, heilige Halle, töne von des Volkes mächtigem Jubel. [...]

Vorsänger: Erhebet die Herzen. – *Alle:* Wir haben sie beim Herrn.

Vorsänger: Lasset uns danken dem Herrn, unserm Gott. – *Alle:* Das ist würdig und recht.

Vorsänger: In Wahrheit ist es würdig und recht, den verborgenen Gott *(1 Tim 6,16)*, den allmächtigen Vater, mit aller Glut des Herzens zu rühmen und seinen eingeborenen Sohn, unsern Herrn Jesus Christus, mit jubelnder Stimme zu preisen. Er hat für uns beim ewigen Vater Adams Schuld bezahlt *(1 Kor 15,22)* und den Schuldbrief ausgelöscht mit seinem Blut, das er aus Liebe vergossen hat *(Offb 1,5)*.

Gekommen ist das heilige Osterfest, an dem das wahre Lamm geschlachtet ward *(1 Kor 5,7)*, dessen Blut die Türen der Gläubigen heiligt *(Ex 12,7)* und das Volk bewahrt vor Tod und Verderben *(Ex 12,13)*.

Dies ist die Nacht, die unsere Väter, die Söhne Israels, aus Ägypten befreit und auf trockenem Pfad durch die Fluten des Roten Meeres geführt hat *(Ex 14)*. Dies ist die Nacht, in der die leuchtende Säule das Dunkel der Sünde vertrieben hat *(Ex 13,21 f)*. Dies ist die Nacht, die auf der ganzen Erde alle, die an Christus glauben, scheidet von den Lastern der Welt, dem Elend der Sünde entreißt, ins Reich der Gnade heimführt und einfügt in die heilige Kirche. Dies ist die selige Nacht, in der Christus die Ketten des Todes zerbrach und aus der Tiefe als Sieger emporstieg. Wahrhaftig, umsonst wären wir geboren, hätte uns nicht der Erlöser gerettet *(1 Kor 15,12–20)*. O unfassbare Liebe des Vaters: Um den Knecht zu erlösen, gabst du den Sohn dahin *(Röm 8,32)*! O wahrhaft heilbringende Sünde des Adam, du wurdest uns zum Segen, da Christi Tod dich vernichtet hat *(1 Kor 15,22)*. O glückliche Schuld, welch großen Erlöser hast du gefunden *(Tit 2,14)*! O wahrhaft selige Nacht, dir allein war es vergönnt, die Stunde zu kennen, in der Christus erstand von den Toten. Dies ist die Nacht, von der geschrieben steht: „Die Nacht wird hell wie der Tag, wie strahlendes Licht wird die Nacht mich umgeben." *(Ps 139,11 f)*. Der Glanz dieser heiligen Nacht nimmt den Frevel hinweg, reinigt von Schuld, gibt den Sündern die Unschuld, den Trauernden Freude. Weit vertreibt sie den Hass, sie einigt die Herzen und beugt die Gewalten

In dieser gesegneten Nacht, heiliger Vater, nimm an das Abendopfer unseres Lobes *(Ps 141,2)*, nimm diese Kerze entgegen als unsere festliche Gabe! Aus dem köstlichen Wachs der Bienen bereitet, wird sie dir dargebracht von deiner heiligen Kirche durch die Hand ihrer Diener. So ist nun das Lob dieser kostbaren Kerze erklungen, die entzündet wurde am lodernden Feuer zum Ruhme des Höchsten. Wenn auch ihr Licht sich in die Runde verteilt hat, so verlor es doch nichts von der Kraft seines Glanzes. Denn die Flamme wird genährt vom schmelzenden Wachs, das der Fleiß der Bienen für diese Kerze bereitet hat. O wahrhaft selige Nacht, die Himmel und Erde versöhnt, die Gott und Menschen verbindet! Darum bitten wir dich, o Herr: Geweiht zum Ruhm deines Namens, leuchte die Kerze fort, um in dieser Nacht das Dunkel zu vertreiben. Nimm sie an als lieblich duftendes Opfer, vermähle ihr Licht mit den Lichtern am Himmel. Sie leuchte, bis der Morgenstern erscheint *(2Petr 1,19)* jener wahre Morgenstern, der in Ewigkeit nicht untergeht: dein Sohn, unser Herr Jesus Christus, der von den Toten erstand *(Offb 22,16)*, der den Menschen erstrahlt im österlichen Licht; der mit dir lebt und herrscht in Ewigkeit.

Alle: Amen.

Im 4. Jahrhundert setzte sich dagegen die Praxis durch, das christliche Osterfest nicht zum Pesachtermin zu feiern, sondern es stets an einem Sonntag als dem Wochentag der Auferstehung Jesu (Lk 24,1) anzusetzen und zu einer Drei-Tages-Feier auszudehnen. Aus *Pesach mit christlicher Deutung* wurde das *christliche Auferstehungsfest vor dem Hintergrund des Pesach*: Ex 13 ist heute Lesung am Gründonnerstag, Ex 14–15 in der Osternacht.
Leider ist es vielerorts üblich, die Zahl der alttestamentlichen Lesungen in der Ostervigil erheblich zu reduzieren, sodass der biblische Kontext des Osterfestes nur in drastisch verkürzter Form dargestellt wird. Es war Jesus selbst, der auf das Alte Testament als wichtigsten Verständnishintergrund für seine Botschaft verwies (Lk 24,44).

Osteroktav – Osterzeit

Mit der Osternacht beginnt die 50-tägige *Osterzeit*. Es handelt sich um die Vervielfachung des Wochenschemas: 7 mal 7 Tage inklusive des folgenden Sonntags. Die Zahl 7 ist in der Bibel das Symbol der Vollkommenheit. Hohen Stellenwert hat die erste Woche, die *Osteroktav (octo, acht)*. Schon das biblische Judentum feierte hohe Feste eine ganze Woche lang (Lev 23,33–36). Die Osteroktav endet mit dem *Weißen Sonntag*, benannt nach den Taufgewändern, die von Neugetauften eine Woche lang getragen wurden (Kapitel 7 und 11). Viele liturgische Texte der Osterzeit greifen die Taufthematik auf. An die Stelle der alttestamentlichen Lesung der Eucharistiefeier tritt immer ein Abschnitt der Apostelgeschichte.
In die Osterzeit fallen zwei weitere bedeutende Feste: Entsprechend Apg 1,9–11 wird am 40. Tag – dem Donnerstag der 6. Osterwoche – *Christi Himmelfahrt* gefeiert. Der abschließende Sonntag der Osterzeit, also der 50. Tag, ist der Herabkunft des Heiligen Geist gewidmet (Apg 2). Nach dem griechischen Wort *pentekoste* für *fünfzig* heißt dieser Tag *Pfingsten*. Der im deutschsprachigen Raum folgende Pfingstmontag ist ein Überrest jener Zeit, als Pfingsten wiederum mit einer eigenen Oktav begangen wurde.
Außerhalb der Osterzeit liegen drei weitere Feste mit österlichem Bezug: Seit dem 9. Jahrhundert wird der Sonntag nach Pfingsten als *Dreifaltigkeitsfest* begangen, lateinisch *Trinitatis*. Das im 13. Jahrhundert entstandene *Hochfest des Leibes und Blutes Christi* (*Fronleichnam*, wörtlich *Herrenleib,* zum Begriff *Hochfest* siehe unten) am zweiten Donnerstag nach Pfingsten ist der Gegenwart Jesu im eucharistischen Brot und Wein gewid-

met. Das *Herz-Jesu-Fest* am dritten Freitag nach Pfingsten thematisiert die göttliche Liebe im Bild der offenen Seite des Gekreuzigten (Joh 19,34). Dieses Fest war ab dem 17. Jahrhundert regional verbreitet und wurde im 19. Jahrhundert für den gesamten römischen Ritus eingeführt.

Weihnachten – Weihnachtsfestkreis – Epiphanie

Es gibt ein zweites Fest mit Vorbereitungs- und Entfaltungszeit: Die *Geburt Jesu Christi (Weihnachten)* am 25. Dezember, die sich zum *Weihnachtsfestkreis* erweitert. Alle Phasen des Weihnachtsfestkreises sind in unterschiedlicher Weise der göttlichen Zuwendung zum Irdischen gewidmet. Alles Vergängliche wird von Gott her mit Würde und Bedeutung versehen, die aus eigener Kraft nie erlangt werden könnten: Die Begrenzung von Raum und Zeit wird überstiegen, nicht als Menschenwerk, sondern allein aus Gottes Macht. Für den 25. Dezember als Weihnachtsdatum gibt es keine biblische Begründung. Der Zusammenhang mit der Wintersonnenwende, die in der Antike traditionell auf den 25. Dezember datiert wurde, dürfte aber eine entscheidende Rolle gespielt haben.
Vier Sonntage vor dem 25. Dezember beginnt der *Advent* (lateinisch *Ankunft*). Lesungen und Orationen verdeutlichen die christliche Zukunftsorientierung, konkret die Erwartung der Wiederkunft Christi zu Vollendung der Welt. In den Eucharistiefeiern der Adventsonntage entfällt das Gloria. Während sich im römischen Ritus die Anzahl von vier Adventsonntagen durchgesetzt hat, kennen andere Riten (Kapitel 2) anders bemessene Vorbereitungszeiten auf Weihnachten.
Der Beginn des Kirchenjahres wird mit dem 1. Adventssonntag angesetzt, auf den ersten Seiten der liturgischen Bücher findet sich also immer der Advent. Die Heiligenfeste (siehe unten) werden in der Regel beginnend mit dem 1. Januar angegeben. In der Liturgie- und Kalendergeschichte gab es aber auch andere Daten für den Jahresanfang, beispielsweise den 25. Dezember, den 25. März oder den Ostersonntag. Der byzantinische Ritus beginnt die liturgischen Bücher mit der vorösterlichen Fastenzeit, die Reihe der Heiligenfeste beginnt in der Regel mit dem 1. September, dem Jahresbeginn in der byzantinischen Verwaltungspraxis.
Die *Weihnachtszeit* reicht vom 25. Dezember bis zum Sonntag nach dem 6. Januar. Weihnachten wird mit einer Eucharistiefeier in der Nacht vom 24. zum 25. Dezember eröffnet *(Christmette)*, Evangelium ist Lk 2,1–14 von der Geburt Jesu. In der Eucharistiefeier des 25. Dezembers wird

Weihnachtsfestkreis

4. Sonntag vor dem 25. Dezember	1. Advent, Beginn der Adventszeit
3. Sonntag vor dem 25. Dezember	2. Advent
2. Sonntag vor dem 25. Dezember	3. Advent
Sonntag vor dem 25. Dezember	4. Advent
24. Dezember	Heiligabend (kann zugleich auf den 4. Advent fallen)
25. Dezember	Hochfest der Geburt des Herrn (Weihnachten) (Lk 2,1–14, Joh 1,1–18), Beginn der Weihnachtszeit, Beginn der Weihnachtsoktav
Weihnachtsoktav	Die Weihnachtsoktav enthält weitere Feste, deren Liturgie sich mit der Weihnachtsmotivik verbindet: Stephanus (26. Dezember, Apg 6–7), Johannes (27. Dezember, Apostel und Evangelist), Unschuldige Kinder (28. Dezember, Mt 2,16–18), Fest der Heiligen Familie (am Sonntag der Weihnachtsoktav oder am 30. Dezember)
1. Januar	Oktavtag von Weihnachten, Hochfest der Gottesmutter Maria, Evangelium von der Beschneidung und Namensgebung Jesu (Lk 2,21)
6. Januar	Hochfest der Erscheinung des Herrn (Epiphanie, Mt 2,1–12)
Sonntag nach dem 6. Januar	Fest der Taufe des Herrn (Lk 3,21–22), Abschluss der Weihnachtszeit, Beginn der 1. Woche im Jahreskreis

Herrenfeste im Zusammenhang mit Weihnachten

2. Februar	Darstellung des Herrn (Lk 2,22–40, 40. Tag seit Weihnachten)
25. März	Verkündigung des Herrn (Lk 1,26–38), 9 Monate vor Weihnachten

Joh 1,1–18 gelesen: der Beginn des Johannesevangeliums, der Christus als das vor aller Schöpfung grundgelegte Wort Gottes und als Licht in der Dunkelheit deutet.

In die Weihnachtszeit fallen weitere Feste, von denen hier nur drei genannt seien:
Der 1. Januar schließt die *Weihnachtsoktav* ab. Die meisten christlichen Traditionen feiern diesen Tag im Gedenken der Beschneidung und Namensgebung Jesu (Lk 2,21). Die römisch-katholische Kirche hat den 1. Januar im Jahr 1960 allerdings zum *Hochfest der Gottesmutter Maria* erklärt, wobei nach wie vor das Evangelium von der Beschneidung und Namensgebung Jesu gelesen wird. Am 6. Januar folgt *Erscheinung des Herrn* (griechisch *Epiphanie*) mit der Huldigung des Neugeborenen durch die Sterndeuter (Mt 2,1–12), in der späteren Tradition *drei Könige* genannt. Am Sonntag nach dem 6. Januar endet der Weihnachtsfestkreis mit dem Fest der *Taufe des Herrn* (Mk 1,9–11).
Als Weihnachten im 4. Jahrhundert entstand, wurde es im Westen überwiegend am 25. Dezember, im Osten am 6. Januar gefeiert. Daraus entwickelte sich fast überall ein Doppelfest. Das Fest des heiligen Stephanus (Apg 6–9) am 26. Dezember ist übrigens älter als Weihnachten. Der byzantinische Ritus gedenkt am 25. Dezember sowohl der Geburt Jesu als auch des Besuchs der Sterndeuter, am 6. Januar der Taufe Jesu. Der armenische Ritus feiert ausschließlich den 6. Januar. Da das armenische Christentum dieses Datum anhand des julianischen Kalenders berechnet (Kapitel 2), fällt das Fest auf den „bürgerlichen“ 19. Januar.

Jahreskreis

Die Zeit außerhalb von Oster- und Weihnachtsfestkreis heißt seit der letzten Liturgiereform *Jahreskreis*. Der Jahreskreis umfasst 34 Wochen (Kapitel 4). Am 1. Sonntag wird das oben genannte Fest der Taufe des Herrn begangen, am 34. Sonntag das *Christkönigsfest*. Dieses Bekenntnis zur Herrschaft Jesu Christi entstand erst im 20. Jahrhundert.

Weitere Feste

Es gibt zahlreiche weitere Feste, die allermeisten haben fixe Kalenderdaten. Feste, die sich direkt auf Jesus beziehen, heißen *Herrenfeste*, beispielsweise *Verklärung des Herrn* (Mk 9,2–10) am 6. August. Viele Herrenfeste sind schon früh bezeugt, ihre Kalenderdaten ergeben sich oft aus den Weihetagen von Kirchen an den entsprechenden biblischen Orten.
Marienfeste feiern biblische oder außerbiblische Überlieferungen aus dem Leben der Mutter Jesu (zum Beispiel die Geburt am 8. September oder die *Aufnahme Mariens in den Himmel* am 15. August).

Heiligenfeste entstammen dem frühchristlichen Brauch, den Todestag von Märtyrern (Kapitel 2) durch eine Eucharistiefeier, möglichst am Grab, zu würdigen. Über viele Entwicklungsstufen hinweg entwickelte sich daraus das regionale oder weltweite Gedenken von Frauen und Männern, die als Glaubensvorbilder verehrt werden. Im 2. Jahrtausend wurde ein formalisiertes Verfahren der kirchlichen Selig- und Heiligsprechung eingeführt, das die regionale bzw. weltweite Verehrung ordnet. Hinzu kommen Festtage für biblische Heilige, etwa die Apostel. Auch Heilige aus dem Alten Testament wurden schon früh liturgisch verehrt, nicht jedoch in der Stadt Rom. In Anlehnung an diese stadtrömische Praxis verschwanden alttestamentliche Heiligenfeste spätestens nach dem Konzil von Trient (Kapitel 3) fast überall aus der römisch-katholischen Liturgie; heute wird vielfach ihre Rekultivierung gefordert. Für die meisten Heiligenfeste existieren keine vollständigen liturgischen Textzusammenstellungen. Stattdessen verwendet man *Commune-Formulare (communis, gemeinsam)*, die einer ganzen Gruppe von Heiligen zugeordnet sind, zum Beispiel *Commune für heilige Bischöfe* oder *Commune für heilige Märtyrinnen*.

Hochfest – Fest – Gedenktag

Jedem Fest ist ein Rang zugeordnet, dadurch wird eine theologische Gewichtung vorgenommen. Es gibt *Hochfeste, Feste* und *Gedenktage*. – Der Begriff *Fest* ist also doppeldeutig: Manchmal bezeichnet er die mittlere der drei Rangstufen, manchmal dient er als Oberbegriff für alle drei.
Hochfeste werden wie Sonntage begangen: Sie haben eigene Texte für Eucharistiefeier und Tagzeitenliturgie, beginnen mit einer *1. Vesper* am vorausgehenden Abend (Kapitel 9) und ihre Eucharistiefeier wird mit Gloria und Credo gefeiert (Kapitel 4). Je nach Zählweise und regionalen Besonderheiten gibt es pro Jahr ca. 20 Hochfeste.
Feste (im Sinn der mittleren Rangstufe) haben eigene Eucharistiefeiern und Tagzeiten (zum Teil in Form eines *Commune*, siehe oben), aber keine 1. Vesper. Ihre Eucharistiefeier ist aufgebaut wie an Werktagen, nur das Gloria kommt hinzu. Es gibt etwa 30–35 Feste.
Gedenktage gibt es nahezu täglich, meist handelt es sich um Heiligengedenktage. Es gibt *gebotene* und *nicht gebotene* Gedenktage: Bei Letzteren entscheiden die Feiernden selbst, ob sie sie begehen möchten oder nicht. An Gedenktagen kann zwischen den liturgischen Texten des Gedenktags und denen des jeweiligen Wochentags (z.B. Mittwoch der

18. Woche im Jahreskreis) ausgewählt werden, nur das Tagesgebet der Eucharistiefeier ist immer vom Gedenktag.

Sonntag

Der Sonntag als *Tag des Herrn* (Offb 1,10) ist die wöchentliche Erneuerung des Osterfestes. Laut dem Konzil ist der Sonntag *Fundament und Kern des ganzen liturgischen Jahres* (SC 106). Schon früh wurde er zum wichtigsten Termin für die Eucharistiefeier (Kapitel 3). Nach Gen 1 ist der Sonntag der erste Schöpfungstag und somit der erste Tag der Sieben-Tage-Woche. Zugleich ist er der Beginn jeder neuen Woche, somit *achter Tag* und Ausdruck der „neuen Schöpfung", der erlösten Welt, die in der Auferstehung Christi vorausgebildet ist. – Die Zahl acht spielt eine große Rolle in der christlichen Symbolik, etwa im Bau achteckiger Taufbecken oder Kirchengebäude.

Das Konzil hat die liturgische Stellung des Sonntags gestärkt. Beim kalendarischen Zusammentreffen des Sonntags mit einem liturgischen Festtag wird daher die Liturgie des Sonntags gefeiert, nicht die des Festes; ausgenommen sind nur Hochfeste und einige weitere Sonderfälle. Hochfeste, die auf einen Sonntag im Advent oder im Osterfestkreis fallen, werden auf einen nahegelegenen Werktag verlegt, auf dieselbe Weise werden auch Heilige Woche und Osteroktav von anderen Hochfesten freigehalten.

In großer Spannung zu den Konzilsaussagen steht die 1969/70 neu gefasste, an vorkonziliare Ordnungen angelehnte Regelung, wonach Epiphanie, Christi Himmelfahrt und Fronleichnam in Regionen, in denen sie keine staatlichen Feiertage sind, auf den Sonntag verlegt werden. In ähnlicher Weise können auch andere Hochfeste, bei denen mit großer Gemeindebeteiligung zu rechnen ist – beispielsweise das Patrozinium einer Pfarrkirche – am Sonntag gefeiert werden.

Auch wenn diese Begrifflichkeit in den liturgischen Büchern so nicht verwendet wird, kann man den Sonntag selbst als Hochfest bezeichnen, eigentlich sogar als das grundlegendste aller Hochfeste. In der Gemeindepraxis ist dies aber vielen Liturgieverantwortlichen nicht bewusst, die stattdessen versuchen, jedem Sonntag ein eigenes Thema oder einen selbstgewählten Titel hinzuzufügen, so als wäre der Sonntag für sich genommen noch kein ausreichender Feieranlass. Auch Päpste und Bischofskonferenzen haben manche Sonntage mit zusätzlichen Mottos oder Einladungen zu bewusstseinsbildenden Aktionen versehen („Bibel-

Hochfeste und Feste am Beispiel des Bistums Innsbruck

Fettdruck bedeutet Hochfest. Der Kalender enthält Feste der weltweiten römisch-katholischen Kirche, Feste des deutschen Sprachgebiets und Feste der Diözese Innsbruck.

1. 1.	**Gottesmutter Maria (1960 eingeführt)**
6. 1.	**Erscheinung des Herrn (Mt 2,1–12)**
	Taufe des Herrn (Lk 3,21–22) am Sonntag nach dem 6. 1.
25. 1.	Bekehrung des Apostels Paulus (Apg 9,1–31)
2. 2.	Darstellung des Herrn (Lk 2,22–40)
14. 2.	Cyrill und Methodius (Patrone Europas, 9. Jh.)
22. 2.	Kathedra Petri (Petrus als Leiter der Kirche Roms)
24. 2.	Matthias (Apostel)
19. 3.	**Josef (Bräutigam Marias)**
25. 3.	**Verkündigung des Herrn (Lk 1,26–38)**
25. 4.	Markus (Evangelist)
27. 4.	**Petrus Canisius (Patron der Diözese Innsbruck, 16. Jh.)**
29. 4.	Katharina von Siena (Kirchenlehrerin, Patronin Europas, 14. Jh.)
3. 5.	Philippus und Jakobus (Apostel)
24. 6.	**Geburt Johannes des Täufers (Lk 1–3)**
29. 6.	**Petrus und Paulus (Apostel)**
2. 7.	Mariä Heimsuchung (Lk 1,39–56)
3. 7.	Thomas (Apostel)
11. 7.	Benedikt von Nursia (Patron Europas, 6. Jh.)
22. 7.	Maria Magdalena (Joh 20,1–18)
23. 7.	Birgitta von Schweden (Patronin Europas, 14. Jh.)
25. 7.	**Jakobus (Apostel, Patron der Domkirche Innsbruck)**
6. 8.	Verklärung des Herrn (Lk 9,28–36)
9. 8.	Theresia Benedicta vom Kreuz (Edith Stein) (Patronin Europas, 20. Jh.)
10. 8.	Laurentius (Diakon, Märtyrer in Rom, 3. Jh.)
15. 8.	**Mariä Aufnahme in den Himmel (seit 5. Jh. bezeugt)**
24. 8.	Bartholomäus (Apostel)
8. 9.	Mariä Geburt
9. 9.	Jahrestag der Weihe des Innsbrucker Domes (18. Jh.)
12. 9.	Name Mariens
14. 9.	Kreuzerhöhung (Auffindung des Kreuzes Jesu durch Helena in Jerusalem, 4. Jh.)
21. 9.	Matthäus (Apostel und Evangelist)
29. 9.	Michael, Gabriel und Raphael (Erzengel, Lk 1,26)
18. 10.	Lukas (Evangelist)
28. 10.	Simon und Judas (Apostel)
1. 11.	**Allerheiligen (seit 12. Jh. an diesem Datum)**
2. 11.	Allerseelen (allgemeines Totengedenken, seit 10. Jh., eigene liturgische Ordnung außerhalb der üblichen Festränge)
9. 11.	Weihetag der Lateranbasilika (römische Bischofskirche, 4. Jh.)
	Christkönig am 34. Sonntag im Jahreskreis (20. Jh.)
30. 11.	Andreas (Apostel)

8. 12.	**Ohne Erbsünde empfangene Jungfrau und Gottesmutter Maria (1871 zum Dogma erklärt)**
25. 12.	**Geburt des Herrn (Weihnachten, Lk 2,1–10)**
26. 12.	Stephanus (erster Märtyrer, Apg 6–7)
27. 12.	Johannes (Apostel und Evangelist)
28. 12.	Unschuldige Kinder (Mt 2,16–18)
	Heilige Familie am Sonntag der Weihnachtsoktav oder am 30. Dezember (19. Jh.)

Hochfeste, deren Termin vom Osterdatum abhängt: **Christi Himmelfahrt, Pfingsten, Dreifaltigkeitssonntag, Fronleichnam, Herz Jesu.** Auch der **Weihetag** und das **Patrozinium** einer Kirche werden als Hochfeste gefeiert.

sonntag", „Sonntag der Weltkirche" u. a.). Die christliche Sonntagskultur könnte viel vom jüdischen Schabbat (Sabbat) lernen: Der Schabbat als siebenter Tag der Woche (Samstag) ist der in den Zehn Geboten grundgelegte wöchentliche Ruhe- und Freiheitstag (Ex 20,8–11; Dtn 5,12–15). Er hat in hohem Maß identitätsstiftende Funktion für das Judentum und wird fast nie durch andere Feste verdrängt oder überlagert. Im Zuge der Ausbreitung des Christentums richtete das Römische Reich ab dem 4. Jahrhundert eigene Sonntagsgesetze ein (etwa das Verbot von Gerichtssitzungen am Sonntagmorgen), aus denen später die allgemeine Arbeitsruhe am Sonntag wurde, die in unterschiedlicher Auslegung auch heute noch die meisten Staaten mit christlicher Mehrheitsbevölkerung bzw. großer christlicher Tradition prägt. Entgegen der christlichen Interpretationsgewohnheit bezieht sich das biblische Ruhegebot aber nicht auf den Sonntag, sondern den Schabbat (Samstag). Eine christliche Schabbatpraxis hat sich hingegen nie ernsthaft etabliert, abgesehen von einigen Phänomenen besonders im Christentum Äthiopiens (Kapitel 2). Die heute vertraute Zählweise, die mit dem Montag als erstem Wochentag beginnt und Samstag und Sonntag als „Wochenende" bezeichnet, existiert erst aufgrund einer internationalen Vereinbarung seit den 1970er Jahren, sie ist ohne theologische und liturgische Bedeutung für Judentum, Christentum und Islam.

Liturgische Farben

Die liturgischen Gewänder (Kapitel 6) werden nach folgendem Farbschema gestaltet, das seit der Barockzeit fast unverändert geblieben ist: *weiß* in der Osterzeit und Weihnachtszeit, an Herrenfesten und an Heiligenfesten mit Ausnahme von Märtyrerfesten (Symbolik: Licht, Erlösung),

rot an Karfreitag, Pfingsten und an Märtyrerfesten (Symbolik: Blut oder Feuer),
violett in Österlicher Bußzeit und Advent (Symbolik: Buße oder Erwartung),
grün im Jahreskreis (Symbolik: Hoffnung),
schwarz beim Begräbnis (Kapitel 11) und Totengedenken (Symbolik: Trauer).
Am 3. Advent- und 4. Fastensonntag kann *rosa* getragen werden: In vorausschauender Festfreude wird der violette Farbton symbolisch aufgehellt.
Bei Begräbnissen und beim Totengedenken sind auch violett (als Zeichen von Erwartung und Übergang) und weiß (als Ausdruck der Auferstehungshoffnung) möglich bzw. beginnen sich in jüngster Zeit zu verbreiten.
Zunehmend entwickelt sich auch ein neuer kreativer Umgang mit liturgischen Farben, beispielsweise werden Mischtöne, fließende Farbübergänge und Regenbogenfarben einbezogen. Auch *blau*, das bis zum Konzil für Marienfeste vorgesehen war (Symbolik der Lilie, Hld 2,2), wird wiederentdeckt.

Kapitel 11

Sakramente

Mit der Eucharistiefeier und den Tagzeiten standen bislang jene Liturgien im Mittelpunkt, die den Rhythmus der Zeit deuten: die Eucharistiefeier (Kapitel 3–5) als sonntägliche (im römischen Ritus: tägliche) Hauptliturgie, die Tagzeiten (Kapitel 8–9) als Liturgieform entlang dem natürlichen Ablauf von Dunkelheit und Licht.
Alle anderen Liturgien bedürfen eines besonderen Anlasses, ohne den sie nicht stattfinden können: Die Taufe (siehe unten) kann nur stattfinden, wenn es eine Taufkandidatin oder einen Taufkandidaten gibt. Die Segnung einer Seilbahn (Kapitel 12) setzt den Bau einer solchen voraus usw.
Unter all diesen Liturgien nehmen die *Sakramente* eine theologische Sonderstellung ein.

Sakramente als Realsymbole

Sakramente sind *Realsymbole* der Gegenwart und Gnade Gottes, das heißt: Sie enthalten das, was sie bezeichnen. Dazu eine Analogie:
Ein Verkehrsschild „Achtung Steinschlag", auf dem herabfallende Steine abgebildet sind, ist ein Hinweis auf den Steinschlag, enthält ihn aber nicht (zum Glück!). Ein aufgeblähter Windsack auf einer Autobahnbrücke weist dagegen nicht nur auf den Wind hin, sondern enthält ihn auch. Der Wind ist im Windsack gegenwärtig, wird durch den Windsack sichtbar gemacht, ist aber nicht auf den Windsack begrenzt und nicht von ihm abhängig. In vergleichbarer Weise machen die Sakramente die Zuwendung Gottes zur erfahrbaren Wirklichkeit für den Menschen.
Da in den Sakramenten Gott selbst wirksam und erfahrbar ist, sind sie unüberbietbar: Es gibt keine größeren Zeichen der göttlichen Zuwendung zum Menschen – was nicht heißt, dass Gott nirgends sonst handeln würde.
In der theologischen Fachsprache wird der Begriff *Symbol* oft gleichbedeutend mit *Realsymbol* verwendet, dagegen enthält ein *Zeichen* das Bezeichnete nicht. Manchmal wird aber auch *Zeichen* im Sinne von *Realsymbol* verwendet – Missverständnisse sind da schnell vorprogrammiert.

Das ostkirchliche Denken, das nicht von Symbolen oder Zeichen, sondern von *(Ab-)Bildern* spricht, geht vor platonischem Hintergrund davon aus, dass jedes *Abbild* an seinem *Urbild* „Anteil hat". Eine strenge Unterscheidung zwischen *Zeichen, die das Bezeichnete enthalten* und *Zeichen, die das Bezeichnete nicht enthalten*, ist damit hinfällig.
Das lateinische Wort *sacramentum* (in etwa *heiliges Zeichen*) stammt aus der antiken Rechtssprache, es bezeichnet beispielsweise den Soldateneid. In der christlichen Theologie sollen durch dieses Wort Verbindlichkeit und Verlässlichkeit der Sakramente zum Ausdruck kommen.
Das griechische Christentum verwendet den Begriff *mysterion*, der sich kaum übersetzen lässt: Anders als *Mysterium* in der deutschen Sprache bezeichnet *mysterion* nichts, das rätselhaft oder unverständlich ist, sondern etwas, das sich „enthüllt", ohne zur freien Verfügung zu stehen und in Besitz genommen werden zu können. Im Vordergrund steht die Erfahrungs- und Offenbarungsdimension.

Siebenzahl der Sakramente

In der Theologiegeschichte wurde lange Zeit darum gerungen, welche kirchlichen Vollzüge als Sakramente bezeichnet werden sollten. Erst das II. Konzil von Lyon (1274) nannte eine verbindliche Liste von sieben Sakramenten, allerdings ohne diese Auswahl zu begründen. Die Siebenzahl hatte gewiss auch symbolische Bedeutung, da die Zahl 7 in der biblischen Denkwelt für Vollkommenheit sowie für die Verbindung von Himmel (Symbolzahl 3) und Erde (4) steht.
Gemäß der Denkweise, die sich in dieser mittelalterlichen Siebenerliste durchgesetzt hat, beruhen Sakramente auf einer Stiftung durch Jesus Christus, und sie zeigen sich in einer Verbindung aus ritueller Handlung und einem während dieser Handlung gesprochenem „Deutewort".
Die heutige Theologie, das Zweite Vatikanische Konzil und alternative theologische Denkschulen der Antike und des Mittelalters sprechen auch in anderen Kontexten von Sakramentalität: Der alttestamentliche Ritus der Beschneidung (Gen 17,10–11), die Bibel, die Kirche, Jesus Christus, jeder Mensch und letztlich die ganze Schöpfung: all dem kann Sakramentalität zugeschrieben werden, insofern Gott sich darin und dadurch offenbart und Begegnung ermöglicht.
Das Kriterium der Stiftung durch Jesus entwickelte sich zum Streitpunkt. Die Kirchen der Reformation bezeichnen meist nur Taufe und Eucharistie, für die es präzise Anordnungen Jesu gibt (Mt 28,19;

Lk 22,14–21), als Sakramente. Die katholische Kirche zählt hingegen auch die Ehe dazu, die Jesus zwar nicht eingerichtet, aber neu akzentuiert hat (Mt 19,3–9), sowie die Krankensalbung, die sich schon im Neuen Testament auf eine Weisung Jesu beruft (Jak 5,14), obwohl diese Weisung nirgends wörtlich überliefert ist.

In der orthodoxen Kirche wurde es unter Einfluss lateinischer Theologen üblich, dieselben Sakramente wie die katholische Kirche zu zählen, allerdings wird dies heute als rein begriffliche Gewohnheit ohne tiefere Bedeutung angesehen.

Die Definition der Sakramente als Verbindung aus Handlung und Deutewort hat erhebliche Missverständnisse hervorgerufen. Um es am Beispiel der Taufe zu erläutern (siehe unten): Es ist kirchenrechtlich notwendig, ein Kernelement der Taufe zu definieren, da man bestimmen muss, wer als getauft und damit als Mitglied der Kirche anzusehen ist. Dies darf aber nicht dazu führen, dass man die Liturgie der Taufe als eine minimalistische rituelle Handlung versteht, um die herum unbedeutende, bestenfalls dekorative Elemente angeordnet wären. Doch genau diese Interpretation fand und findet sich immer wieder. Die Taufliturgie ist aber ein hochkomplexes Ritual mit vielen bedeutungsgeladenen Einzelelementen, die zueinander in Beziehung stehen und in ihrer Gesamtheit zu interpretieren sind.

Initiation: Taufe, Firmung und Eucharistie

Drei **Initiationssakramente** ergeben die volle Zugehörigkeit zur Kirche.

An erster Stelle steht die **Taufe**. Ihr Kernelement ist das dreifache Untertauchen des Täuflings in Wasser, verbunden mit dem Deutewort *Ich taufe dich im Namen des Vaters und des Sohnes und des Heiligen Geistes* (Mt 28,19). Die Taufe bewirkt die Aufnahme in die Kirche, die Vergebung aller Sünden und den Eingang in das Leben mit Christus: ein Leben aus der Wirklichkeit der Auferstehung (Röm 6,3–14).

Vier Elemente der Taufliturgie seien kurz erläutert:

In der Absage an den Satan und im Glaubensbekenntnis deklariert die Taufkandidatin bzw. der Taufkandidat den eigenen Glauben und nimmt rituell Abschied von der Welt des Bösen.

Das Eintauchen ins Wasser bildet den Tod Christi ab, das Auftauchen die Auferstehung (Röm 6,3–11). Dass dies *dreimal* geschieht, ist ein Hinweis auf die drei österlichen Tage (Lk 24,46, Kapitel 10) und auf den Dreifaltigkeitsglauben (Mt 28,19).

Die Feier der Kindertaufe

Die Bezeichnung der einzelnen Elemente folgt dem Rituale *Die Feier der Kindertaufe in den Bistümern des deutschen Sprachgebietes* von 2008.

Eröffnung

am Eingang der Kirche als Symbol für den Eintritt in die kirchliche Gemeinschaft

Begrüßung	
Fragen an Eltern und Paten	*Bereitschaftserklärung*
Bezeichnung mit dem Kreuz	*Taufspender bezeichnet die Stirn des Kindes, siehe Ez 9,4; Lk 9,23; Offb 7,3*
Gebet	*Oration (siehe Kapitel 4)*

Wortgottesdienst

am Ambo oder einem anderen für die Wortverkündigung passenden Ort

Schriftlesungen	*Die zur Auswahl stehenden Lesungen berücksichtigen besonders das Themenfeld Taufe/Wasser*
Homilie	*Predigt im Hinblick auf die Taufe*
Anrufung der Heiligen und Fürbitten	*Anrufung der Heiligen drückt die Raum und Zeit überschreitende kirchliche Gemeinschaft aus, in die der Täufling aufgenommen wird, das Fürbittgebet bereitet unmittelbar auf die Taufe vor.*
Gebet um Schutz vor dem Bösen	*„Exorzismus", Bitte um Befreiung des Täuflings von allen bösen Mächten*
Salbung mit Katechumenenöl oder Handauflegung	*Ritus der Stärkung; Öl symbolisiert einen den Menschen umgebenden „Schutpanzer"*

Tauffeier

am Taufbecken, das sich an verschiedenen Orten im Kirchenraum befinden kann

Lobpreis und Anrufung Gottes über dem Wasser	*„Hochgebet" der Taufe mit zahlreichen biblischen Bezugsstellen für das Wassermotiv*
Absage an den Satan und Glaubensbekenntnis	*Anstelle des persönlichen Bekenntnisses des Täuflings steht das der Eltern und Taufpaten*

Salbung mit Chrisam	*Stärkungsritus und Ausdruck der priesterlichen, prophetischen und königlichen Würde der Getauften*
Taufe	*Dreimaliges Untertauchen ins Wasser (oder wenigstens Übergießen mit Wasser) mit der Formel „Ich taufe dich im Namen des Vaters und des Sohnes und des Heiligen Geistes"*
Bekleidung mit dem weißen Taufgewand	*Symbol der Befreiung von Sünde und des neuen Lebens in Christus (siehe Kapitel 7)*
Übergabe der brennenden Kerze	*Das Licht von der Osterkerze genommen (siehe Kapitel 10)*
Effata-Ritus	*Symbolische Öffnung von Ohren und Mund des Täuflings; Ausdruck der Befähigung, Gottes Wort zu hören und zu verkünden*
Abschluss *im Altarraum als Ausdruck der Verbindung von Taufe und Eucharistie (siehe Kapitel 10)*	
Gebet des Herrn	*Vaterunser*
Segen und Entlassung	

Die Salbung mit eigens dafür bestimmtem Öl stellt einen „Schutzpanzer" dar, der den getauften Menschen vor allem Bösen beschützen soll.
Die Bekleidung mit dem weißen Taufgewand bezeichnet die Befreiung von der Sünde (Offb 7,14) und das *Bekleidetsein mit Christus* (Gal 3,27, Kapitel 7).
In der Praxis werden die Elemente der Taufe oft verkürzt: An die Stelle des Eintauchens tritt ein Begießen des Kopfes mit Wasser, die Salbung beschränkt sich auf kleine Kreuzzeichen auf der Stirn, das Taufgewand wird den Täuflingen nur kurz vor den Körper gehalten. Diese Minimalisierungstendenzen entstanden ab dem 5. Jahrhundert, als die Säuglingstaufe zum Normalfall wurde (siehe unten). Sie wurde schnellstmöglich nach der Geburt vorgenommen, war nicht in das öffentliche Gemeindeleben eingebettet und fand oft in Privaträumen statt.
Die **Firmung** (*confirmatio, Besiegelung, Stärkung*, im evangelischen Christentum *Konfirmation*) besteht aus einer Handauflegung durch den Firmspender sowie der Salbung der Stirn: ersteres vor allem verstanden

als Weitergabe des Heiligen Geistes, letzteres als Eintritt in die königliche Würde der Getauften (1 Petr 2,9). – Der Zusammenhang von Taufe und Firmung ist bereits in Apg 19,5–6 bezeugt.
Drittes Initiationssakrament ist die **Eucharistie** (Kapitel 3–5). Während Taufe und Firmung nur ein einziges Mal im Leben empfangen werden können, ist die Eucharistie die Versammlung, in der sich die Kirche immer wieder neu konstituiert.
In den ersten Jahrhunderten wurde die Taufe fast ausschließlich Erwachsenen gespendet. Diese mussten eine meist mehrjährige Vorbereitungszeit absolvieren, das *Katechumenat (Zeit der Unterweisung)*. Als bevorzugter Tauftermin bildete sich bis zum 4. Jahrhundert die Osternacht (Kapitel 10) heraus. So wurde deutlich, dass das christliche Leben auf die Grundlage des Auferstehungsglaubens gestellt wird. In der Osternacht wurden die Erwachsenen durch ihren Bischof getauft und gefirmt und nahmen zum ersten Mal an der Eucharistischen Liturgie teil.
Ab dem 5. Jahrhundert wurde die Säuglingstaufe zum Normalfall. Da die Taufe als absolut notwendig für die Erlösung des Menschen angesehen wurde, war sie schnellstmöglich nach der Geburt zu spenden – und zwar durch den schnellstverfügbaren Priester –, auch wenn sie dann nicht auf einer persönlichen Entscheidung beruhte. Die Firmspendung blieb dem Bischof vorbehalten und wurde zeitlich von der Taufe getrennt. – Im Mittelalter wurden viele Menschen gar nicht gefirmt, weil sie in ihrem Leben nie einem Bischof begegneten.
Für den Empfang des eucharistischen Brotes und Weines wurden ab dem späten 1. Jahrtausend neue Bedingungen eingeführt: Ein Kind musste nicht nur getauft sein, sondern auch das eucharistische Brot von gewöhnlicher Speise unterscheiden können (was auch immer das genau bedeutet).
Über viele Entwicklungsstufen und in einem fortlaufenden Anpassungsprozess wurde daraus die heute gebräuchliche Initiation: Auf die Säuglingstaufe folgt – in Abweichung von der ursprünglichen Reihenfolge – im Alter von etwa 7 bis 9 Jahren die Zulassung zur Eucharistie, die nach einer eigenen Vorbereitung jahrgangsweise als *Erstkommunion* begangen wird. Die Firmung wird später gespendet – zunehmend heben Bischöfe dafür das Mindestalter an – und soll die individuelle Entscheidung betonen. Firmlinge im deutschsprachigen Raum sind heute meist zwischen 12 und 18 Jahren alt.
Konzepte zur sachgerechten Vorbereitung auf Taufe, Firmung und Eucharistie spielen in innerkirchlichen Diskussionen eine große Rolle.

Dabei wird auch kritisch gefragt, ob die Begleitung von Kindern und Jugendlichen in das kirchliche Leben nicht besser auf andere Elemente zurückgreifen sollte als auf die Initiationssakramente, die nicht zu diesem Zweck entstanden sind und die theologisch enger miteinander zusammenhängen als es die heutigen Gewohnheiten vermuten lassen. In vielen Pfarrgemeinden finden Taufen heute nicht mehr im kleinen (Familien-)Kreis statt, sondern werden in die sonntägliche Eucharistiefeier integriert: Die Gemeinde erlebt die Taufe dann stärker als Grundlage des Christseins; die Täuflinge und ihre Familien erleben die Gemeinschaft, in die sie durch die Taufe aufgenommen werden.
In den Ostkirchen sind die Initiationssakramente immer miteinander verbunden geblieben. Wer getauft wird – meistens Säuglinge –, wird zugleich gefirmt und ist damit zur Eucharistie zugelassen.

Erwachseneninitiation

Für Erwachsene, die getauft werden möchten, gilt in der römisch-katholischen Kirche heute eine an das 4. Jahrhundert angelehnte Vorgehensweise: Auf eine Vorbereitungszeit folgen Taufe, Firmung und Erstkommunion in einer einzigen Feier, idealerweise in der Osternacht.

Leitung von Taufe und Firmung

In der frühen Kirche kam die Leitung der Tauf- und Firmliturgie dem Bischof zu. Heute ist die Taufspendung zunächst Sache des Pfarrers (Kapitel 6), der seine Aufgabe aber auch an jeden anderen Priester oder Diakon delegieren kann. In manchen Diözesen werden auch Laien zur Taufspendung beauftragt. Im Prinzip können sogar Nichtchristen die Taufe spenden. Grundlage dieser Praxis ist die Überzeugung, dass im Sakrament nicht ein bestimmter Amtsträger, sondern Christus handelt.
Die meisten christlichen Kirchen erkennen die Taufen der anderen Kirchen an. Wer also von einer Kirche in eine andere *konvertiert* (übertritt), wird nicht mehr getauft.
Die Firmung ist Sache des jeweiligen Diözesanbischofs, er kann die Firmung aber auch an einen anderen Bischof (oft einen Weihbischof, Kapitel 6) oder einen Priester delegieren. Für die Erwachsenentaufe, die ja immer mit der Firmung verbunden ist, gilt dasselbe.

Sakrament der Versöhnung

In einer äußert komplexen Entwicklung hat das Sakrament der Versöhnung – meist *Bußsakrament* oder *Beichte* genannt – seine heutige Gestalt

Die Initiation Erwachsener in die katholische Kirche

Heute vorgesehene Form im deutschen Sprachgebiet

1. Phase: Erstverkündigung

Individuelle Begegnung mit dem christlichen Glauben

Entscheidung für den Glauben

2. Phase: Katechumenat

In der Regel soll das Katechumenat ein Jahr dauern

Vertrautwerden mit den Glaubensinhalten und Glaubensvollzügen

Liturgische Elemente:
Gebete und Segnungen, Salbungen mit Katechumenenöl, Übergabe des Glaubensbekenntnisses, Übergabe des Herrengebets (Vaterunser)

Liturgisches Element zum Übergang in die nächste Phase:
Feier der Zulassung zur Taufe

3. Phase: Katechumenat im engeren Sinne

In der Regel von Aschermittwoch bis Osternacht

Unmittelbare Vorbereitung auf die Taufe

Liturgische Elemente:
Skrutinien (Stärkungsriten, Segnungen)

Sakramentale Initiation

Taufe, Firmung und erste Teilnahme an der Kommunion, möglichst in der Osternacht

4. Phase: Mystagogie

Wörtlich „Einführung in die Mysterien"

Vertiefung der Tauferfahrung, möglichst in der Osterzeit

erhalten. In ihm wird die Schuld vergebende Zuwendung Gottes vermittelt. Dieses Sakrament wird nur durch Bischöfe und Priester gespendet. Entgegen vereinzelter früherer und in den Ostkirchen heute noch fortlebender Praxis hat sich dabei die Überzeugung durchgesetzt, dass das Wort Jesu von der Vollmacht zur Sündenvergebung (Joh 20,23) auf das Bischofs- und Priesteramt zu beziehen sei.

Die frühe Kirche kannte das öffentliche Schuldbekenntnis, den Ausschluss von der Eucharistie und nach einer Zeit der Umkehr und Buße

die feierliche Wiederzulassung, idealerweise zu Ostern (Kapitel 10). Dieses Verfahren wurde nur ein einziges Mal im Leben nach äußerst schweren Verfehlungen angewendet. Ein zweiter Eucharistieausschluss war von unbegrenzter Dauer.
Unter dem Einfluss des irischen Mönchtums wandelte sich das Sakrament der Versöhnung ab der Mitte des 1. Jahrtausends von einem öffentlich-liturgischen zu einem persönlich-seelsorgerlichen Ritual zwischen dem die Schuld bekennenden Gemeindemitglied und dem Priester. Es konnte und kann beliebig oft wiederholt werden. Nachdem der Beichtende seine eigenen Verfehlungen offengelegt hat, kann der Priester Rat und Wegweisung erteilen und eine Buße auferlegen: eine konkrete Maßnahme zur Wiedergutmachung der Schuld bzw. zur Neuausrichtung der Lebensführung. Daran schließt sich die Lossprechung von den Sünden an. Das Sakrament der Versöhnung wurde über Jahrhunderte streng durchgesetzt und durch die Priester kontrolliert. Dies war durch den im frühen Mittelalter eingeführten *Pfarrzwang* möglich: die Pflicht, mindestens einmal im Jahr beim eigenen Pfarrer zu beichten. Man musste dabei jedes noch so banale Missgeschick der vergangenen Zeit offenlegen, um eine wirksame Lossprechung zu erhalten. Viele Menschen erlebten dieses Ritual als aufdringlich-belehrend und herabwürdigend, und viele Priester wussten nichts anderes zu tun als immer wieder dieselben formalisierten Bußübungen einzufordern. Das Sakrament der Versöhnung wird heute kaum noch in Anspruch genommen, auch wenn es manche Versuche zur Neubelebung gibt. Jenseits der offiziellen sakramentalen Form etablieren sich stattdessen alternative Weisen der individuellen und gemeinschaftlichen Auseinandersetzung mit Schuld, Sünde und Versöhnung.
In den meisten Ostkirchen ist das Sakrament der Versöhnung auch heute noch eine der Voraussetzungen für den Kommunionempfang am folgenden Sonn- oder Festtag. Die katholische Kirche verlangt die Beichte heute nur noch nach gravierenden Sünden, mit denen der Mensch seine Gemeinschaft mit Gott willentlich und dauerhaft zerstört („Todsünden").

Krankensalbung

Laut Jak 5,14 dient die Krankensalbung der geistlichen und körperlichen Stärkung eines kranken Gemeindemitglieds. Ab dem Mittelalter wurde diese Salbung unter dem Namen *Letzte Ölung* als „Sterbesakrament" verstanden. Sie wurde gespendet, um Gläubigen kurz vor ihrem Tod ein letztes Mal die Lossprechung von den Sünden zu vermitteln und damit

den ungehinderten Weg ins ewige Leben zu eröffnen. Sie war idealerweise mit einem Schuldbekenntnis des Sterbenden und mit der Kommunionspendung verbunden, notfalls wurde sie auf die Salbung und ein Wort der Lossprechung reduziert.
Das II. Vatikanische Konzil etablierte die Krankensalbung wieder zur Stärkung in lebensbedrohender Krankheit (SC 73), nicht nur unmittelbar vor dem Tod. Die Krankensalbung kann wiederholt werden, dies ist aber nur für den Fall einer neuerlichen Erkrankung oder einer drastischen Verschlechterung des Gesundheitszustands gedacht.
Wegen der engen Verbindung zur Lossprechung von den Sünden ist die Krankensalbung den Bischöfen und Priestern vorbehalten. Oft wird eine Änderung dieser engen Rahmenbedingungen gefordert, vor allem im Hinblick auf die zahlreichen Frauen und Männer, die in der seelsorgerlichen Begleitung von Schwerkranken tätig sind.

Ordo und Ehe

Ordo – die Zugehörigkeit zu einem Weiheamt (Kapitel 6) – und Ehe sind nicht als punktuelle liturgische Handlungen zu verstehen, sondern als Lebensformen, in denen Gottes Gegenwart in der Welt bezeugt und erfahren wird. Ordinierte stehen durch ihr Amt ein Leben lang im Dienst Gottes, der Kirche und der Menschen; ihre Berufung soll inmitten der Welt die himmlischen Maßstäbe der Menschenfreundlichkeit, Gottes- und Wahrheitsliebe abbilden. Eheleute sind *eins geworden* (Gen 2,24) wie Gott und die Schöpfung oder wie Christus und die Kirche (Eph 5,31–32). In aller irdischen Begrenztheit bilden sie ein eschatologisches (auf die zukünftige Vollendung bezogenes) Zeichen: Sie nehmen die Gemeinschaft vorweg, die sich einst an allen Menschen in Frieden und Versöhnung erfüllen soll.
Der Ordo gliedert sich in die drei Stufen Diakonat, Presbyterat und Episkopat (Kapitel 6). Die *Ordination (Weihe)* geschieht im Rahmen einer Eucharistiefeier und wird durch einen Bischof vorgenommen. Auf die Bereitschaftserklärung der Weihekandidaten folgen als zentrale Elemente die Handauflegung durch den Bischof sowie das Weihegebet, gewissermaßen das *Hochgebet der Ordination*. Weitere mit dem jeweiligen Amt zusammenhängende Elemente sowie die Bekleidung mit den liturgischen Gewändern (Kapitel 7) treten hinzu.
Die Eheschließung muss erst seit dem Konzil von Trient (1545–63) in liturgischem Rahmen geschehen und durch einen kirchlichen Zeugen

bestätigt werden. Dieser Zeuge kann ein Bischof, Priester oder Diakon sein, in manchen Diözesen sind auch Laien dazu beauftragt (Kapitel 6). In der Trauungsliturgie wird das Treueversprechen der Brautleute gegeben, darauf folgt ein Segensgebet über das Brautpaar *(Hochgebet der Trauung)*. Die Trauung kann, muss aber nicht im Rahmen einer Eucharistiefeier stattfinden. Nach römischem Verständnis ist nur das Versprechen der Brautleute für das Zustandekommen der Ehe konstitutiv, nach byzantinischem Verständnis ist das Segensgebet entscheidend.

Wenn nur die Braut oder nur der Bräutigam katholisch ist, erfolgt die Trauungsliturgie nach angepassten Formen, gegebenenfalls auch unter Beteiligung oder Leitung von Amtsträgerinnen und Amtsträgern anderer christlicher Kirchen.

Ordination und Trauung sind nach katholischem Verständnis nicht wiederholbar und nicht zurücknehmbar. Eine zweite Eheschließung ist nur möglich, wenn der erste Ehepartner verstorben ist. Eine kirchliche Ehescheidung gibt es nicht, allerdings kann eine Ehe unter bestimmten Bedingungen für nichtig erklärt werden: Sie hat dann nach kirchlichem Verständnis nie bestanden.

Die katholische Kirche kennt ausschließlich Ehen zwischen Mann und Frau, wie sie auch in der Bibel unhinterfragt vorausgesetzt sind. Andere Konstellationen werden erst in jüngster Zeit positiv gewürdigt und liturgisch begleitet (insbesondere durch Segnungsriten, siehe Kapitel 12). Dass solche Beziehungen auch als sakramentale Ehe gelten sollten, ist dabei eine Minderheitenposition.

Um die Ernsthaftigkeit von Ordo und Ehe zu untermauern, belegt das katholische Kirchenrecht Kleriker, die ihr Amt aufgeben, sowie Eheleute, die nach staatlichem Recht ein zweites Mal heiraten, mit erheblichen Restriktionen, die von vielen Menschen angesichts der Komplexität individueller Lebensläufe als unbarmherzig und ungerecht wahrgenommen werden. *Laisierte* Priester (so der Fachbegriff) sind von vielen kirchlichen Laienämtern ausgeschlossen, wiederverheiratet Geschiedene sogar von der Eucharistie.

Die östlichen Traditionen bilden einen wichtigen Bezugspunkt für die heftigen innerkatholischen Diskussionen zu diesen Punkten. Mit Rücksicht auf die Schwäche des Menschen und sein Bedürfnis nach Heilung (Mt 9,12) ermöglicht beispielsweise die Orthodoxie die Segnung einer zweiten und sogar dritten Ehe, sofern dem eine längere persönliche Begleitung durch einen Priester und ein Bußritual vorausgehen. Verheiratete Priester gibt es in den Ostkirchen ebenfalls (Kapitel 2). Sowohl Papst Benedikt XVI. wie auch Papst Franziskus haben Sympathien für die ostkirchlichen Vorbilder erkennen lassen und individuelle Ausnahmen von den allgemeinen strengen Regeln der katholischen Kirche gutgeheißen, die in der Praxis vielerorts ohnehin schon längst zum Regelfall geworden sind. Formal geändert wurde das katholische Kirchenrecht jedoch bislang nicht.

Der Synodale Weg in Deutschland hat sich 2023 mit großer Mehrheit (auch der Bischöfe) für die Einführung liturgischer Segensriten für gleichgeschlechtliche Paare und wiederverheirate Geschiedene ausgesprochen. Die Reaktionen von Papst Franziskus waren zunächst ablehnend, kurz vor dem Jahresende 2023 gab es dann aber einen Kurswechsel: Auch wenn solche Beziehungen „irregulär“ seien – also nicht der in Bibel und kirchlicher Tradition vorausgesetzten Norm entsprechen –, können sie göttlichen Zuspruch in Form von Segnungen erhalten (Kapitel 12), allerdings ohne kirchlich geordneten liturgischen Rahmen.

Kapitel 12
Sakramentalien und *pia exercitia*

In sehr gerafftem Überblick sollen nun alle weiteren liturgischen Formen zur Sprache kommen. Sie genießen zwar nicht denselben theologischen Stellenwert wie die Eucharistiefeier, die Tagzeitenliturgie und die Sakramente, sind aber zum Teil von hoher Bedeutung für das Gemeindeleben, die Kultur- und Kirchengeschichte sowie die individuelle Spiritualität.

Sakramentalien

Viele der hier zu behandelnden Rituale werden als *Sakramentalien* bezeichnet. Ein *Sakramentale* ist wörtlich *sakramenten-ähnlich.* Es gibt keine exakte Abgrenzung, was zu den Sakramentalien gehört und was nicht. Die Unterscheidung zwischen Sakramenten und Sakramentalien ist jedenfalls nicht aus der Sache selbst erkennbar, sondern wurde in einem kirchlichen Klärungsprozess von außen an die Liturgie herangetragen (Kapitel 11).

Segnungen

Bei einer Segnung wird Gottes Schutz über Menschen oder Dinge herabgerufen und ihnen zugesprochen. In der deutschen Sprache werden Segnungen oft als *Weihe* bezeichnet. *Weihe* wird auf diese Weise zum Oberbegriff für Handlungen, die in der lateinischen Sprache genauer ausdifferenziert sind. Die wichtigsten dieser lateinischen Begriffe sind *dedicatio* (in etwa *Widmung*) und *benedictio (Segen, Zuspruch).* In der theologischen Fachsprache verzichtet man oft auf eine Übersetzung und verwendet die Begriffe *Dedikation* und *Benediktion.*
Von einer Dedikation spricht man bei Gegenständen, die für die dauerhafte öffentliche und vorrangig liturgische Verwendung bestimmt sind, beispielsweise Kirchengebäude, Altäre, Kirchenglocken oder Orgeln. Vor allem die *Kirchweihe* und die *Altarweihe* sind äußerst komplexe Rituale mit einer Fülle biblischer Bezüge. Dedikationen werden üblicherweise vom Bischof vorgenommen. Daher finden sie sich im *Pontifikale*,

dem Buch für bischöfliche Liturgien, das auch die Ordinationen enthält (Kapitel 11). Im Unterschied zur Ordination können Dedikationen aber auch vom Bischof an andere Personen delegiert werden.
Die Benediktionen finden sich im *Benediktionale*. Dieses Buch ordnet in seiner deutschsprachigen Ausgabe 99 verschiedene Liturgien: von der Segnung eines Adventkranzes bis zur Segnung eines Rathauses, einer Wasserreinigungsanlage oder von Bergsteigergeräten. Benediktionen sind nach einem einheitlichen Schema aufgebaut und mit zahlreichen Variationsmöglichkeiten versehen (auf Seite 158 findet sich beispielhaft die Segnung eines Christusbildes).
Oft ergibt sich aus der Sache selbst, dass eine Benediktion vom jeweiligen Pfarrer geleitet werden sollte, etwa die Segnung eines Pfarrkindergartens. Grundsätzlich sind aber alle Getauften und Gefirmten fähig und beauftragt, Segnungen vorzunehmen. Es geht hier um die allgemeine christliche Berufung, anderen Menschen Gottes Zuwendung zu vermitteln sowie für alle und alles Gottes Schutz zu erbitten. Das Benediktionale ordnet beispielsweise Segnungen in der Familie (Segnung eines kranken Kindes, Verlobungssegen u. a.) ausdrücklich zuerst den Eltern zu.
Neben den im Benediktionale geordneten Formen können Christen jederzeit spontan einander mit selbstgewählten Worten oder Gesten den Segen zusprechen. Sehr weit verbreitet ist es zum Beispiel, in der Eucharistiefeier all jenen, die die Kommunion nicht empfangen (Kapitel 4), einen solchen Segen zuzusprechen, beispielsweise durch eine Handauflegung, ein auf die Stirn gezeichnetes Kreuz oder ein gesprochenes Segenswort.

Begräbnis

Das Begräbnis kann als eigenständige Liturgie begangen werden oder mit einer Eucharistiefeier verbunden sein. Die heutige Begräbnisliturgie bietet eine Fülle von Anpassungsmöglichkeiten, je nach den äußeren Umständen: Gibt es eine Friedhofshalle, von der alle gemeinsam zum Grab ziehen, oder findet das Begräbnis direkt am Grab statt? Wird vor dem Begräbnis, nach dem Begräbnis oder gar nicht Eucharistie gefeiert? Vor allem aber sollen die Todesumstände berücksichtigt werden: Verstirbt ein Kind nach einem tragischen Verkehrsunfall, so befindet sich die trauernde Gemeinde in einer völlig anderen Situation als wenn die geliebte Großmutter nach erfülltem langem Leben in hohem Alter friedlich einschläft.

Die Begräbnisliturgie entfaltet stets eine große inhaltliche Spannung. Sie drückt einerseits die Trauer über den Tod und das Bewusstsein von Schuld und Sterblichkeit aus, aus denen sich kein Mensch mit eigener Kraft retten kann. Andererseits wird in der Liturgie die christliche Auferstehungshoffnung zur Sprache gebracht: der Tod als Tor in ein neues Leben in der Gemeinschaft mit Christus und den Heiligen und in bleibender, unsichtbarer Gemeinschaft mit den Lebenden. – Die Übersicht auf Seite 159 zeigt ein Beispiel für den Ablauf des Begräbnisses.

Die Segnung eines Christusbildes

Eröffnungsteil

Gesang, Begrüßung, Einführung, Eröffnungsgebet

Wortgottesdienst

Das Benediktionale schlägt eine der folgenden Lesungen vor:

1 Joh 1,1–3	*Wir haben das ewige Leben gesehen, das beim Vater war*
Kol 1,15–19	*Christus ist das Bild des unsichtbaren Gottes*
Mt 25,31–46	*Herr, wann haben wir dich gesehen?*
Joh 1,1–5.9–14	*Wir haben seine Herrlichkeit gesehen*
Joh 14,6–9b	*Wer mich gesehen hat, hat den Vater gesehen*
Röm 8,29	*Diejenigen, die er im Voraus erkannt hat, hat er bestimmt, an Wesen und Gestalt seines Sohnes teilzuhaben*
2 Kor 3,18	*Wir werden in das Bild des Herrn verwandelt*
Hebr 1,3a	*Christus ist der Abglanz der Herrlichkeit des Vaters und das Abbild seines Wesens*

Segensgebet

Der Name des Herrn sei gepriesen. – Von nun an bis in Ewigkeit.

Lasset uns beten.

Herr, unser Gott, niemand hat dich je geschaut; dein Sohn aber hat uns Kunde von dir gebracht. Er ist dein Ebenbild, der Abglanz deiner Herrlichkeit und das Abbild deines Wesens.

Wir bitten dich, segne dieses Bild. Gib, dass wir Christus immer vor Augen haben, seinem Beispiel folgen und ihm ähnlicher werden, bis wir ihn von Angesicht zu Angesicht schauen dürfen, der mit dir lebt und herrscht in alle Ewigkeit. Amen.

Abschluss

Fürbitten, Gebet des Herrn (Vaterunser), Entlassung, Christuslied

Begräbnisfeier

Variante des „Begräbnisses mit zwei Stationen" (Beginn z. B. in einer Friedhofshalle, anschließend Prozession zum Grab) für einen erwachsenen Verstorbenen, ohne Verbindung mit einer Eucharistiefeier

Eröffnung

Lied
Eröffnung
Einführung in die Feier
Kyrie
Oration

Wortgottesdienst

Lesung 1 Thess 4,13–14.17b–18 *(Wir werden immer beim Herrn sein)*
Predigt

Letzte Anempfehlung und Verabschiedung

Stilles Gedenken
Psalm 130
Anrufungen (Fürbittgebet für den Verstorbenen)
Verabschiedungsgebet

Prozession zum Grab

Gesang zur Prozession: *Zum Paradies mögen Engel dich geleiten, die heiligen Märtyrer dich begrüßen und dich führen in die heilige Stadt Jerusalem. Die Chöre der Engel mögen dich empfangen, und durch Christus, der für dich gestorben, soll ewiges Leben dich erfreuen.*

Beisetzung

Einleitung, dazu Joh 11,25 *(Ich bin die Auferstehung und das Leben)*
Einsenken des Sarges in das Grab
Segnung des Sarges mit Weihwasser und mit Weihrauch
Vorsteher wirft Erde auf den Sarg mit den Worten *Staub bist du und zum Staub kehrst du zurück. Der Herr aber wird dich auferwecken.*
Aufrichtung des Kreuzes über dem Grab mit den Worten *Das Zeichen unserer Hoffnung, das Kreuz unseres Herrn Jesus Christus, sei aufgerichtet über deinem Grab. Der Herr schenke dir seinen Frieden.*
Nunc dimittis (Kapitel 9)
Fürbitten (für Lebende und Verstorbene)
Gebet des Herrn (Vaterunser)
Abschluss

Wort-Gottes-Feier

Das II. Vatikanische Konzil sah in SC 35 *Verbi Dei celebrationes* als neu zu entwickelnde Liturgieform vor, wörtlich *Feiern des Wortes Gottes*. Biblische Texte sollten hier ganz im Zentrum stehen. Da das Konzil die-

se Liturgien ausdrücklich für die Vorabende von Sonntagen und hohen Festen sowie für Advent und Fastenzeit (Kapitel 10) empfahl, ist es naheliegend, dabei an etwas Ähnliches wie Vigil oder Lesehore (Kapitel 8) zu denken. Solche Liturgien sollten außerdem von Gemeinden begangen werden, die bei Fehlen eines Priesters keine Möglichkeit zur sonntäglichen Eucharistiefeier haben.
Aus diesem Impuls entstand die *Wort-Gottes-Feier*, allerdings oft nur aus der Not heraus, wenn plötzlich der Priester für die Eucharistiefeier ausfiel. In einzelnen Bistümern etablierten sich feste Schemata für die Wort-Gottes-Feier, meist in enger struktureller Anlehnung an die Abläufe der Eucharistiefeier, die ja der bestbekannte Gemeindegottesdienst war. Ab den 1990er Jahren wurde die Wort-Gottes-Feier zuerst in der deutschsprachigen Schweiz, dann in Deutschland und Österreich neu geordnet und in den meisten Bistümern in dieser Form etabliert. Seite 161 zeigt den Ablauf nach der Vorlage für Deutschland und Österreich.

Die Wort-Gottes-Feier kann mit einer Kommunionspendung verbunden werden, für die man das im Tabernakel (Kapitel 7) aufbewahrte eucharistische Brot verwendet oder sich die Eucharistie aus einer anderen Gemeinde bringen lässt. Diese letztgenannte Variante spielte eine bedeutende Rolle für die kleinen katholischen Gemeinden in der früheren DDR: In größeren Städten gab es Eucharistiefeiern am Sonntagmorgen, Botinnen und Boten brachten das eucharistische Brot von dort in kleinere Orte und reichten es im Rahmen von Wort-Gottes-Feiern am Sonntagnachmittag.
Die Verbindung von Wort-Gottes-Feier und Kommunionspendung wird liturgiewissenschaftlich kritisiert, manche Bischöfe erlauben diese Zusammenfügung nur in Ausnahmefällen. Skepsis gibt es gegenüber dem dadurch entstehenden Eindruck, Eucharistiefeier und Wort-Gottes-Feier seien letztlich austauschbar. Zudem sollte der Zusammenhang aus Eucharistischem Hochgebet (Kapitel 4–5) und Kommunion nicht gewohnheitsmäßig unterlaufen werden. Außerdem soll der Eigenwert der Bibel stärker betont werden: Das Wort Gottes ist schon für sich genommen Grund genug für eine liturgische Versammlung, in ihm ist Christus gegenwärtig (SC 7).
In innerkatholischen Diskussionen um die Wort-Gottes-Feier und ihre wachsende Bedeutung als gemeindlicher Hauptgottesdienst wird meist eine von zwei Sichtweisen ignoriert, die aber beide zum kirchlichen

Wort-Gottes-Feier

In der für Deutschland und Österreich vorgesehenen Form für Sonn- und Festtage

Eröffnung

Einzug und Gesang zur Eröffnung	
Kreuzzeichen und liturgischer Gruß	*Zum Beispiel: Der Name des Herrn sei gepriesen. – Von nun an bis in Ewigkeit.*
Einführung	
Christusrufe	*Wie Kyrie in der Eucharistiefeier*
Eröffnungsgebet	*Entweder identisch mit dem Tagesgebet der Eucharistiefeier oder auf die folgenden biblischen Lesungen bezogen*

Verkündigung des Wortes Gottes

1. Lesung	
Psalm	
2. Lesung	*Auswahl der Bibeltexte entspricht*
Ruf vor dem Evangelium	*der Eucharistiefeier*
Evangelium	
Auslegung und Deutung (Homilie)	
Stille	

Antwort der Gemeinde

Eines der folgenden Elemente:

A) Glaubensbekenntnis, B) Predigtlied, C) Taufgedächtnis, D) Schuldbekenntnis und ergebungsbitte, E) Segnung, die zum Tag gehört, F) Verehrung des Wortes Gottes (z. B. Prozession und individuelle Verneigung vor dem Evangeliar)

Friedenszeichen	*Wie Friedensritus in der Eucharistiefeier*
Kollekte (Sammlung der Gaben)	
Sonntäglicher/festtäglicher Lobpreis	*„Hochgebet" der Wort-Gottes-Feier mit anamnetischen, bittenden und doxologischen Elementen; es stehen sieben Formen zur Auswahl*
Hymnus	*Wie Gloria in der Eucharistiefeier, im Advent und in der Fastenzeit der Hymnus Te decet laus (Dir gebührt unser Lob)*
Fürbitten (Allgemeines Gebet)	
Gebet des Herrn (Vaterunser)	
Loblied/Danklied	

Abschluss

Mitteilungen, Segensbitte, Entlassung, ggfs. Abendlied/Morgenlied/Marienlied, Auszug

Selbstverständnis gehören: Zum einen ist die Eucharistiefeier der Höhepunkt kirchlichen Lebens, der durch nichts ersetzt werden kann (Kapitel 3). Zum anderen ist Christus gegenwärtig, wo immer sich Menschen um sein Wort versammeln (Mt 18,20; SC 7): Diese Gegenwart kann nicht übertroffen – sondern allenfalls auf andere Arten erfahren – werden.
Wegen der sinkenden Zahl von Priestern wird die Wort-Gottes-Feier im deutschsprachigen Raum weiter an Bedeutung gewinnen. Modelle für sonntägliche Hauptgottesdienste ohne Priester, die die strukturelle Ähnlichkeit von Eucharistiefeier und Wort-Gottes-Feier vermeiden und eher nach dem Schema der Tagzeitenliturgie gestaltet sind, wurden zwar erarbeitet, haben sich aber bislang kaum verbreitet.

Ökumenische Liturgien

Über viele Generationen waren gemeinsame Liturgien von Christen aus unterschiedlichen christlichen Kirchen verpönt, ja sogar verboten. Im 20. Jahrhundert ist aber in fast allen Kirchen der Ruf Jesu nach Einheit aller Glaubenden (Joh 17,21–26) neu ins Bewusstsein getreten. Er verpflichtet alle Christen, das ihnen Mögliche zu tun, um sich dem Ziel der vollen kirchlichen Einheit anzunähern. Das geschieht durch gegenseitiges Kennenlernen, Dialog, Auseinandersetzung um Streitfragen, gegenseitige Achtung und Liebe, ernsthaften Umgang mit Anfragen aus anderen Traditionen, die Vertiefung des Verständnisses anderer Ausdrucksformen des Glaubens, einen positiven Zugang zu fremden Sichtweisen bei gleichzeitiger Bereitschaft, sich selbst infrage stellen zu lassen – und schließlich auch durch das gemeinsame Gebet.
Soweit es um Eucharistie und die übrigen Sakramente geht (Kapitel 11), hält die katholische Kirche ebenso wie die orthodoxen Kirchen – aber anders als die meisten Kirchen der Reformation – daran fest, dass *zuerst* theologische Streitfragen ausgeräumt werden müssen und *erst dann* gemeinsam Liturgie gefeiert werden kann. Für alle anderen Liturgieformen ist aber die gemeinsame Feier über die Kirchengrenzen hinweg möglich, mehr noch: Sie ist notwendig, um einander kennen- und schätzen zu lernen. In solchen *ökumenischen Liturgien* werden sowohl die von Christus aufgetragene Einheit erfahren und eingeübt als auch die Trennung und das menschliche Scheitern, das die Spaltungen der Christenheit herbeigeführt hat, ausgedrückt.
Ökumenische Liturgien beinhalten in aller Regel biblische Lesungen und deren Auslegung, das Gebet des Herrn und Fürbittgebet. Hinzu

kommt das Hören und Singen von Psalmen und Kirchenliedern, viele volkssprachliche Lieder sind ohnehin kirchenübergreifend in Gebrauch. Unbefriedigend bleibt, dass ökumenische Liturgien meist nur die kleinste gemeinsame Basis der Kirchen widerspiegeln, sich aber keine der beteiligten Gruppen mit ihrer eigenen Tradition darin wirklich wiederfinden und den anderen bekanntmachen kann. Die katholische Kirche empfiehlt ihren eigenen Angehörigen daher auch den Besuch anderer Kirchen, um deren liturgische, theologische und spirituelle Schätze kennenlernen zu können. Der gegenseitige Besuch ist also bereits eine Form des ökumenischen Tuns.
Die Tagzeitenliturgie umfasst in den verschiedenen Traditionen etliche gemeinsame Elemente und könnte mit nur wenigen Anpassungen jederzeit ökumenisch gefeiert werden. Von dieser Möglichkeit wird aber im deutschen Sprachraum kaum Gebrauch gemacht. Besonders groß ist die strukturelle Ähnlichkeit der katholischen, evangelischen, anglikanischen und altkatholischen Tagzeitenliturgie.

Pia exercitia

Die nun folgenden Rituale fallen nicht unter den engen Begriff der *liturgia* (Kapitel 1), sondern unter den der *pia exercitia*. Traditionsreiche Formen der pia exercitia werden im Deutschen meist *Volksfrömmigkeit* oder *Brauchtum* genannt. Vielerorts ist die Volksfrömmigkeit von höherer Bedeutung als die eigentliche Liturgie. Westliche und östliche Volksfrömmigkeit unterscheiden sich erheblich, auch wenn es gelegentliche Überschneidungen gibt. In den folgenden Abschnitten sollen Formen der Volksfrömmigkeit vorgestellt werden, die sich im römischen Ritus weltweit finden lassen und ihn kulturell geprägt haben.

Eucharistische Frömmigkeit

Seit dem späten 1. Jahrtausend war es unter Katholiken verpönt, in der Eucharistiefeier die Kommunion zu empfangen. Die Menschen galten als moralisch unwürdig, zudem war der Kommunionempfang an strenge Fastenvorschriften und die vorausgehende Beichte (Kapitel 11) gebunden. Einmal im Jahr war allerdings die *Osterkommunion* verpflichtend. Es sind Fälle aus dem 15. Jahrhundert überliefert, bei denen Menschen, die es wagten, mehrmals im Jahr die Kommunion zu erbitten, eingekerkert wurden, weil sie als anmaßend oder verrückt galten.

Etwa ab dem 11. Jahrhundert gewann stattdessen die „Augenkommunion“ an Gewicht: Der Leib Christi wurde unmittelbar nach den Einsetzungsworten des Eucharistischen Hochgebetes (Kapitel 5) vom Priester hoch emporgereckt – teilweise minutenlang bis zur körperlichen Erschöpfung. Auf diesen Augenblick fokussierte sich die Frömmigkeit der Versammelten, sie schrieben der Augenkommunion heilende und sündenvergebende Wirkung zu. Ausgehend von dieser Praxis wurde der Leib Christi auch außerhalb der Eucharistiefeier öffentlich ausgestellt. Dazu wurde ein eigenes, der Sonne nachempfundenes Gefäß geschaffen, die *Monstranz (monstrare, zeigen)*. Die so entstandene *eucharistische Aussetzung* oder *eucharistische Anbetung* ist bis heute verbreitet, sei es für den individuellen Besuch in Anbetungskapellen oder für gemeinschaftliche Rituale mit Liedern und Gebeten.
In der Mitte des 13. Jahrhunderts verbreitete sich aufgrund einer Vision der Ordensfrau Juliana von Lüttich († 1258) das Fronleichnamsfest (Kapitel 10), an dem der Leib Christi in der Monstranz durch Städte, Dörfer und Felder getragen wird, um sie zu segnen und den Glauben an die Realpräsenz (Kapitel 4) öffentlich zu bezeugen. Der bedeutendste Theologe des Mittelalters, Thomas von Aquin (1224–1274), schuf Fronleichnamshymnen, die bis heute in Gebrauch sind.
Das Fronleichnamsfest brachte auch Schattenseiten hervor. Es diente katholischen Gemeinden nicht nur zur Stärkung der eigenen Identität, sondern auch zur Ausgrenzung anderer. Besonders hart traf es jüdische Minderheiten im späten Mittelalter, die am Fronleichnamstag Restriktionen unterlagen und Pogrome erleiden mussten. Noch in jüngster Vergangenheit konnten Fronleichnamsprozessionen in Nordirland Straßenschlachten zwischen katholischen und evangelischen Christen auslösen.

Passions- und Weihnachtsfrömmigkeit

Im Mittelalter begann die Westkirche, Menschlichkeit und Leiden Jesu stärker in den Vordergrund zu stellen. Mit ausgeprägter Emotionalität wurde die Passion Jesu nachempfunden und dabei Trost in den Widrigkeiten des eigenen Lebens erfahren. So entstand beispielsweise die Kreuzwegandacht, bei der in 14 teils biblisch bezeugten, teils außerbiblischen Stationen der Leidensweg Jesu von der Verurteilung durch Pilatus bis zum Tod am Kreuz betrachtet wird. Solche Kreuzwege können sich in freier Natur befinden und lange Wegstrecken umfassen. Die meis-

ten Kirchengebäude haben zudem die Kreuzwegstationen als Bilder oder Skulpturen entlang der Innenwände angebracht.
Demselben geistigen Umfeld entstammen viele Formen der Advent- und Weihnachtsfrömmigkeit (Kapitel 10): Weihnachtskrippen, adventliches und weihnachtliches Liedgut sowie zahlreiche regional verbreitete Praktiken, immer in Hinblick auf die Menschwerdung Jesu und seine Nähe zu den Kleinen, Schwachen und Leidenden.

Marianische Frömmigkeit

Viele Formen der *pia exercitia* sind auf Maria, die Mutter Jesu, fokussiert. Die wirkmächtigste dieser Formen ist das *Rosenkranzgebet.* Sein prägendes Element ist das Gebet des *Ave Maria* (beginnend mit *Gegrüßet seist du, Maria*, Lk 1,28), das insgesamt 50 Mal wiederholt wird. Dabei werden fünf Gruppen *(Gesätze)* aus je zehn Ave Maria gebildet, wobei jedes Gesätz einen kurzen textlichen Einschub enthält, der Ereignisse aus dem Leben Jesu oder Marias thematisiert. Hinzu treten ein kurzer Eröffnungsteil sowie vor jedem Gesätz ein Vaterunser und nach jedem Gesätz das *Gloria Patri* (Kapitel 9).
Der Rosenkranz hat sich im späten Mittelalter aus älteren Vorlagen entwickelt und ist seither die bedeutendste katholische Meditationsform überhaupt. Für die kurzen Texteinschübe etablierten sich drei Varianten, sodass ein *freudenreicher*, ein *glorreicher* und ein *schmerzhafter* Rosenkranz entstanden. Drei Rosenkränze à 50 Ave Maria ergibt eine Gesamtzahl von 150, was der Zahl der biblischen Psalmen entspricht. Dies ist ein Hinweis darauf, dass der Rosenkranz als eine leicht zu erlernende Ersatzform für das Tagzeitengebet (Kapitel 8–9) kultiviert wurde. Papst Johannes Paul II. (1978–2005) führte 2002 noch den *lichtreichen* Rosenkranz ein. Weitere Textvarianten entstehen bisweilen spontan für bestimmte Anlässe.
Deutlich kürzer ist das *Angelusgebet* (siehe S. 167), deutsch *Engel des Herrn*. Maria wird hier unter der Rücksicht ihrer Erwählung als Mutter Jesu betrachtet. Die abschließende Oration ist identisch mit dem Tagesgebet der Eucharistiefeier am 4. Adventsonntag. Das Angelusgebet wird vielerorts dreimal am Tag gebetet und ist insofern ebenfalls der Tagzeitenliturgie strukturell verwandt. Von vielen Kirchengebäuden ist dreimal am Tag das kurze Angelusläuten zu hören, mit dem zu diesem Gebet eingeladen wird.

Rosenkranz und Angelus sind sowohl in gemeinschaftlicher als auch in individueller Gestaltungsform verbreitet.
Mancherorts sind *Maiandachten* äußerst populär, bei denen während des Monats Mai besondere Feiern zu Ehren Marias gehalten werden. Obwohl der Monatsname aus vorchristlicher Zeit stammt, wurde und wird gern auf die Namensähnlichkeit zwischen *Mai* und *Maria* hingewiesen.

Heiligenverehrung – Wallfahrten

Sowohl mit Maria als auch mit anderen Personen aus der biblischen und kirchlichen Geschichte sind weitere Formen der Heiligenverehrung verbunden. Sie machen sich zum Beispiel an Bildern, Statuen oder Reliquien (wörtlich *Hinterlassenschaften*: sterbliche Überreste, Kleidungsstücke oder Gebrauchsgegenstände aus dem Leben der Person) fest, denen oft wundertätige Wirkungen zugeschrieben werden. Auch Orte, an denen Heilige gewirkt haben, nach ihrem Tod erschienen sein sollen oder an denen eine Kirche zu ihren Ehren errichtet wurde, spielen eine wichtige Rolle. Solche Orte werden in Form von *Wallfahrten* besucht: Menschen wandern einzeln oder gemeinschaftlich, schweigend oder betend zu einem solchen Ziel. Wallfahrten dauern in der Regel mindestens einige Stunden, in manchen Fällen auch mehrere Wochen oder Monate.
Viele Wallfahrten sind nur regional bekannt. Einige Wallfahrtsorte haben aber weltweite Strahlkraft entwickelt, etwa Lourdes im Südwesten Frankreichs (nach dem Bericht einer Marienerscheinung im 19. Jahrhundert) oder der Jakobsweg (verschiedene europäische Wallfahrtswege nach Santiago de Compostela im nordwestlichen Spanien).

Taizé-Gebet – neue Modelle der Tagzeitenliturgie

Im 20. Jahrhundert bildete sich im französischen Taizé eine ökumenische Mönchsgemeinschaft, die Jugendgruppen aus aller Welt für kürzere oder längere Zeit zu sich einlädt. Viele Jugendliche verbreiteten die Gebetsformen aus Taizé in ihren Heimatorten. Das Taizé-Gebet kann als verdichtete Form der Tagzeitenliturgie mit hohem Anteil responsorialen Gesangs (Kapitel 8–9) und einfachen, aber prägnanten rituellen Elementen beschrieben werden. Lichtsymbolik, oft wiederholte mehrstimmige Lob- und Bittrufe in verschiedenen Sprachen, bewusster Einsatz von Zeiten der Stille sowie bestens geschulte Kantoren sind prägende Bestandteile.

Angelusgebet

Der Engel des Herrn brachte Maria die Botschaft, und sie empfing vom Heiligen Geist.

> Gegrüßet seist du, Maria, voll der Gnade. Der Herr ist mit dir. Du bist gebenedeit unter den Frauen, und gebenedeit ist die Frucht deines Leibes, Jesus. Heilige Maria, Mutter Gottes, bitte für uns Sünder, jetzt und in der Stunde unseres Todes. Amen.

Maria sprach: Siehe, ich bin die Magd des Herrn; mir geschehe nach deinem Wort.

> Gegrüßet seist du, Maria...

Und das Wort ist Fleisch geworden und hat unter uns gewohnt.

> Gegrüßet seist du, Maria...

Bitte für uns, heilige Gottesmutter (Gottesgebärerin), (auf) dass wir würdig werden der Verheißungen Christi.

Lasset uns beten. Allmächtiger Gott, gieße deine Gnade in unsere Herzen ein. Durch die Botschaft des Engels haben wir die Menschwerdung Christi, deines Sohnes, erkannt. Führe uns durch sein Leiden und Kreuz zur Herrlichkeit der Auferstehung. Darum bitten wir durch Christus, unsern Herrn. Amen.

Das Taizé-Gebet wurde auch zur Inspiration für andere, neu entwickelte Formen der Tagzeitenliturgie, die sich anstelle komplexer Varianten wie der Liturgia Horarum (Kapitel 8–9) auf Kernelemente der Tagzeiten fokussieren und diese in ansprechender ritueller Ästhetik aufbereiten.

Neue liturgische Formen – elementarisierte Liturgien

Besonders im englisch- und deutschsprachigen Raum etablieren sich neue liturgische Formen unter den Bedingungen geänderter gesellschaftlicher Verhältnisse. Die Zeit, in der Kirche(n) und Gesellschaft weitgehend identisch waren, ist vorbei. Eine christliche und liturgische Sozialisation von klein auf ist nicht mehr selbstverständlich, im Gegenteil: Sie ist längst der Ausnahmefall. Liturgie soll unter diesen Bedingungen vermehrt missionarische Wirkung entfalten, mit Grundlagen des christlichen Glaubens und Lebens vertraut machen und Menschen auf der Suche nach Sinn und Wahrheit Orientierung ermöglichen. Nicht immer erweisen sich dafür jene Rituale als geeignet, die von vornherein die Innenperspektive des Glaubens voraussetzen.

So entstehen beispielsweise Weihnachtsfeiern für kirchenferne Menschen, neue Formen des Totengedenkens in Kirchen und auf Friedhöfen, Segnungsfeiern für Verliebte, kompakte Rituale für Kinder und Familien oder für zufällig vorbeikommende Touristengruppen in historisch bedeutenden Kirchengebäuden. All diese Formen sollen Menschen den christlichen Glauben in einer leicht zugänglichen Sprache und Zeichenhaftigkeit vermitteln und zugleich das Hineinwachsen in komplexere Liturgien ermöglichen, ohne zu überfordern, abzuschrecken oder sich anzubiedern. Auch manche etablierten Liturgien werden heute oft mit Rücksicht auf die Voraussetzungen der Versammelten in elementarisierten Gestaltungsformen gefeiert. Dies gilt beispielsweise für Taufen, Trauungen und Begräbnisse. Denen, die diese Liturgien vorbereiten und leiten, kommt die Verantwortung zu, die wesentlichen rituellen Elemente und (Glaubens-)Inhalte zu identifizieren und für die Feiernden erfahrbar zu machen. Die Liturgieverantwortlichen haben dabei hohe Gestaltungsmacht, können aber auch der Gefahr unterliegen, ihre eigenen Stimmungslagen und persönlichen Präferenzen in die feiernde Gemeinde zu projizieren. Zugleich haben sie die Chance, Liturgie situationsgerecht zu fokussieren – was voraussetzt, mit dem Reichtum der historisch gewachsenen, voll entwickelten Liturgie vertraut zu sein, um ihre Potenziale erkennen und je neu freilegen zu können.

Ikonenverehrung

Ikonen sind zweidimensionale, nach jahrhundertealten Gestaltungsregeln erstellte Bilder, die Christus, Maria, andere Heilige oder Szenen aus Bibel und Kirchengeschichte zeigen. Ikonen spielen vor allem in byzantinischen Kirchenräumen eine überragende Rolle, ebenso in Wohnungen und im privaten Gebet. Sie werden durch Gebete und Gesten (Kuss, Bekreuzigung, Verneigung) verehrt. Manchen Ikonen sind sogar eigene Festtage gewidmet. Im 8. und 9. Jahrhundert tobte in Konstantinopel ein heftiger Streit um die Frage, ob Ikonen unzulässige Abbildungen des nicht darstellbaren Göttlichen und somit letztlich Vergötzung irdischer Materie seien. Das II. Konzil von Nikaia entschied 787 zugunsten der Ikonen: Mit der Menschwerdung Christi habe sich Gott eine irdische Gestalt gegeben. Nach platonischem Urbild-Abbild-Denken (Kapitel 2 und 11) könne daher Irdisches als Abbild des Göttlichen erfahrbar sein und verehrt werden, denn „die Verehrung geht auf das Urbild über". Im Westen wurde das II. Konzil von Nikaia zwar formal anerkannt, aber von den karolingischen Theologen (Kapitel 2) kaum verstanden. Ikonen verbreiteten sich nicht. Erst im 20. Jahrhundert hat das Anfertigen, Aufstellen und Verehren von Ikonen in der römisch-katholischen Kirche eine gewisse Bedeutung gewonnen.

Kerzen

Abschließend ist noch die große Bedeutung zu erwähnen, die Kerzen in der christlichen Glaubenspraxis haben. Bei nahezu jeder Liturgie werden Kerzen entzündet, für die Eucharistiefeier sind Kerzen auf oder neben dem Altar sogar ausdrücklich vorgesehen. Viele Gläubige stellen in ihren Privaträumen Kerzen vor ein Kreuz, eine Ikone oder ein Marienbild und entzünden sie zum Gebet, an Festtagen, zu gemeinsamen Mahlzeiten oder bei anderen Gelegenheiten. Die meisten Kirchengebäude haben Bereiche, in denen Kerzen aufgestellt werden können. Viele Christen verbinden diese Handlung mit einem kurzen Gebet, einem konkreten Fürbitt-Anliegen oder einfach einem Augenblick des Innehaltens.

Anhang

Glossar

Dieses Glossar erläutert gelegentlich die Herkunft von Wörtern, soweit diese in den Buchkapiteln noch nicht erschlossen wurden. Wo nicht anders angegeben, gehen die Begriffe auf die lateinische Sprache zurück.

Abendmahl → Kapitel 3

Abbild, Bild, Urbild (im platonischen Sinne) → Kapitel 2 + 10 + 12

Abt → Kapitel 7

Actuosa participatio → Kapitel 3

Advent → Kapitel 10

Agnus Dei → Kapitel 4

Akklamation
Von *acclamatio, Zuruf/Beifall.* Bezeichnung für gemeinsam vorgetragene Zustimmungs-, Jubel- oder Bekenntnisrufe, beispielsweise im Eucharistischen Hochgebet *Deinen Tod, o Herr, verkünden wir …* oder in kürzester Form *Amen* (Kapitel 5).

Akolyth, Akolythin → Kapitel 6

Aktive Teilnahme → Kapitel 3

Albe → Kapitel 7 + 11

Allerheiligstes
Bezeichnung für die eucharistische Materie von Brot und Wein ab dem Moment, in dem die Einsetzungsworte gesprochen wurden (Kapitel 5).

Allgemeines Gebet → Kapitel 4

Allgemeines Priestertum → Kapitel 6

Altar, Altarweihe → Kapitel 7 + 12

Altarraum → Kapitel 7

Altkatholisch
Die altkatholische Kirche bildete sich aus Ablehnung des I. Vatikanischen Konzils (1869–70), das die umfassende Lehr- und Leitungsautorität des Papstes definiert hatte. Den altkatholischen Kirchen gehören heute weltweit knapp 100 000 Menschen an, Schwerpunkte sind die Niederlande, Deutschland, Polen und die Schweiz.

Altorientalisch → Kapitel 2

Altes Testament → siehe *Bibel*

Ambo, Ambon, Amvon → Kapitel 7

Ambrosianisch, ambrosianischer Ritus → Kapitel 2

Amen → Kapitel 5

Amtspriestertum → Kapitel 6

Anabasis, anabatisch → Kapitel 3

Anaklese → Kapitel 5

Anamnese → Kapitel 3 + 5

Anaphora
Griechisch in etwa *Erhebung/Hinaufrufen*. In östlichen Liturgien verbreitete Bezeichnung für das Eucharistische Hochgebet (Kapitel 5).

Anbetung, Andacht
Frei gestaltete Formen der *pia exercitia* (Kapitel 1 + 12). *Anbetung* wird oft gleichbedeutend mit *Eucharistischer Anbetung* verwendet (Kapitel 12), *Andacht* dient meist als Begriff für Feiern mit Schwerpunkt auf textlichen Elementen (Lieder, Gebete).

Angelus → Kapitel 12

Anglikanisch, Anglican Use
Wörtlich *englisch/auf England bezogen*. Das anglikanische Christentum bildete sich als selbstständige Kirche im 16. Jahrhundert in England unter König Heinrich VIII. (1491–1547) aufgrund eines Streites mit dem Papst über die Zuständigkeit für Bischofsernennungen in England. Durch britische Auswanderungen und das britische Kolonialreich verbreitete sich das anglikanische Christentum in alle Welt. Es ist liturgisch dem römisch-katholischen Christentum eng verwandt, hat aber in seiner Theologie umfangreiche Einflüsse aus verschiedenen evangelischen Richtungen angenommen. Den anglikanischen Kirchen gehören heute über 100 Millionen Menschen weltweit an. – Durch Übertritt größerer anglikanischer Gruppen in die katholische Kirche kam es in den letzten Jahrzehnten zur Zulassung der anglikanischen Liturgie in der katholischen Kirche. Der *Anglican Use (anglikanischer Brauch)* ist dadurch gewissermaßen zu einem katholischen liturgischen Ritus geworden, auch wenn der kirchenrechtliche Rahmen in diesem Fall anders ist als zum Beispiel bei den katholischen Ostkirchen (Kapitel 2).

Anthropozentrisch → Kapitel 1

Antiphon, antiphonales Singen → Kapitel 9

Antwortpsalm → Kapitel 4

Apostel → Kapitel 3

Apostolische Sukzession → Kapitel 6

Apsis → Kapitel 7

Aristoteles, aristotelisch → Kapitel 2 + 5 + 11

Arkandisziplin
Von *arcanum, das Verborgene*. Bezeichnung für die in antiken Religionen weit ver-

breitete und auch im frühen Christentum übliche Praxis, zu zentralen religiösen Vollzügen keine Außenstehenden zuzulassen. Dies galt besonders für die Eucharistiefeier, die nur von getauften Christen mitgefeiert werden durfte (Kapitel 3).

Aschermittwoch, Aschenkreuz → Kapitel 10

Asperges, Aspergill
Von Ps 51,3 *asperges me, Domine, hyssopo … (besprenge mich, Herr, mit einem Ysopzweig …).* Asperges bezeichnet die Besprengung der Versammelten mit Wasser z. B. zu Beginn der Eucharistiefeier (Kapitel 4). Das Aspergill ist der dafür verwendete, mit einem Schwamm versehene Metallstab, mit dem Wasser aufgesogen und verspritzt werden kann. In jüngerer Zeit kommen statt des metallenen Aspergills vermehrt Baum- oder Strauchzweige zum Einsatz.

Aussetzung → Kapitel 12

Autokephale Kirchen, autonome Kirchen → Kapitel 2

Ave Maria → Kapitel 12

Bahnlesung
Gestaltungsprinzip besonders für Leseordnungen in der Eucharistiefeier (Kapitel 4) und für die Aufteilung der Psalmen in der Tagzeitenliturgie (Kapitel 8 + 9): Ein längerer Text wird über mehrere Liturgien/Tage/Sonntage aufgeteilt und abschnittsweise gelesen; man setzt immer dort fort, wo man zuletzt aufgehört hat. Der lateinische Begriff lautet *lectio continua, aufeinanderfolgende Lesung.*

Baptisterium
Von *baptisma, Taufe.* Gebäude, das für die Taufspendung (Kapitel 11) errichtet ist. Historische Baptisterien sind oft achteckig (zum Beispiel das berühmte *Baptisterium San Giovanni* in Florenz). Heute werden für die Taufe meist separate Bereiche im Kirchengebäude (Kapitel 7) genutzt, an denen sich das – in der Regel steinerne und fest installierte – Taufbecken befindet.

Basilika → Kapitel 7

Begräbnis → Kapitel 12

Beichte → Kapitel 11

Bema, Bima, Vima → Kapitel 7

Benedictus
In etwa *gesegnet/gepriesen.* Anfangswort und Name des zweiten Teils des Sanctus (Kapitel 5) sowie des neutestamentlichen Hauptgesangs der Laudes (Kapitel 9), außerdem lateinischer Personenname oder Ehrentitel, etwa bei Benedikt von Nursia (Kapitel 8) oder als Ordensname der Märtyrin Theresia Benedikta vom Kreuz (bürgerlicher Name Edith Stein, 1891–1942).

Benediktion, Benediktionale → Kapitel 12

Benediktsregel → Kapitel 8

Berakha
Hebräisch in etwa *Lobpreis/Segensspruch.* Wird je nach der Vorgehensweise bei der

Übertragung hebräischer Buchstaben auch *Beracha, Bracha* oder ähnlich geschrieben; Plural *Berakhot/Berachot* usw. Siehe näher Kapitel 5.

Bibel
Griechisch *biblia, Bücher.* Wichtigste normative christliche Textsammlung, bestehend aus Altem Testament und Neuem Testament (Kapitel 1). Der Plural *Bücher* weist darauf hin, dass es sich um eine über Jahrhunderte gewachsene Sammlung sehr unterschiedlicher Texte handelt (Erzählungen, Augenzeugenberichte, Gedichte, Briefe, argumentierende Lehrtexte, Prophetien usw.). In den christlichen Kirchen (Kapitel 2) gibt es kleinere Unterschiede im biblischen Textbestand, in der theologischen Bedeutung, die einzelnen Texten zugeschrieben wird, in der Reihenfolge, in der die Texte in der gedruckten Bibel angeordnet werden und schließlich in der Gruppierung und Betitelung. Die römisch-katholische Bibelfassung zählt 46 Bücher im Alten Testament und 27 Bücher im Neuen Testament.

Bild, Abbild, Urbild (im platonischen Sinne) → Kapitel 2 + 10 + 12

Bischof → Kapitel 6

Bistum → siehe *Diözese*

Bitt-Tage
Regional verbreiteter Brauch, an den Tagen vor Christi Himmelfahrt (Kapitel 10) Prozessionen unter freiem Himmel mit Gebet um gelingende Ernte abzuhalten.

Brauchtum (pia exercitia) → Kapitel 1 + 12

Brevier → Kapitel 8

Brotbrechen, Brotbrechung → Kapitel 3 + 4

Bußakt (in der Eucharistiefeier) → Kapitel 4

Buße, Bußsakrament → Kapitel 10

Byzanz, byzantinisch → Kapitel 2

Canon, Canon Romanus → Kapitel 5

Canticum, canticum evangelicum → Kapitel 9

Casel → Kapitel 7

Chor (Gesang) → Kapitel 6

Chor, Chorraum, Chorgestühl (Kirchenarchitektur) → Kapitel 7

Chormantel → Kapitel 7

Chrisammesse
Vom Bischof geleitete Eucharistiefeier, in der die Öle für Taufe, Firmung, Ordinationen, Krankensalbung (Kapitel 11) und andere Anlässe gesegnet und dann in die Gemeinden überbracht werden. Die Chrisammesse wird jährlich in der Heiligen Woche, spätestens am Gründonnerstag (Kapitel 10) gefeiert. Der Name stammt vom wichtigsten der Öle, dem *chrisma* oder *chrisam* (griechisch *Salböl*).

Christi Himmelfahrt → Kapitel 10

Christkönigsfest, Christkönigssonntag → Kapitel 10

Christmette → Kapitel 10

Chrysostomos-Anaphora → Kapitel 5

Cingulum → Kapitel 7

Collecta → siehe *Kollekte*

Commune (z. B. für Heiligenfeste) → Kapitel 10

Communio (Gesang) → Kapitel 4

Credo
Wörtlich *ich glaube.* Anfangswort und Bezeichnung des christlichen Glaubensbekenntnisses (Kapitel 4).

Dalmatik → Kapitel 7

Darbringungsformel → Kapitel 5

Dedikation → Kapitel 12

Dekalog
Griechisch in etwa *Zehnwort.* Fachbegriff für die biblischen „Zehn Gebote", zu denen auch die Einhaltung des Schabbat/Sabbat gehört: wichtige Grundlage für die Entstehung der christlichen Sonntagspraxis (Kapitel 10). Den Dekalog gibt es in zwei Textfassungen mit unterschiedlichen theologischen Akzentsetzungen: Ex 20,1–17; Dtn 5,2–22.

Diakon, Diakonin, Diakonat → Kapitel 6

Dies irae → siehe *Sequenz*

Diözese
Von griechisch *dioikesis,* in etwa *Verwaltung/Organisationseinheit.* Im Römischen Reich Bezeichnung für eine große Verwaltungseinheit; beispielsweise war die iberische Halbinsel (heutiges Spanien und Portugal) eine Diözese. In der katholischen Kirche wird der Amtsbereich eines Bischofs *Bistum* oder *Diözese* genannt, im griechisch geprägten Christentum *Eparchie* (in etwa *Amtsbereich/Provinz*) (Kapitel 6).

Direktorium
Von *dirigere, lenken*; kirchenrechtlicher Fachbegriff. Im Kontext der Liturgie versteht man darunter den jedes Jahr neu veröffentlichten Kalender einer Diözese, eines Klosters etc., in dem die genauen Angaben für die Liturgie jedes einzelnen Tages zu finden sind.

Dom → siehe *Kathedrale*

Doxologie → Kapitel 3 + 5

Dreifaltigkeitsfest → Kapitel 10

Ehe, Eheschließung → Kapitel 6 + 11

Einsetzungsbericht, Einsetzungsworte → Kapitel 5

Entlassung (Abschluss der Liturgie) → Kapitel 4

Elevation
Wörtlich *Erhebung*. Emporheben und Zeigen des eucharistischen Brotes und des Kelches durch den Vorsteher der Eucharistiefeier unmittelbar nach den Einsetzungsworten (Kapitel 5). Etwa ab dem 12. Jahrhundert wurde die Elevation als visueller Höhepunkt der gesamten Eucharistiefeier gestaltet, heute handelt es sich nur noch um einen kurzen Gestus, zu dem sich viele Feiernde verneigen oder bekreuzigen (Kapitel 7).

Ellipse → Kapitel 7

Eparchie → siehe *Diözese*

Epiklese → Kapitel 3 + 5

Epiphanie (Festtag) → Kapitel 10

Episkopat
Von griechisch *episkopos, Aufseher*, davon lateinisch *episcopus* und deutsch *Bischof*. Fachbegriff für das Bischofsamt und die damit verbundenen theologischen Vorstellungen (Kapitel 6).

Epistel
Von *epistula, Brief*. Bezeichnung für eine Lesung aus einem der neutestamentlichen Briefe (Kapitel 4).

Erntedank
Kein offizielles liturgisches Fest. Im landwirtschaftlich geprägten Katholizismus ist es üblich, einen Sonntag im Herbst als Erntedankfest zu feiern, wobei der Kirchenraum mit geernteten Früchten geschmückt wird. Auch die wichtigsten alttestamentlichen Frühlingsfeste *Pesach* (aus dem sich das christliche Ostern entwickelte, Kapitel 10) und *Schawuot* (daraus: Pfingsten) sowie *Sukkot* im Herbst enthalten Erntedankmotive (Dtn 16,9–10; Ex 23,16). Dies ist vermutlich auch ihr religionsgeschichtlicher Ursprung, der später aufgrund neuer Erfahrungen (Befreiung Israels aus Ägypten, Auferstehung Jesu usw., Kapitel 10) spirituell-theologisch überformt wurde.

Eröffnungsvers → Kapitel 4

Erstkommunion → Kapitel 11

Erwachseneninitiation, Erwachsenentaufe → Kapitel 11

Erzbischof, Erzbistum, Erzdiözese
Ein Bischof, der einem Erzbistum (einer Erzdiözese) vorsteht (Kapitel 2 + 6), heißt Erzbischof oder Metropolit. Erzbischöfe hatten früher eine gewisse rechtliche Autorität in ihrer *Kirchenprovinz*, zu der neben einem Erzbistum auch mehrere gewöhnliche Bistümer gehören. Heute ist der Vorrang der Erzbischöfe fast nur noch zeremonieller Art. In der Liturgie trägt der Erzbischof über der Casel (Kapitel 7) das *Pallium* (wörtlich *Mantel*): einen kragenähnlichen, aus Schafwolle hergestellten Überwurf, der beim Amtsantritt vom Papst persönlich überreicht wird.

Erscheinung des Herrn (Festtag) → Kapitel 10

Eucharistiefeier → Kapitel 3–5

Eucharistische Anbetung, Eucharistische Frömmigkeit → siehe *Anbetung*

Eucharistische Liturgie (Teil der Eucharistiefeier) → Kapitel 4

Eucharistisches Hochgebet → Kapitel 5

Evangeliar
Buch, das die Evangelienlesungen für die Eucharistiefeier enthält (Kapitel 4, siehe auch unten *Lektionar*). Das Evangeliar ist oft künstlerisch besonders ausgestaltet, im Unterschied zum Lektionar wird es auch rituell verehrt (zum Beispiel durch Emporheben, Beweihräuchern und Küssen).

Evangelisch
Das Wort wird entweder im Sinne von *evangeliumgemäß* oder – vor allem im deutschen Sprachraum – als Oberbegriff für die Kirchen der Reformation (Kapitel 2) gebraucht, die ab dem 16. Jahrhundert zunächst vor allem in Deutschland, den Niederlanden und der Schweiz entstanden. Wichtigste Richtungen des evangelischen Christentums sind die lutherische (nach Martin Luther, 1483–1546), die reformierte (darunter vor allem die calvinistische nach Johannes Calvin, 1509–1564) und die methodistische (nach John Wesley, 1703–1791), wobei der Methodismus aus der anglikanischen Kirche hervorgegangen ist und erst in jüngerer Zeit als Teil des evangelischen Christentums gesehen wird. Ausgehend von der *Speyrer Protestation*, mit der evangelische Vertreter 1529 gegen anti-evangelische kaiserliche Gesetzgebung auftraten, ist für evangelische Kirchen auch der Begriff *protestantisch* verbreitet.

Evangelium, Evangelien
Beginn und wichtigster Bestandteil des Neuen Testaments. Die Evangelien sind erzählerische Überlieferungen über das Leben, Reden und Wirken Jesu. Die Evangelien werden nach den Verfassern benannt, denen sie schon im frühen Christentum zugeschrieben wurden, sie stehen in christlichen Bibeln immer in der Reihenfolge Matthäus-, Markus-, Lukas-, Johannesevangelium.

Evensong → Kapitel 8

Ewigkeitsformel → Kapitel 5

Exequien, Exsequien
Von *exsequiae, Bestattung*. Fachbegriff für die Begräbnisliturgie (Kapitel 12), manchmal auch für vorausgehende oder darauffolgende Rituale.

Exkommunikation
In etwa *Ausschluss aus der eucharistischen Gemeinschaft*. Die Exkommunikation ist seit der Frühzeit des Christentums die schwerste kirchliche Strafe, den Exkommunizierten wird der Empfang der eucharistischen Kommunion (Kapitel 3–5) sowie der übrigen Sakramente (Kapitel 11) verweigert. Die Praxis der Exkommunikation und der Wiederaufnahme in die Gemeinschaft nach einer Zeit der Buße und Umkehr ist eine der wesentlichen historischen Grundlagen für die Entstehung der Österlichen Bußzeit (Kapitel 10).

Exorzismus
Wörtlich *Beschwörung* oder *Herausrufung*. Entgegen einem medial vermittelten Bild gewalttätiger „Dämonenaustreibungen“ versteht man unter einem Exorzismus

jede Form von Gebet oder Segnung, die einen Menschen vom Bösen befreien oder vor dem Bösen schützen soll. Exorzismen spielen (früher mehr als heute) eine wichtige Rolle für Taufvorbereitung und Taufe (Kapitel 11).

Exsultet, Exultet → Kapitel 10

Farben (liturgische Gewänder) → Kapitel 10

Fasten, Fastenzeit, Fasttage, Fastenbrechen → Kapitel 3 + 10

Fest, Festtage, Festzeiten → Kapitel 10

Filioque
In der Westkirche (Kapitel 2) seit dem 6. Jahrhundert vorgenommene Erweiterung des Glaubensbekenntnisses der Konzilien von Nikaia (325) und Konstantinopel (381): „Ich glaube an den Heiligen Geist, der [...] aus dem Vater *und dem Sohn* (lateinisch *filioque*) hervorgeht ...". Neben der Rechtsstellung des römischen Papstes spielte und spielt die einseitige Einführung des *filioque* einen wesentlichen Streitpunkt zwischen katholischer und orthodoxer Kirche (Kapitel 2), vor allem nachdem sich das *filioque* im 11. Jahrhundert im Westen allgemein durchgesetzt hatte. In ökumenischen Gottesdiensten (Kapitel 12) wird heute grundsätzlich die ursprüngliche Fassung ohne *filioque* verwendet.

Firmung → Kapitel 11

Formular
Zusammenstellung der Texte für Eucharistiefeier und Tagzeitenliturgie zu einem bestimmten Anlass. Wird ein neuer Festtag im Kalender eingeführt, erscheinen diese Textzusammenstellungen traditionell in Form eines gedruckten Blattes, das in die liturgischen Bücher eingelegt werden kann.

Frauenordination → Kapitel 6

Friedensgruß, Friedensritus, Friedenszeichen → Kapitel 4

Fronleichnam → Kapitel 10 + 12

Fürbitten → Kapitel 4

Fußwaschung (am Gründonnerstag) → Kapitel 10

Gabenbereitung, Gabengebet → Kapitel 5

Gebet der Gläubigen → Kapitel 4

Gebet des Herrn → siehe *Herrengebet*

Gedächtnis, Gedenken → siehe *Anamnese*

Gedenktag → Kapitel 10

Glaubensbekenntnis → Kapitel 4

Gloria (Eucharistiefeier) → Kapitel 4

Gloria Patri (Tagzeitenliturgie) → Kapitel 9

Gottesdienst
In diesem Buch wird der Begriff *Gottesdienst* weitgehend vermieden, da er in der Fachsprache und im kirchlichen Alltag uneinheitlich verwendet wird. Am sinnvolls-

ten dürfte es sein, alle in diesem Buch beschriebenen Handlungen als Gottesdienst zu bezeichnen, mindestens aber jene, die gemeinschaftlich bzw. öffentlich begangen werden.

Gottesdienstleiter, Gottesdienstleiterin → Kapitel 6

Gotteslob (Gebet- und Gesangbuch)
Nach dem Zweiten Vatikanischen Konzil wurde für den deutschen Sprachraum ein gemeinsames Gebet- und Gesangbuch für alle römisch-katholischen Diözesen erarbeitet, das das meistverwendete Buch für die Auswahl von Liedern in der Liturgie ist. Dieses Buch trägt den Namen Gotteslob und wurde zuletzt 2013 neu herausgegeben. Das Buch wird nicht nach Seitenzahlen angegeben, sondern nach Nummern. Die Nummern 1–684 sind für alle Diözesen gemeinsam, die Nummern ab 700 fügt jede Diözese (oder mehrere Diözesen gemeinsam) nach eigenem Bedarf hinzu. In der deutschsprachigen Schweiz ist stattdessen das *Katholische Gesangbuch* in Gebrauch.

Göttliche Liturgie → Kapitel 1 + 3

Graduale (Gesang) → Kapitel 4

Gregorianik, Gregorianischer Choral → Kapitel 2

Gregorianischer Kalender → Kapitel 2 + 10

Große Fürbitten (am Karfreitag) → Kapitel 10

Gründonnerstag → Kapitel 10

Halleluja → Kapitel 4 + 10

Heilige, Heiligenfeste, Heiligenverehrung, Heiligsprechung → Kapitel 2 + 10 + 12

Heilige Woche → Kapitel 4 + 10

Herrenfeste → Kapitel 10

Herrengebet
Das Herrengebet oder *Gebet des Herrn* ist das von Jesus überlieferte und in allen christlichen Traditionen sehr häufig verwendete Gebet, das nach seinen Anfangsworten meistens *Vaterunser* genannt wird. Es existiert in zwei Textfassungen: Mt 6,9–13 ist die bekanntere, die auch in der Liturgie verwendet wird; Lk 11,2–4 ist dagegen kaum gebräuchlich. Die Wortstellung „Vater unser" ist aus dem Griechischen und Lateinischen übernommen; moderne Bibelübersetzungen bevorzugen dagegen die Wortstellung „unser Vater".

Herrenjahr → Kapitel 10

Herrenmahl → Kapitel 3

Herrentag (Sonntag) → Kapitel 10

Herz-Jesu-Fest, Herz-Jesu-Freitag, Herz-Mariä-Samstag
Im Zuge der Herz-Jesu-Verehrung (Kapitel 12) entstandener Brauch, am ersten Freitag eines Monats entsprechende Votivmessen (siehe unten, *Votivmesse*) und Eucharistische Anbetung zu halten. Weniger bedeutend ist der darauf folgende Herz-Ma-

riä-Samstag. Der dritte Freitag nach Pfingsten wird seit 1846 als Hochfest des heiligsten Herzens Jesu (Kapitel 10) begangen.

Hochaltar → Kapitel 7

Hochamt → Kapitel 3

Hochfest → Kapitel 10

Hochgebet → Kapitel 5

Hochzeit → siehe *Trauung*

Hoher Donnerstag → Kapitel 10

Homilie
Von griechisch *homilia, Rede/Lehre/Unterweisung/Unterhaltung.* Fachbegriff für eine liturgische Predigt, die die zuvor vorgetragenen biblischen Lesungen (oder gelegentlich andere Bestandteile der Liturgie) in die Gegenwart der Versammelten überträgt (Kapitel 4 + 6). Jede Homilie ist eine Predigt, aber nicht jede Predigt ist eine Homilie.

Hostie → Kapitel 3 + 4

Hymnus → Kapitel 8 + 9

Ideenfeste → Kapitel 10

Ikone, Ikonenverehrung → Kapitel 2 + 12

Ikonostase
Ikonenwand in Kirchengebäuden der byzantinischen Tradition (Kapitel 2); setzte sich nach dem *Ikonoklasmus (Bilderstreit)* des 8. und 9. Jahrhunderts (Kapitel 12) durch. Die Ikonostase befindet sich zwischen Altarraum und Kirchenschiff (Kapitel 7). Entgegen einer verbreiteten Deutung besteht ihr Sinn nicht darin, den Kirchenraum zu teilen, den Vorsteher von der Versammlung zu trennen oder liturgische Handlungen zu verbergen, sondern „Unsichtbares sichtbar zu machen": die Gemeinschaft von göttlicher und menschlicher, himmlischer und irdischer Welt.

Initiation, Initiationssakramente → Kapitel 11

Inkarnation → Kapitel 4

Interzessionen → Kapitel 5

Introitus (Gesang) → Kapitel 4

Inzens
Von *incensum, Weihrauch.* Die Beweihräucherung von Menschen oder Gegenständen wird als Inzens, Inzensierung oder Inzensation bezeichnet. Vom griechischen *thyos* für das Weihrauchopfer wird die Person, die das Weihrauchfass trägt, als *Thurifer* oder *Thuriferar* bezeichnet.

Jahreskreis → Kapitel 4 + 10

Julianischer Kalender → Kapitel 2 + 10

Kalender → Kapitel 10

Kanon → Kapitel 5

Kantor, Kantorin → Kapitel 6

Kanzel → Kapitel 7

Kapelle, Kaplan
Schillernder Begriff, der auf *cappella, Mantel*, zurückgeht. Zunächst war *Kapelle* die Bezeichnung für den Aufbewahrungsort des Mantels des heiligen Bischofs Martin von Tours (4. Jahrhundert), der von eigens zuständigen Klerikern (Kapitel 6), den *cappellani*, beaufsichtigt wurde. Von dort aus ging der Begriff Kapelle auf kleinere Kirchenräume sowie auf Musikgruppen über und entwickelte sich auch zur Bezeichnung für Priester, die keine Pfarrer sind (Kaplan).

Kardinal
Von *cardo, Dreh- und Angelpunkt*, so wurden im frühen Christentum die wichtigsten Kirchengebäude der Stadt Rom genannt. Die Kardinäle waren die an diesen Kirchen tätigen Kleriker (Kapitel 6). Heute bilden die Kardinäle den wichtigsten Beraterkreis des Papstes. Alle unter 80 Jahre alten Kardinäle wählen nach dem Tod oder Rücktritt des Papstes seinen Nachfolger. Das Kardinalsamt ist kein Weiheamt, allerdings sind fast alle Kardinäle Bischöfe. Jedem Kardinal ist eine „Titelkirche“ in Rom zugeordnet, dadurch werden die Kardinäle gewissermaßen zeremoniell zu Klerikern der Stadt Rom. Die meisten Kardinäle leiten entweder ein Bistum irgendwo auf der Welt (Kapitel 6) oder sind in päpstlichen Behörden in Rom tätig. – Neuere Reformansätze schlagen vor, auch Frauen und männliche Laien zu Kardinälen zu ernennen (für Letzteres gibt es Vorbilder noch bis ins 19. Jahrhundert) sowie ein Kardinalat auf Zeit einzurichten.

Karwoche, Karfreitag, Karsamstag → Kapitel 10

Kasel → Kapitel 7

Kasualien
Von *casus, Fall/Anlass*. Oberbegriff für anlassbezogene Liturgien wie Taufe, Firmung, Trauung, Segnungsfeiern usw. (Kapitel 11–12). Der Begriff Kasualien ist eher in der evangelischen Kirche und Theologie gebräuchlich.

Katabasis, katabatisch → Kapitel 3

Katechist, Katechistin → Kapitel 6

Kathedra, Kathedrale
Als Kathedrale oder Dom (von *domus, Haus*) wird die Hauptkirche einer Diözese bezeichnet, in der sich die Kathedra des Bischofs (Kapitel 7) befindet. Manche anderen Kirchengebäude werden aufgrund ihrer Größe oder ihrer historischen Bedeutung ebenfalls Kathedrale oder Dom genannt. Der Begriff Münster (von *monasterium, Kloster*) bezeichnet ursprünglich eine Kirche, in der eine Mönchs- oder Klerikergemeinschaft Liturgie feiert, ist aber in der regionalen oder historisch gewachsenen Verwendung manchmal auch auf Kathedralen übergegangen und umgekehrt.

Kathedraloffizium → Kapitel 8 + 9

Katholisch
Griechisch *allumfassend*. Der Begriff ist zur Eigenbezeichnung des Patriarchats Rom und der mit ihm verbundenen Ostkirchen geworden („katholische Kirche“, Kapitel 2), wird aber auch von anderen Kirchen z. B. im Glaubensbekenntnis verwendet („die einige, heilige, katholische und apostolische Kirche“) und drückt aus, dass die christliche Botschaft sich an alle Menschen in allen Völkern richtet.

Kehrvers → Kapitel 4 + 9

Kelchkommunion → Kapitel 4

Kirchengebäude, Kirchenraum, Kirchweihe → Kapitel 7 + 12

Kirchenjahr → Kapitel 10

Kleriker, Klerus → Kapitel 6

Kloster → Kapitel 8

Kollekte
Von *colligere, zusammentragen*. Als Kollekte wird die Geldsammlung als Teil der Gabenbereitung in der Eucharistiefeier bezeichnet (Kapitel 4). In der Fachsprache ist Kollekte (oder Collecta) die Kurzbezeichnung für das Kollektengebet als Teil einer Oration (Kapitel 5).

Kommunion → Kapitel 3 + 4

Kommunionepiklese → Kapitel 5

Kommunionvers → Kapitel 4

Komplet → Kapitel 8 + 9

Konfession
Von *confessio, Bekenntnis*. Wertneutraler, meist von außen gewählter Begriff, um eine Glaubensgemeinschaft oder eine Gruppe von Gemeinschaften zu bezeichnen, die sich auf denselben Glaubensinhalt bzw. dessen konkrete Ausformulierung in Form von Glaubensbekenntnissen (siehe *Credo*) oder anderen verbindlichen Lehrtexten beziehen. In diesem Sinne ist die katholische Kirche eine eigene Konfession, die orthodoxen Kirchen bilden gemeinsam eine Konfession, während evangelisch ein Oberbegriff für verschiedene Konfessionen ist (lutherisch, reformiert usw.).

Konfirmation → Kapitel 11

Kongolesischer Ritus → Kapitel 4

Konsekration, Konsekrationsworte → Kapitel 5

Konventamt → Kapitel 3

Konzelebration
Von *concelebratio, gemeinsame Feier*. Fachbegriff für eine Eucharistiefeier, der mehrere Bischöfe oder Priester gemeinsam vorstehen (Kapitel 6), wobei einer von ihnen *Hauptzelebrant* ist. Siehe auch *Zelebrant*.

Konzil, Konziliarität
Von *concilium, Zusammenkunft*. Unter einem Konzil versteht man in der katholischen

Kirche heute die Versammlung aller Bischöfe (Kapitel 6). Das Konzil ist zusammen mit dem Papst (Kapitel 2) die höchste kirchliche Autorität. In früheren Jahrhunderten konnten Konzilien auch anders zusammengesetzt sein. Das Wort *Synode* (griechisch *synodos, Zusammenkunft*) wird manchmal gleichbedeutend mit Konzil verwendet. Im heutigen katholischen Kirchenrecht ist die Autorität von Synoden unterhalb der von Konzilien angesiedelt, Synoden sind meist regional oder thematisch begrenzt. *Synodalität* ist ein aktuell sehr wichtiger theologischer Begriff für das Verständnis gemeinschaftlicher Entscheidungsprozesse, während *Konziliarität* eher historisch im Zusammenhang der Verhältnisbestimmung zwischen der Autorität von Konzilien und der Autorität des Papstes verwendet wird, die lange Zeit umstritten war.

Die katholische Kirche erkennt heute 21 Konzilien als „ökumenisch" (im Sinne von *allgemeinverbindlich*) an, vom I. Konzil von Nikaia (325) bis zum II. Vatikanischen Konzil (1962–1965). Nach orthodoxem Verständnis haben nur die ersten sieben Konzilien Verbindlichkeit, die Reihe endet mit dem II. Konzil von Nikaia (787). Alle nachfolgenden orthodoxen Lehräußerungen von Bischöfen und Synoden fügen diesen sieben Konzilien keine neuen Erkenntnisse hinzu, sondern legen sie aus und wenden sie ggfs. auf neue Fragestellungen an. Die von der katholischen Kirche anerkannten weiteren 14 Konzilien sind aus orthodoxer Sicht allenfalls Regionalsynoden des Patriarchats Rom (Kapitel 2), die keine Verbindlichkeit für die Gesamtchristenheit haben können.

Kopten, koptisch → Kapitel 2

Körper, Körperhaltungen → Kapitel 7

Kreuzverehrung (am Karfreitag) → Kapitel 10

Kreuzweg → Kapitel 2 + 12

Kreuzzeichen → Kapitel 4 + 7

Kyrie → Kapitel 4

Laie → Kapitel 6 + 7

Lamentationen, Lamentationes → siehe *Trauermette*

Laudes, Laudes matutinae → Kapitel 8 + 9

Lectio continua → siehe *Bahnlesung*

Lektionar
Von *lectio, Lesung*. Das Lektionar ist ein liturgisches Buch (Kapitel 1), das die Lesungen für die Eucharistiefeier (Kapitel 4) in der Ordnung des Kirchenjahres (Kapitel 10) bzw. für besondere Anlässe wie etwa die Eucharistiefeier anlässlich einer Trauung (Kapitel 11) oder eines Begräbnisses (Kapitel 12) enthält. Das Lektionar wird nicht rituell verehrt, meistens ist es eher schlicht gestaltet, es kann aber beispielsweise beim Einzug zur Eucharistiefeier (Kapitel 4) sichtbar mitgeführt werden. Das Evangeliar (siehe oben) ist ein Auszug aus dem Lektionar.

Lektor, Lektorin → Kapitel 6

Lesehore → Kapitel 8

Lesejahr → Kapitel 4

Lettner
Im Mittelalter verbreitete Trennmauer bzw. Durchgang zwischen dem Altarraum einer großen Kirche und dem Kirchenschiff (Kapitel 7). Viele Lettner wurden später abgebaut. In anderen Kirchen sind sie architektonisch fest integriert, haben aber heute keine Funktion mehr.

Letzte Ölung → siehe *Krankensalbung*

Leviten, levitiert
Die Leviten waren einer der 12 Stämme im alttestamentlichen Israel, dem besondere liturgische Aufgaben und soziale Verpflichtungen zukamen (Dtn 18,1–8). Im lateinischen Christentum wird der Begriff insbesondere für die Rolle des Diakons (Kapitel 6) in der Liturgie verwendet. Bis zur Liturgiereform des II. Vatikanischen Konzils wurden bestimmte Liturgien, zu denen zwingend die Rolle des Diakons gehörte, als *levitiert* bezeichnet.

Liturgia Horarum → Kapitel 8 + 9

Liturgie (als Fachbegriff) → Kapitel 1

Liturgie des Wortes (Teil der Eucharistiefeier) → Kapitel 4

Lobpreis
Im fachwissenschaftlichen Sinne deutscher Ausdruck für *Doxologie* (Kapitel 3). In jüngster Zeit werden auch Liturgieformen als Lobpreis bezeichnet, in denen spontanes Beten von hoher Emotionalität, persönliche Glaubenszeugnisse, Musik und gemeinsame Lieder im Vordergrund stehen.

Luzernar, Luzernarium → Kapitel 8–10

Magisterregel → Kapitel 8

Magnificat → Kapitel 9

Maiandacht → Kapitel 12

Marianische Antiphon → Kapitel 9

Marianische Frömmigkeit → Kapitel 12

Marienfeste → Kapitel 10

Märtyrer, Märtyrin → Kapitel 10 + 12
Griechisch *Zeuge/Zeugin*. Personen, die für ihren christlichen Glauben den Tod auf sich genommen haben, werden als Märtyrer und Märtyrinnen bezeichnet und liturgisch verehrt (Kapitel 10). Im weiteren Sinne bezeichnet *Martyria* die allgemeine christliche Berufung, den Glauben zu bezeugen und öffentlich zu ihm zu stehen.

Matutin → Kapitel 8

Meletianischer Kalender → Kapitel 2 + 10

Messbuch
Normatives liturgisches Buch für die römisch-katholische Eucharistiefeier (Kapitel 1,3–5). Seit 1570 trägt dieses Buch den lateinischen Titel *Missale Romanum (Römisches Messbuch).*

Messdiener / Messdienerin → Kapitel 6

Messe, Messfeier, heilige Messe → Kapitel 3–5

Messgewand → Kapitel 7

Messstipendium → Kapitel 3

Metanie → Kapitel 7

Metropolit → siehe *Erzbischof*

Mette
Eingedeutschte Form von *Matutin* (Kapitel 8), bezeichnet entweder die Vigil oder – besonders in der evangelischen Kirche – die Laudes. Als Folge einer sprachlichen Verwechslung mit *Messe* wird die nächtliche Eucharistiefeier zu Weihnachten als *Christmette* bezeichnet (Kapitel 10).

Ministrant, Ministrantin → Kapitel 6

Missale → siehe *Messbuch*

Mitra → Kapitel 7

Mittagshore
In manchen Gemeinschaften, zum Beispiel in Klöstern, wird die kleine Hore (Kapitel 8) als Mittagshore oder Tageshore bezeichnet.

Monastisches Offizium → Kapitel 8 + 9

Monstranz → Kapitel 12

Mozarabisch, mozarabischer Ritus → Kapitel 2

Münster → siehe *Kathedrale*

Mysterion, Mysterium (Sakrament) → Kapitel 11

Nachtwache → Kapitel 8 + 10

Narthex → Kapitel 7

Nebenaltar → Kapitel 7

Neues Testament → siehe *Bibel*

Neume(n)
Schreibmethode, um die Melodien des Gregorianischen Chorals (Kapitel 2) grafisch darzustellen. Die Neumen beruhen in erster Linie auf Dirigierzeichen der Scholaleiter (Kapitel 6). Aus den Neumen entwickelte sich über viele Zwischenstufen hinweg die heute übliche Musiknotation.

Niedere Weihe → Kapitel 6

Nokturn
Von *nocturnus, nächtlich*. Der Begriff bezeichnet die einzelnen Abschnitte der Vigil (Kapitel 8), die jeweils eine bestimmte Anzahl von Psalmen und Lesungen umfassen. In alten Quellen steht manchmal *nocturnae* (Nokturnen) als Name der Vigil.

Non → Kapitel 8

Nottaufe
In rituell verkürzter Form vorgenommene Taufe, wenn der Täufling zu sterben droht (Kapitel 11). Wer die Nottaufe vornimmt, braucht dafür kein kirchliches Amt und muss nicht einmal Christ sein. Personal in katholischen Kliniken ist oft darauf vorbereitet, schwerkranke Neugeborene sofort zu taufen.

Novene
Praxis, Gebete in bestimmten Anliegen an neun aufeinanderfolgenden Tagen zu wiederholen. Auch die Zeit zwischen Christi Himmelfahrt und Pfingsten (Kapitel 10), in der in der Liturgie um das Kommen des Heiligen Geistes gebetet wird, kann als Novene bezeichnet werden.

Nunc dimittis → Kapitel 9

O-Antiphon
Magnificat-Antiphonen (Kapitel 9) vom 17. bis 23. Dezember, die mit dem Ausruf „O" beginnen. Jede O-Antiphon greift ein alttestamentliches Motiv auf, das zum Weihnachtsfest (Kapitel 10) hinführt, zum Beispiel *O Weisheit, die aus dem Mund des Höchsten hervorgeht …* oder *O Morgenstern, Glanz des ewigen Lichtes …* Die O-Antiphonen sind spätestens im 7. Jahrhundert entstanden und spielen eine bedeutende Rolle in der Geschichte der Kirchenmusik. Seit 1969 werden die Texte auch als Halleluja-Verse (Kapitel 4) in den Eucharistiefeiern vom 17. bis 23. Dezember verwendet.

Offertorium (Gesang) → Kapitel 4

Offiziantin/Offiziant
Von *officium, Dienst/Pflicht/Amt*. Bezeichnung für eine Liturgievorsteherin/einen Liturgievorsteher (Kapitel 6), vor allem in der Tagzeitenliturgie (Kapitel 8 + 9) in Ordensgemeinschaften.

Offizium → Kapitel 8 + 9

Ökumenisch
Wörtlich *das ganze Haus betreffend*, im weiteren Sinn *die ganze (bewohnte) Welt betreffend*. Der Begriff wurde vor allem verwendet, um das Römische Reich in seiner Gesamtheit zu bezeichnen. Seit dem 5. Jahrhundert wird der Patriarch von Konstantinopel (Kapitel 2) als Ökumenischer Patriarch betitelt. Im 20. Jahrhundert wurde Ökumene zum Fachbegriff für die weltweite Zusammenarbeit der christlichen Kirchen, meist verbunden mit dem Fernziel einer Kirchenvereinigung. Liturgien, die von Angehörigen verschiedener christlicher Kirchen vorbereitet und durchgeführt werden, werden ökumenisch genannt (Kapitel 12).

Ölbergstunde
Frei gestaltete, regional sehr populäre Gebetsform im Anschluss an die Eucharistiefeier des Gründonnerstagsabends (Kapitel 10). Die Ölbergstunde folgt der biblischen Chronologie der Stunden zwischen dem Letzten Abendmahl (Kapitel 3) und der Auslieferung Jesu an die römischen Soldaten (Mt 26).

Opfer → Kapitel 1 + 5 + 6

Orantenhaltung → Kapitel 7

Oration → Kapitel 5

Oratio oeconomica, oratio oeconomica
Eine Anamnese des Wesens oder der Eigenschaften Gottes, zum Beispiel *du bist gütig* oder *du bist ewig,* wird *oratio theologica* genannt. Eine Anamnese des Handelns Gottes, zum Beispiel *du hast Israel aus Ägypten befreit* oder *du hast Christus von den Toten auferweckt*, heißt *oratio oeconomica.* Oratio theologica und oratio oeconomica sind die wichtigsten anamnetischen Elemente einer Oration (Kapitel 1 + 5).

Ordinarium → Kapitel 4

Ordination → Kapitel 6 + 11

Ordo (Ordnung der Eucharistiefeier) → Kapitel 4

Ordo (Sakrament) → Kapitel 11

Orientalisch, orientalisch-orthodox
Von oriens, Osten. Kirchen, die entweder dem Konzil von Ephesus (431) oder dem Konzil von Chalkedon (451) nicht zustimmten und eigene Wege unabhängig von der Römischen Reichskirche gingen (Kapitel 2). Da sich diese Kirchen im Ostteil des Römischen Reichs oder – meistens – außerhalb der Ostgrenzen des Reiches befanden, werden sie unter dem Begriff *orientalisch* oder *orientalisch-orthodox* zusammengefasst.

Orthodox
Griechisch *rechte Art der Gottesverehrung* oder *rechte Lehre.* Der Begriff ist zur Eigenbezeichnung vieler Ostkirchen geworden. All jene Kirchen, die aus den vier östlichen Patriarchaten der römischen Reichskirche hervorgegangen sind (Kapitel 2), werden heute als orthodoxe Kirche bzw. als Gemeinschaft der orthodoxen Kirchen (Kapitel 2) bezeichnet. Daneben wird der Begriff orthodox auch in allgemeinem Sinn verwendet, um eine Praxis oder eine Lehre als authentisch und glaubenskonform zu bezeichnen oder sich dies selbst zuzuschreiben; so spricht man beispielsweise auch innerhalb des Judentums von einer orthodoxen Richtung.

Ostern, Osterfestkreis, Osternacht, Osteroktav, Osterzeit, Österliche Bußzeit, Österliches Triduum → Kapitel 10

Ostkirchen → Kapitel 2

Pallium → siehe *Erzbischof*

Palmsonntag → Kapitel 10

Pantokrator → Kapitel 2

Paramente
Fachbegriff für liturgische Gewänder (Kapitel 7), die Wortherkunft ist unklar.

Participatio actuosa → Kapitel 3

Pascha → siehe *Pesach*

Passionsfrömmigkeit → Kapitel 12

Passionszeit
Bezeichnung für die beiden Wochen vor Ostern (Kapitel 10). Der Begriff wird heute

in der römisch-katholischen Liturgie offiziell nicht mehr verwendet, ist aber in anderen Westkirchen noch in Verwendung und auch im katholischen Brauchtum populär. Ab dem zweiten Sonntag vor Ostern werden in römisch-katholischen Kirchen üblicherweise Kreuze, Hochaltäre (Kapitel 7) und andere auffällige, schmuckvolle Gegenstände mit violetten Tüchern verhüllt.

Pastor
Von *pastor, Hirte*. In vielen Regionen übliche Bezeichnung für einen Priester, der in einer Pfarrei tätig ist, ohne Pfarrer zu sein (Kapitel 6).

Pastorale → Kapitel 7

Patene
Von *patina, Schale*. Flache Schale, auf der während der Eucharistiefeier eine große Hostie (selten: mehrere Hostien) aufliegt. Anstelle der Patene bzw. ergänzend zu ihr werden heute meist größere Schalen verwendet, die Platz für größere Brotstücke bzw. zahlreiche Hostien bieten.

Patriarch, Patriarchat → Kapitel 2

Patron, Patronin, Patrozinium
Von *patronus, Beschützer/Anwalt*. Bistümer, Kirchengebäude, Berufsgruppen, Gemeinschaften etc. werden einer Heiligen oder einem Heiligen „gewidmet"; so gibt es Bistumspatrone (z. B. Martin von Tours aus dem 4. Jh. für das Bistum Mainz), Patrone von Pfarreien und ihren Kirchen (z. B. Pfarrkirche St. Peter und Paul, Filialkirche Christkönig und Wallfahrtskapelle Mariä Himmelfahrt), Patrone von Berufs- und Personengruppen (z. B. Barbara als Patronin der Bergleute oder Liborius als Patron der Nierenkranken) usw. Der Begriff Patrozinium bezeichnet entweder das Patronat als solches oder aber den entsprechenden Festtag, der dann meist liturgisch als Hochfest (Kapitel 10) begangen wird. In vielen Fällen befinden sich Reliquien der Patrone am entsprechenden Ort bzw. umgekehrt: Die Aufbewahrung von Reliquien wurde zum Anlass für den Bau eines Kirchengebäudes mit dem entsprechenden Patrozinium.

Pectorale → Kapitel 7

Pentarchie → Kapitel 2

Pesach, Pesachlamm, Pessach, Pascha, Passa(h) → Kapitel 2 + 10
Das Pesachfest (hebräisch in etwa *Fest des Vorübergangs* im Sinne des „Verschontbleibens" bei der Befreiung Israels aus der Sklaverei in Ägypten) ist eines der wichtigsten jüdischen Feste und wichtigste alttestamentliche und kalendarische Grundlage für das christliche Osterfest (Kapitel 2 + 10). Durch verschiedene Übertragungsweisen der hebräischen Sprache entstanden unterschiedliche Schreibweisen. In der lateinischen Sprache ist *pascha* auch Bezeichung des Osterfestes, etwa in der Zusammensetzung *tempus paschale* (Osterzeit). – Das Pesachlamm ist das gemäß Ex 12 zu schlachtende Lamm, dessen Blut als Erkennungszeichen der Israeliten diente; die christliche Deutung versteht Jesus als Pesachlamm (1 Kor 5,7).

Pfarre, Pfarrei, Pfarrer → Kapitel 6

Pfingsten, Pfingstmontag → Kapitel 10

Pia exercitia → Kapitel 1 + 12

Platon, platonisch → Kapitel 2 + 5 + 11

Pluviale → Kapitel 7

Pontifikalamt, Pontifikalliturgie
Eucharistiefeier („Amt") bzw. andere Liturgie, der ein Bischof (Kapitel 6) mit dem vollen bischöflichen Zeremoniell vorsteht. Der Begriff kommt vom Wort *pontifex* (wörtlich *Brückenbauer*), das schon im 1. Jahrtausend zur Beschreibung des Bischofs verwendet wurde.

Pontifikale (liturgisches Buch) → Kapitel 12

Postsanctus
Wörtlich *nach dem Sanctus*. Alte Bezeichnung für den Teil des Eucharistischen Hochgebets zwischen Sanctus und Einsetzungsworten (Kapitel 5).

Praeconium paschale
Wörtlich *österlicher Ausruf*. In der Fachwissenschaft verbreitete Bezeichnung für das Exsultet (Kapitel 10).

Präfation → Kapitel 5

Präsidialgebete → Kapitel 5

Prediger, Predigerin → Kapitel 4 + 6

Presbyter, Presbyterat → Kapitel 6

Presbyterium (Kirchenarchitektur) → Kapitel 7

Priester, Priesteramt, Priestertum → Kapitel 1 + 3 + 4 + 6

Proprium → Kapitel 4

Prostratio → Kapitel 7

Protestantisch → siehe *evangelisch*

Psalm, Psalmodie → Kapitel 4 + 8 + 9

Psalmoration → Kapitel 9

Psalmton → Kapitel 9

Psalter(ium)
Bezeichnung a) für das biblische Buch der Psalmen, b) für die liturgische Anordnung der Psalmen in der Tagzeitenliturgie (Kapitel 8 + 9) sowie c) für ein besonders im Mittelalter verbreitetes Saiteninstrument, dessen Vorläufer bereits zur Zeit des Alten Testaments bekannt war.

Pyxis
Griechisch *Büchse*. Kleines Gefäß in Form einer Schmuckdose. Die Pyxis dient zur Aufbewahrung und besonders zum Transport geringer Mengen von Hostien, zum Beispiel für die Krankenkommunion (Kapitel 6).

Quadragesima
Von *quadraginta, vierzig*. Bezeichnung für die Österliche Bußzeit (Kapitel 10).

quartodezimanisch → Kapitel 10

Quatember
Von *quattuor tempora, vier (Jahres-)Zeiten.* Viermal jährlich stattfindende kurze Buß- und Fastenzeiten, die besonders in der Mitte des 1. Jahrtausends eine große Rolle spielten. Die Quatembertage gingen von Mittwoch bis Samstag, wobei Mittwoch, Freitag und Samstag mit eigenen Eucharistiefeiern begangen wurden. Die Eucharistiefeier am Samstag umfasste 12 Lesungen, der folgende Sonntag war dafür „eucharistiefrei". Ab dem 9. Jahrhundert verbreiteten sich auch Eucharistiefeiern an den Sonntagen, die Quatembertage verloren nach und nach an Bedeutung. Sie sind heute kein fester Bestand des Kalenders mehr, aber zum Teil noch als Termine für Bußandachten verbreitet.

Rauchmantel → Kapitel 7

Realpräsenz → Kapitel 5

Realsymbol → Kapitel 11

Reformation, reformiert → siehe *evangelisch*

Reliquien → Kapitel 10 + 12

Requiem
Eucharistiefeier im Zusammenhang eines Begräbnisses (Kapitel 12). Benannt nach dem Introitus *Requiem aeternam dona eis, Domine; Ewige Ruhe gib ihnen, Herr.* In manchen Regionen ist das Requiem unter traditionellen, aber eher unpassenden Namen wie *Seelenmesse, Sterbeamt* oder *Totenmesse* bekannt.

Responsorium → Kapitel 9

Responsum, responsoriales Singen → Kapitel 4 + 9

Retabel → Kapitel 7

Ritus → Kapitel 2

Rom, römisch → Kapitel 2

Rorate
Eucharistiefeier bei Kerzenschein an Werktagen im Advent (Kapitel 10), meist sehr früh morgens. Regional äußerst populär und mit hohem gestalterischem Aufwand gefeiert. Der Name stammt vom Introitus (Kapitel 3) *Rorate caeli (Tauet, ihr Himmel)*, der sowohl für den 4. Adventsonntag als auch für Eucharistiefeiern zu Ehren Marias vorgesehen ist.

Rosenkranz → Kapitel 12

Sabbat, Schabbat → Kapitel 10

Sakrament, Sakramente, Sakramentalität → Kapitel 11

Sakramentale, Sakramentalien → Kapitel 12

Salbung (bei Taufe und Firmung) → Kapitel 11

Sanctus → Kapitel 4 + 5

Säuglingstaufe → Kapitel 11

Schisma
Griechisch *Spaltung, Trennung*. Fachbegriff für die Aufkündigung der kirchlichen Gemeinschaft: manchmal von einer Seite gegenüber der anderen ausgesprochen im Sinne eines Ausschlusses, manchmal wechselseitig vollzogen im Sinne einer Kirchentrennung und damit Bildung von zwei unterschiedlichen Kirchen. Von besonderer Bedeutung für die Kirchengeschichte ist das *Große Abendländische Schisma* (Kapitel 2), das traditionellerweise, aber sachlich unzutreffend, auf das Jahr 1054 datiert wird.

Schlussgebet → Kapitel 4

Schola → Kapitel 6

Sedilien → Kapitel 7

Segen → Kapitel 12

Seitenaltar → Kapitel 7

Selige, Seligsprechung → Kapitel 10

Sequenz
Wörtlich *Abfolge*. Aus mehreren Versen bestehender Gesang, der im Mittelalter zu bestimmten Gelegenheiten in der Eucharistiefeier vor dem Evangelium gesungen wurde. Er ergänzte oder ersetzte das Halleluja (Kapitel 4 + 5). Das Konzil von Trient (1545—63) schaffte die meisten Sequenzen ab, heute sind sie nur noch an vier Tagen im Jahr optional vorgesehen. Bekannt sind *Victimae paschali laudes* am Ostersonntag und *Veni Sancte Spiritus* am Pfingstsonntag (Kapitel 10). Hohe Bedeutung in der Musikgeschichte hat das *Dies irae* aus der Eucharistiefeier beim Begräbnis (Kapitel 12), es ist heute aber nicht mehr vorgesehen.

Sext → Kapitel 8

Skrutinien
Wörtlich *Untersuchungen/Prüfungen*. Segens- und Lehrrituale im Rahmen der Taufvorbereitung (Kapitel 11). Im Rahmen der Erwachsenentaufe werden die Skrutinien heute mancherorts wieder öffentlich durchgeführt, zum Beispiel in Form der rituellen Übergabe des Glaubensbekenntnisses an den Taufbewerber.

Sonntag → Kapitel 10

Spezielle Anamnese → Kapitel 5

Statio
Bezeichnung für die „Nebenkirchen“ *(Stationskirchen)* in der Stadt Rom, in denen der Papst in der Mitte des 1. Jahrtausends täglich abwechselnd bzw. an bestimmten Festtagen Liturgie feierte *(Stationsliturgien)*. Der Begriff wird heute verwendet a) für Haltepunkte im Rahmen längerer Prozessionen, an denen gemeinsame Gebete gesprochen oder Lieder gesungen werden, b) für die einleitenden Worte in die Eucharistiefeier (Kapitel 4), c) für eigenständige, eher schlichte und kurze Liturgien etwa nach dem Modell einer vereinfachten Tagzeitenfeier (siehe *Gotteslob* 626).

Stiftungsanamnese, Stiftungsgedächtnis (im Hochgebet) → Kapitel 5

Stola → Kapitel 7

Stundenbuch, Stundengebet → Kapitel 8 + 9

Synaxis (Synaxe)
Griechisch in etwa *Versammlung*. Das Wort wird im griechischen Christentum unterschiedlich verwendet: manchmal im Sinne von *Synode* (siehe *Konzil*), manchmal als Oberbegriff für die Eucharistiefeier und andere wichtige Liturgien. Auch das gemeinsame liturgische Gedenken mehrerer Heiliger wird *Synaxis* oder *Synaxe* genannt; so kann beispielsweise das Allerheiligenfest (Kapitel 10) als „Synaxe aller Heiligen“ bezeichnet werden.

Synodalität, Synode → siehe *Konzil*

Synthronos → Kapitel 7

Tabernakel → Kapitel 7

Tätige Teilnahme → Kapitel 3

Tag des Herrn (Sonntag) → Kapitel 10

Tagesgebet → Kapitel 4 + 5

Tageshore → siehe *Mittagshore*

Tagzeiten, Tagzeitenliturgie → Kapitel 8 + 9

Taizé-Gebet → Kapitel 12

Talar → Kapitel 7

Taufe → Kapitel 11

Taufe des Herrn (Festtag) → Kapitel 10

Taufpriestertum → Kapitel 6

Te Deum → Kapitel 8

Terz → Kapitel 8

Theozentrisch → Kapitel 1

Thurifer(ar) → siehe *Inzens*

Totengedenken → Kapitel 12

Tora
Auch *Torah* oder *Thora* geschrieben. Hebräisch in etwa *Norm, Lehre, Gesetz*. Bezeichnet die ersten fünf Bücher der Bibel („fünf Bücher des Mose“) Genesis, Exodus, Levitikus, Numeri und Deuteronomium. Im Judentum bildet die Tora die wichtigste Grundlage; alle anderen heiligen Texte bauen auf der Tora auf, sind von ihr her zu verstehen bzw. werden als Entfaltung der Tora verstanden. Auch Jesus versteht sich in seinen Lebensweisungen als Lehrer der Tora.

Transsubstantiation
Wörtlich in etwa *Substanz-Überführung*. Aristoletisch geprägtes (Kapitel 2), seit dem Mittelalter im westlichen Christentum verbreitetes philosophisches Erklä-

rungsmodell für die Wandlung von Brot und Wein in Leib und Blut Christi in der Eucharistiefeier (Kapitel 5): Während das „Wesen" *(substantia, Substanz)* von Brot und Wein in Leib und Blut Christi überführt werden, bleiben die „Eigenschaften" *(accidentiae, Akzidenzien)* wie Gewicht, Geschmack, Aussehen usw. unverändert.

Trauermette(n)
Verbindung von Lesehore und Laudes (Kapitel 8) – manchmal auch nur Lesehore – in der Heiligen Woche, besonders am Karfreitag und Karsamstag (Kapitel 10). In manchen Regionen recht populär und mit hohem musikalischem Aufwand gefeiert. Bestandteil der Trauermetten sind die *Lamentationes (Klagen)*: gesungene Lesungen aus dem biblischen Buch der Klagelieder. Vertonungen der Lamentationes spielen eine bedeutende Rolle in der Kirchenmusik; dies hat dazu geführt, dass die Trauermetten manchmal insgesamt *Lamentationen* genannt werden.

Trauung → Kapitel 11

Triduum Paschale → Kapitel 10

Trishagion
Griechisch *Dreimalheilig*. Häufig verwendeter formelhafter Gesang in der byzantinischen Tradition (Kapitel 2), unter anderem in der Eucharistiefeier (Kapitel 4). Deutsche Übertragungen des Trishagion finden sich in *Gotteslob* 300 und 308,5.

Union, unierte Kirchen
Als *unierte Kirchen* werden Ostkirchen bezeichnet, die eine Union (vertragliche Übereinkunft) mit dem römischen Papst eingegangen sind (Kapitel 2), der heute bevorzugte Begriff ist *katholische Ostkirchen*. Auch im evangelischen Christentum – vor allem in Deutschland – kam es zu Unionen zwischen lutherischen und reformierten Kirchen; diese Form unierter Kirchen wird in diesem Buch nicht behandelt.

Urbild, Abbild, Bild (im platonischen Sinne) → Kapitel 2 + 10 + 12

Vaterunser → siehe *Herrengebet*

Versöhnung (Sakrament) → Kapitel 11

Vesper → Kapitel 8 + 9

Viaticum
Wörtlich *Wegzehrung*. Kommunion, die einem sterbenden Menschen gereicht wird, meist im Rahmen der Krankensalbung (Kapitel 11).

Vierwochenpsalter → Kapitel 9

Vigil → Kapitel 8 + 10

Vikar
Von *vicarius, Stellvertreter*. In vielen Regionen übliche Bezeichnung für einen Priester, der in einer Pfarrei tätig ist, ohne Pfarrer zu sein (Kapitel 6).

Volksaltar → Kapitel 7

Volksfrömmigkeit (pia exercitia) → Kapitel 1 + 12

Vorsteher, Vorsteherin (der Liturgie) → Kapitel 6 + 7

Votivmesse
Von *votum, Wunsch, Versprechen*. Eucharistiefeier (Kapitel 3–5), deren biblische Lesungen und liturgische Gebete auf eine bestimmte Thematik fokussiert sind. Es kann sich dabei um Heilige handeln (z. B. Votivmesse zu Ehren der heiligen Petrus und Paulus) oder ein Gebetsanliegen (z. B. Votivmesse um Frieden). Votivmessen werden beispielsweise regelmäßig an Wallfahrtsorten gehalten (Kapitel 12) oder auf Wunsch einzelner Personen, die dafür ein eigenes Messstipendium geben (Kapitel 3), oder auf Anordnung des Bischofs etwa in Kriegs- und Notzeiten.

Wallfahrt → Kapitel 12

Wandlung, Wandlungsepiklese, Wandlungsworte → Kapitel 5

Weihbischof → Kapitel 6

Weihe
In der deutschen Sprache ist Weihe ein ungenauer Sammelbegriff für Benediktion (Kapitel 12), Dedikation (Kapitel 12), Konsekration (Kapitel 5) und Ordination (Kapitel 6 + 11); manchmal wird er auch gleichbedeutend mit Segen/Segnung verwendet (Kapitel 12).

Weihepriestertum → Kapitel 6

Weihnachten, Weihnachtsfestkreis, Weihnachtszeit → Kapitel 10

Weihrauch, Weihrauchdarbringung → Kapitel 4 + 9

Weihwasser
Gesegnetes Wasser (Kapitel 12), das als Reinigungs- und Taufsymbol dient (Kapitel 11). An den meisten Kircheneingängen befinden sich Becken mit Wasser, das die Eintretenden mit den Fingerspitzen berühren, um sich damit zu bekreuzigen (Kapitel 7). Weihwasser kann auch in eigenen Gefäßen mitgenommen und privat aufbewahrt werden. Die Segnung des Wassers wird meist nicht öffentlich vorgenommen.

Weißer Sonntag → Kapitel 10

Weltgebetstag der Frauen
Seit dem späten 19. Jahrhundert verbreitete, durch Frauen getragene ökumenische Bewegung (Kapitel 12). Im Zentrum steht eine ökumenische Liturgie am ersten Freitag im März, die von Frauen aus einem jährlich wechselnden Land konzipiert wird.

Weltgebetswoche
Offiziell *Gebetswoche für die Einheit der Christen*. Im frühen 20. Jahrhundert entstandene Praxis, die Zeit vom 18. bis 25. Januar jedes Jahres oder – vor allem auf der Südhalbkugel – die Zeit zwischen Christi Himmelfahrt und Pfingsten ökumenischen Veranstaltungen, Begegnungen und Liturgien (Kapitel 12) zu widmen. Die Weltgebetswoche wird vom Ökumenischen Rat der Kirchen weltweit koordiniert und jedes Jahr unter einen anderen thematischen Fokus gestellt.

Wort-Gottes-Feier → Kapitel 12

Wortgottesdienst
Mehrdeutiger Begriff. Er bezeichnet oft die *Liturgie des Wortes* als Teil der Eucharistiefeier (Kapitel 4) oder die *Wort-Gottes-Feier* als eigenständige Liturgieform

(Kapitel 12), wird aber auch für frei gestaltete Liturgien verwendet, in denen Lesung und Auslegung biblischer Texte im Mittelpunkt stehen.

Zelebrant
Wörtlich *Feiernder.* Verbreiteter Begriff für den Liturgievorsteher (Kapitel 6). In der Fachsprache wird dieses Wort meist vermieden, da ja alle zur Liturgie Versammelten *Feiernde* sind.

Ziborium
Wörtlich *(Trink-)Becher.* Kelchförmiges Aufbewahrungsgefäß für die Hostien im Tabernakel (Kapitel 7).

Zingulum → Kapitel 7

Zölibat → Kapitel 6

Abkürzungen biblischer Bücher

In diesem Buch sind viele biblische Bezugsstellen angegeben. Sie sind nur beispielhaft ausgewählt. In vielen Bibelausgaben findet man an den entsprechenden Stellen weiterführende Querverweise auf verwandte Texte. Biblische Bücher werden immer mit Abkürzung, Kapitel- und Versnummer angegeben. *Mt 28,18* bedeutet demnach *Matthäusevangelium, Kapitel 28, Vers 18*. Da die Reihenfolge der biblischen Bücher heute nicht mehr als bekannt vorausgesetzt werden kann, finden sich hier alle Abkürzungen in alphabetischer Reihenfolge.
AT bedeutet, dass das Buch zum Alten Testament gehört, NT bedeutet Neues Testament.
Das Alte Testament der christlichen Bibel stimmt weitgehend mit der Heiligen Schrift des Judentums überein. Allerdings ist im Judentum die hebräischsprachige Fassung autoritativ, während das Christentum seit seinen Anfängen vorrangig die griechische Fassung verwendete, die in Umfang und Inhalt an einigen Stellen von der hebräischen abweicht.
Das Neue Testament vereint griechischsprachige christliche Schriften, die aus der Zeit von der Mitte des 1. bis zur Mitte des 2. Jahrhunderts stammen und die zunächst in einzelnen christlichen Gemeinden, schließlich im 4. Jahrhundert flächendeckend anerkannt wurden. In den Kirchen der Reformation (Kapitel 2) werden einige neutestamentliche Texte als *apokryph (zweifelhaft)* angesehen und daher als eine Art Anhang zum NT behandelt.

Am	Amos (AT)
Apg	Apostelgeschichte (NT)
Bar	Baruch (AT)
1/2 Chr	1./2. Buch der Chronik (AT)
Dan	Daniel (AT)
Dtn	Deuteronomium (5. Buch Mose) (AT)
Esra	Esra (AT)
Est	Esther (AT)
Eph	Epheserbrief (NT)
Ex	Exodus (2. Buch Mose) (AT)
Ez	Ezechiel (AT)
Gal	Galaterbrief (NT)
Gen	Genesis (1. Buch Mose) (AT)
Hab	Habakuk (AT)
Hag	Haggai (AT)
Hebr	Hebräerbrief (NT)
Hld	Hoheslied (AT)
Hos	Hosea (AT)
Ijob	Ijob (Hiob) (AT)
Jak	Jakobusbrief (NT)
Jdt	Judit (AT)
Jer	Jeremia (AT)
Jes	Jesaja (AT)

Joel	Joel (AT)
Joh	Evangelium nach Johannes (NT)
1/2/3 Joh	1./2./3. Johannesbrief (NT)
Jona	Jona (AT)
Jos	Josua (AT)
Jud	Judasbrief (NT)
Klgl	Klagelieder (Jeremias) (AT)
1/2 Kön	1./2. Buch der Könige (AT)
Koh	Kohelet (Prediger Salomo) (AT)
Kol	Kolosserbrief (NT)
1/2 Kor	1./2. Korintherbrief (NT)
Lev	Levitikus (3. Buch Mose) (AT)
Lk	Evangelium nach Lukas (NT)
1/2 Makk	1./2. Buch der Makkabäer (AT)
Mal	Maleachi (AT)
Mi	Micha (AT)
Mk	Evangelium nach Markus (NT)
Mt	Evangelium nach Matthäus (NT)
Nah	Nahum (AT)
Neh	Nehemia (AT)
Num	Numeri (4. Buch Mose) (AT)
Obd	Obadja (AT)
Offb	Offenbarung des Johannes (NT)
1/2 Petr	1./2. Petrusbrief (NT)
Phil	Philipperbrief (NT)
Phlm	Philemonbrief (NT)
Ps	Psalmen (AT)
Ri	Richter (AT)
Röm	Römerbrief (NT)
Rut	Rut (AT)
Sach	Sacharja (AT)
1/2 Sam	1./2. Buch Samuel (AT)
Sir	Jesus Sirach (AT)
Spr	Sprichwörter (Sprüche) (AT)
1/2 Thess	1./2. Thessalonicherbrief (NT)
1/2 Tim	1./2. Timotheusbrief (NT)
Tit	Titusbrief (NT)
Tob	Tobit (AT)
Weish	Weisheit (AT)
Zef	Zefanja (AT)

Literaturhinweise

Im Anschluss an dieses Buch sind drei weitere Sachbücher entstanden, durch die sich die Buchkapitel 6, 8, 9 und 10 vertiefen lassen:

Liborius Olaf Lumma: Liturgie im Rhythmus des Tages. Eine kurze Einführung in Geschichte und Praxis des Stundengebets. 2. Auflage Regensburg 2017.

Liborius Olaf Lumma: Feiern im Rhythmus des Jahres. Eine kurze Einführung in christliche Zeitrechnung und Feste. Regensburg 2016.

Liborius Olaf Lumma: Wer macht was im Gottesdienst? Die handelnden Personen und ihre Aufgaben. Theologische Erschließung – Praktische Tipps. Regensburg 2021.

Zur Liturgie im Allgemeinen, zur Eucharistiefeier und zur Tagzeitenliturgie:

Kompakte Lehrbücher:

Albert Gerhards/Benedikt Kranemann: Grundlagen und Perspektiven der Liturgiewissenschaft. Darmstadt 2019.

Adolf Adam/Winfried Haunerland: Grundriss Liturgie. 11. Auflage 2018.

Reinhard Meßner: Einführung in die Liturgiewissenschaft. 2. Auflage Paderborn 2009.

Umfangreiche Reihen:

Martin Stuflesser/Stephan Winter: Grundkurs Liturgie. 6 Bände. Regensburg ab 2004.

Gottesdienst der Kirche. Handbuch der Liturgiewissenschaft. *Die bisherigen Bände dieses wissenschaftlichen Standardwerks sind zwischen 1984 und 2022 erschienen.*

Vor allem an Priester gerichtetes Lehrbuch mit starkem ostkirchlichem Bezug:

Michael Kunzler: Liturge sein. Entwurf einer Ars celebrandi. Paderborn 2008.

Zu einzelnen Themenfeldern der Liturgie, Geschichte und Vielfalt christlicher Traditionen:

Jürgen Bärsch: Kleine Geschichte des christlichen Gottesdienstes. Regensburg 2015.

Karl-Heinrich Bieritz: Das Kirchenjahr. Feste, Gedenk- und Feiertage in Geschichte und Gegenwart. Neu bearbeitet von Christian Albrecht. 9. Auflage München 2014.

Stefan Böntert/Nicole Stockhoff: Dem Wort Gottes eine Stimme geben. Leitfaden für den Lektorendienst. Freiburg/Basel/Wien 2020.

Alexander Deeg/David Plüss: Liturgik (Lehrbuch Praktische Theologie 5). Gütersloh 2021.

Eva-Maria Faber: Einführung in die katholische Sakramentenlehre. 3. Auflage Darmstadt 2011.

Alfons Fürst: Die Liturgie der Alten Kirche. Geschichte und Theologie. Münster 2008.

Romano Guardini: Von heiligen Zeichen. Mainz 2008.

Eckhard Jaschinski: Kleine Geschichte der Kirchenmusik. 2. Auflage Freiburg/Basel/Wien 2004.

Michael Kunzler: Christus ist unter uns. Einführung in Geist und Gestalt der byzantinischen Liturgie (Sophia. Quellen östlicher Theologie 34). Trier 2006.

Christian Lange/Karl Pinggéra (Hgg.): Die altorientalischen Kirchen. Glaube und Geschichte. 2. Auflage Darmstadt 2011.

Johannes Oeldemann (Hg): Konfessionskunde (Handbuch der Ökumene und Konfessionskunde 1). Leipzig/Paderborn 2015.

Johannes Oeldemann: Die Kirchen des christlichen Ostens. Orthodoxe, orientalische und mit Rom unierte Kirchen. Kevelaer 2016.

Thomas Schumacher: Bischof – Presbyter – Diakon. Geschichte und Theologie des Amtes im Überblick. München 2010.

Thomas Schumacher: Die Feier der Eucharistie. Liturgische Abläufe – geschichtliche Entwicklungen – theologische Bedeutung. München 2012.

Nicole Stockhoff/Heio Weishaupt: Dienst am Tisch des Herrn. Leitfaden für Kommunionhelferinnen und Kommunionhelfer. Freiburg/Basel/Wien 2020.

Reinhard Thöle: Geheiligt werde dein Name. Christliche Gottesdienste zwischen Anbetung und Anbiederung. Baden-Baden 2021.

Timothy Ware (Metropolit Kallistos von Diokletia): The Orthodox Church. An Introduction to Eastern Christianity. London 2015.

Bildnachweis

Abbildung 1: privat
Abbildung 2: © Christoph Merth, Schottenabtei, Wien
Abbildung 3: © 2017, KNA-GmbH / Michael Althaus. www.kna.de
Abbildung 4: © kathbild.at / Franz Josef Rupprecht
Abbildung 5: 2019, KNA-GmbH / Harald Opitz. www.kna.de
Abbildung 6: 2019, KNA-GmbH / Harald Opitz. www.kna.de